食の歴史

人類はこれまで
何を食べてきたのか

ジャック・アタリ

林昌宏 訳

JACQUES ATTALI

Histoires de l'alimentation

De quoi manger est-il le nom ?

プレジデント社

「私の母に捧げる
母の愛情のこもった手料理を思い出す」

目次

第二章 自然を食らうために自然を手なずける

第四章 フランスの食の栄光と飢饉（一七世紀中ごろから一八世紀まで）

第七章 富裕層、貧困層、世界の飢餓（現在）

第九章　監視された沈黙のなかでの個食

第十章 食べることは重要なのか

付属文書

食の科学的な基礎知識

◎本文内における〔　〕は、翻訳者における補足である。
◎読みやすさ、理解のしやすさを考慮し、原文にはない改行を適宜加えた。

はじめに

私は、親しい人たちとあれこれと語り合いながら食事をすることが好きだ。世の中の情勢を論じ、料理法、食材、その生産者などについて論じ、新たなレストランを開拓し、料理を通じて外国や過去への旅行気分を味わい、食に関する尽きない話題を語るのは、私の大きな楽しみだ。

私は親しい友人たちとのこうした会食が大好きである。くつろいだ雰囲気で、心ゆくまで世間話をし、談笑し、議論し、お互いを理解し合うディナーは至福の時である。

私は料理をつくる人たちに敬服している。自宅で家族のために食事の支度をする人たちや、有名なレストランで裕福なお客のために腕を振るう人たち。彼らは職人であり、芸術家である。謙虚な天才であり、完全なナルシストであり、仕事の鬼である。彼らは食の楽しみを供することを恐れている。相手は見知らぬ他人であるかもしれないし、自分たちが何日もかけて考え、食材を集め、準備した料理を、一時間もしないうちにさっさと平らげてしまうことも多い。動物や野菜を育て、調味料の調達経路を開拓し、そして新たな料理法をつくり上げるまでの時間を含めれば、一つの料理が完成するまでには数千日もかかる。

そうとわかってはいるが私自身、日常の食事に割く時間は、毎食数十分でしかない。このような私の食事情は特別というわけではないだろう。

飢餓の状態になく、経済的に余裕があるのなら、世界中のほとんどの人々は、健康的な食事を他者とゆっくり分かち合いたいと思っているはずだ。誰もが料理が好きであり、食事に招待したい、そして招待してもらいたいと願っているだろう。食事を共にすることによって会話は弾み、しばしば重苦しい日常に安らぎのひと時が訪れる。

しかしながら、ゆっくりと食事をとる機会は世界中で減る傾向にある。

なぜ、われわれはこのように単純で、重要で、生きるために必須の楽しみを自身から奪うのか。なぜ、皆で会食する機会は減る傾向にあるのか。なぜ、仕事上の付き合いの会食だけが豪華になるのか。なぜ、（金持ちを除き）人々は糖分と脂肪分の多い加工食品だけを慌ただしく食べるようになったのか。大きなレストラン、食堂、さらには家庭の台所さえも姿を消したが、これは人間関係の崩壊を意味するのか。いつも独りで外食し、汚染された野菜や肉、そして加工食品だけから栄養を摂取する日が訪れるのか。

われわれは何を食べてきたのか。そして何を食べるようになるのか。これらの疑問の答えからは、自分たちは何者であり、人類にはどんな脅威が待ち受けているのか、そして克服可能なことは何なのかが浮かび上がってくる。

なぜなら、われわれ人間は、食べる、飲む、聞く、見る、読む、触れる、感じる、思い起こすことによって形成される産物にすぎないからだ。また、自分たちがどのように食われるのかを想起することも、自己の形成に影響をおよぼす。

触感、視覚、聴覚によって自己が形成されていく様子を描く作品はたくさんあるが、人間にとっての味覚と嗅覚の重要性は徐々に忘れられてきた。また、人間が食べる必要性、食べる時間を一緒にすごすことの必然性を抜きにしては、セックス、宗教、社会、政治、テクノロジー、地政学、イデオロギー、快楽、文化といった物事をいっさい説明できないという事実もわれわれは忘れている。食に関するあらゆることがどのように儀式化、組織化、階層化されてきたかに目を向けなければ、これらのことは説明できない。

人間は母親の胎内にいるときからすでに食べ始めている。そして人間は自分自身の口を使ってあらゆることを行なう。食べ、飲み、話し、叫び、懇願し、笑い、接吻し、罵り、愛し、嘔吐するのだ。また、話すことと食べることは不可分であり、権力と性行為、生と死という、人間の本質に還元される。こうしたことも、われわれの間では忘れられてきた。

太古の時代から、食には生命を維持する以上の役割がある。食は、快楽の源泉、言葉の基盤、エロティシズムの不可欠な側面、主要な経済活動、交換の枠組み、社会組織の重要な要素でもある。他者、自然、動物との関係を定めるのは食である。食は男女の関係にも大きな影響をおよぼす。

食が欠乏すれば死ぬし、食べすぎても死ぬ。食が支える会話が途絶えると、われわれは生存できない。食は文化の創造と発展に不可欠なのだ。つまり、農業、料理法、食生活は、社会が持続するための基盤だったのだ。

この密接な、宇宙的規模とさえ言える人間と食との関係は、実は猿人からホモ・サピエンスが漸進的に出現したときから始まった。この関係は、言語の使用から火の利用まで、人類のおもな急激な変化の源泉になった。次に、梃《てこ》、弓、車輪、農業、牧畜など、さまざまなイノベーションが登場した。これらのイノベーションは食べる欲求を満たすためのものだった。人間と食とのこうした関係からは、都市、帝国、国家の権力掌握の過程も広く説明できる。歴史と地政学は、何と言っても食の歴史なのだ。

人類は、長年にわたって自然に依存し、自然を表象する神々にひれ伏してきた。生き延びるために必要なものを、自分たちで生産することなく手に入れるためだ。その結果、人類は集団で暮らすようになり、大地の神々の代理人である、祭司、君子、占星術師、気象学者に身を託すようになった。その後、大地を耕し、家畜を育てることによって自分たちで食糧を生産するようになると、民衆は領主に身を委ねた。領主の次は、商人、産業家が民衆を支配した。人類が人工物から栄養を摂取するようになれば、次の支配者になるのはロボットだろうか。

宗教は、長年にわたって食に関する戒律を課し、これを姦淫の禁止と結び付け、食事をともにできる人物さえ選別した。人類は、数千年にわたって動物を殺すための武器を開発してきた。これらの武器は人間を殺すためにも利用され、人類は殺した人間を食べることもあった。食と戦争は、同じ手段で、同じ目的から行なわれたのである。

人類は長年にわたり、時間と場所に関係なく、食べられるときに食べてきたが、次第に決まった時間に食べるようになった。これは定住化の影響だろう。

長年にわたって、男性は自分たちが狩猟および採集したものを女性に渡し、女性はそれらを使って調理してきた。旨いものを調達できない男性には、食事やサービスに文句をつける資格がなかった。食、純潔性、性欲には、時に明確な結び付きがあったのだ。こうして性欲を催す食の探求は、すぐに普遍的な強迫観念になった。

人々のアイデンティティを長年にわたって形成してきたのは、領土、風土、植生、動物、そして料理法や食事法だった。

とくに、会話の決まりや社会的な人間関係の構造を長年にわたって定めてきたのは食である。神々と会食できる人、王族と夕食をとれる人、家族で昼食をとる人、物乞いをする人、何も食べない人、自分たちの食物を自ら生産する人、他者から食物を得る人がいたのだ。

帝国、王国、国家、企業、家族において、重要な決定が下されるのは食事中だ。神々との饗宴や仕事上の会食など、すべては食べるために、そして食べながら物事は決まる。これは今後も同様だろう。

長年にわたって、食べすぎて死んだ人もいたが、多くの人々は充分に食べることができないために死んだ。充分に食べることができなかった人々が勢力を得ると、彼らは、華奢《かしゃ》な食事をとっているに違いないと思う人物に反逆した。

われわれは食を通じて日常のあらゆる課題と向き合うことになる。すなわち、健康管理、他者と会話する能力、弱者に対する配慮、男女関係、国際感覚などだけでなく、仕事、気候、動物界との関係である。とりわけ食により、現在も健康的な食事をとることのできる人々とそうでない人々との不平等が明らかになる。

つまり、食は歴史の中核に位置する重要な人間活動なのである。未来を理解し、未来に働きかけるには、食に関するあらゆる難問に答えを見出さなければならないのだ。

食べることとは、これからも会話、創造、反逆、社会的な制御の場であり続けるのか。それとも、われわれはいたるところで静かに加工食品を個食する、自己の殻に閉じこもった他者に無関心なナルシストになるのか。

われわれは中世の君主たち、中国やオスマントルコ帝国の皇帝たちが何を食べていたのかを忘れてしまったように、現在の農業と料理が表象するものの記憶までも失うのか。家族の暮らし、そして政治や社会の現場をまとめるために地方で行なわれてきた長時間の宴会は、われわれの記憶から永久に消え去るのだろうか。

われわれは美味しくて便利だというふれこみの出来合いの総菜を食することによって、これからも自身の健康を害し続けるのだろうか。今日では一部の人しか手に入れられない食品であっても、今後は広く流通するようになるのか。それとも、環境問題への意識の高まりから、そうした食品を使った料理は誰も食べられなくなるのか。食用の植物種の数はさらに減るのか。われわれは自分たちの食物によって命を落とすのか。

われわれは、これからも食に関する宗教上の禁止事項、社会的な慣習、性別に関する規範を甘受し続けるのか。あるいは、食べてもよいものや食べるべきものを、人工知能（ＡＩ）が一方的に告げる時代が訪れるのか。人類と人類以外の生物との境界を熟考するようになるのか。地球および生命を破壊することなく、われわれは一〇〇億人の人類を養えるのか。世界中で農民の人口が減少し続けているが、農民の将来はどうなるのか。われわれは今後もこれまで通りの食生活を維持でき、維持したいと願うのだろうか。例外はあるにせよ、すでに人類の三分の一がそうであるように、昆虫を食べるようになるのか。また、合成肉などの人工物を食するようになるのか。近い将来、これまでの文明史を急変させたような食糧の奪い合いや飢饉による暴動が勃発する恐れはあるのか。最後に、フランスは、食物の質の高さと食事時間の確保を両立する稀有なモデルを維持し、規範、見本、先駆的存在となることができるのか。

これらの疑問は経済的および政治的な利害が絡むため、これまであまり語られてこなかった。経済にとって望ましいのは、消費者がこれまで以上に工業生産される食品をあっという間に平らげ、これらの食品ができる限り安価になって消費者の購買力が増し、彼らが消費社会によって提供される、食品以外の製品をさらに購入できるようになることだ。そして政治は、われわれの食に関する要望を抑え込むために、世間の関心を別の課題や心配事に導く。

しかしながら、われわれが人類のサバイバル、そして人間らしい満ち足りた自然な暮らしを望むのなら、これまでの世代の食生活、彼らが食に費やした時間、彼らが食と関連付けた社会的なつながり、彼らが食に費やした金、食の上に築かれ、そして食によって滅びた権力を探究してみるべきだろう。

食が全員にとって、快楽、分かち合い、創造、喜び、自己超越の源泉にならなければならない。また、食を地球と生命を救う手段にする必要もある。

これまで、私は食以外の数多くのテーマにおいて、このようなことを述べてきたと思う。過去に関する詳細な学識がなければ、現在を分析し、未来を予測する有用な理論は組み立てられない。

私はすでに、他のテーマに関する長大な物語を調べ、その歴史についての本を執筆してきた（音楽、医学、時間、経済、ノマディズム、愛、死、地政学、テクノロジー、ユダヤ教、近代、迷宮、予測、海など）。それらを通じて、私は人類の未来を占うために、数多くの見識や文化を探究した。本書では同じ冒険を試みる。それは人間の食のあり方に関する過去と未来についてだ。

そのためには、数え切れないほどの知見をまとめる必要がある。その多くは、さまざまな分野にまたがる偉大な専門家の業績によるものだ。収集し、細かく噛み砕くところから新たなものが生まれる。私は時空を超えるこれらの詳細な事実を突き合わせることで、世界全体の包括的な歴史、未来に意味を付与する物語を描き出すつもりだ。

では、読者とともにこの冒険に出かけよう。

第一章
さまよい歩きながら暮らす

ヒトの最も古い祖先に相当する、太古にアフリカ大陸をさまよいながら暮らしていた猿人が、何をどのように食べていたのかは、よくわからない。だが、歯や骨など、彼らの痕跡が見つかった地域にどのような植物や動物が存在したのかを検証すれば、ホモ・サピエンス（*Homo sapiens*）誕生以前のこれらの猿人が、種によって、菜食性、雑食性、肉食性のどれに該当したのかがわかるはずだ[206・207]。というのは、彼らは自分たちの生息地域にある植物や動物を食べていたに違いないからだ。

彼らが集団で発見されていないのは、食べる必要のためだったと思われる。彼らは個別に食べていたのだろう。もっとも、そのはるか後に、食物を探す行為が言語を生み出し、食が家族や部族が集まった際の話題の一つになったのは間違いない。

動物もヒトもさまよい歩きながら食べる

一〇〇〇万年前、ヒトと類人猿の最初期の祖先たちは、樹上を移動しながらノマド的生活を送っていた（全員がアフリカ大陸に生息していた）。彼らは樹木に実った果物や昆虫を生で食べていた。彼らはまだ火や言語を利用していなかった[36・90]。

しばらくすると、気候変動によってアフリカ大陸が乾燥化したため、そこで暮らしていたこれらの霊長類は、地面に落ちた果物も食べるようになった。それらの果物は発酵していることもあった。遺伝子の突然変異によってエタノールを急速に代謝できるようになったため、彼らは脂肪分を容易に消化および体内に蓄積できるようになった。

中新世〔およそ二三〇〇万年前から五〇〇万年前までの期間〕の後半に相当する紀元前一〇〇〇万年から六〇〇万年までの間、後のチンパンジー亜族になる系統とヒト亜族になる系統が分岐したが[39]、これらの類人猿はアフリカ大陸から他の地域へと移動し始めた。ヨーロッパ南部では、七〇〇万年前のオレオピテクス・バンボリイ（*Oreopithecus bambolii*）の身体の一部〔下顎骨〕が見つかっている。

これはその数百万年後に言語が生まれる最初の兆しでもある。これらの類人猿は他の動物と同様、食物や見つけたモノを交換し、分かち合い、争った[125]。

七〇〇万年前の鮮新世に、類人猿はチンパンジー亜族とヒト亜族に分岐した。アフリカ大陸には、ヒト亜族に属する大型猿人アウストラロピテクス（*Australopithecus*）が現れた[28]。それまでの霊長類と異なり、アウストラロピテクスは完全な二足歩行ではないにせよ、また、まだ樹上を移動しながらも、大地を歩いた。だが、頭蓋骨の構造はそれまでの大型猿人とほとんど変わらなかった。アウストラロピテクスは、アウストラロピテクス（A）・アナメンシス、A・アファレンシス、A・アフリカヌス、A・バーレルガザリ、A・ガルヒ、A・ロブストス、A・エチオピクス、A・ボイセイといった、いくつかの種に分岐した。

二足歩行のこれらの化石人類のなかで今日わかっている最古のものは、ンジャメナ〔チャドの首都〕の北部にあるジュラブ砂漠で化石が見つかった、七〇〇万年前のサヘラントロプス・チャデンシス（*Sahelanthropus tchadensis*）の個体、「トゥーマイ」だ。トゥーマイは、身長がおよそ一・一メートル、体重が三十数キログラム、脳の容積が三六〇立方センチメートルだ（言語を操るには不充分な大きさ）。われわれに近い手をもつトゥーマイは、石器をつくり、編み物をしていたと思われる。食物は、野菜、果物、小動物やその死骸だった[11・325・326]。

ノマディズムは食の必然性からさらに数百万年も続いた。アウストラロピテクスは食を求めてアフリカ全土をさまよい歩いた。彼らは、塊根〔ジャガイモやサツマイモなど〕、植物、昆虫、小動物、ハイエナの食べ残しを食べた。動物を素手あるいは石器を使って殺して食べるようになったと思われる。また、言語らしい言語はまだ話せなかったはずだ。

三〇〇万年前に大きな進化があった。アフリカ東部の乾燥化により、森林が消失する一方でサバンナが広がったため、アウストラロピテクスは集団を形成したのである[28]。今日の一部の猿と同じ大きさの脳をもつアウストラロピテクスは小さな集団をつくり、葉、果物、卵、昆虫を食べた。狩ったり採ったりした食物は共有された。こうした行動がアウストラロピテクスの知能と協力体制の発展を促した[28]。

このときから、強者の食は弱者よりも豪華になったはずだ。とくに、大人の男性は、大人の女性や子供よりもよいものを食べただろう。まだ生食だった。はたして彼らは人肉を食べていたのだろうか。このような疑問をあえて投げかける人はほとんどいない。

三〇〇万年前、彼らは食物を洗って食べるようになったと思われる（その根拠は、宮崎県の幸島に生息する野生ニホンザルの脳の容積が、アウストラロピテクスとほとんど同じだからだ。このニホンザルは、サツマイモを洗って食べることで知られている）。自分たちの道具を隠す場所の近くに動物の死骸を保管する者もいた。

不満ながらも生で食べるヒトの仲間たち

更新世の初頭である二三〇万年前、エチオピアに最初期のヒト属（*Homo*）と見なされるホモ・ハビリスが現れた。アウストラロピテクスと比べると、顎は発達しておらず、奥歯と犬歯は小さく、切歯は大きい。頭蓋骨からわかる脳の容積は大きい（アウストラロピテクスの四〇〇から五〇〇立方センチメートルに対し、五五〇から七〇〇立方センチメートル[101]）。

ホモ・ハビリスをアウストラロピテクスらと比べたときの違いは、道具を扱う能力だ。言語はまだ習得していなかったが、意思疎通の能力もわずかに優れていたはずだ。ホモ・ハビリスは雑食性だったはずだ。葉、果物、種子だけでなく、沼地で捕獲した動物（例：亀）、そして猿やハイエナなどの哺乳類も生で食べた[28]。河川、そして川や海の岸から捕まえた魚も生食していたのではないか。穀物、マメ科植物、砂糖、乳類は、まだ食べていなかった。

アウストラロピテクスとホモ・ハビリスの骨が見つかったアフリカ東部の遺跡からは、石器、そして亀や象の骨が見つかっている。飛び道具はまだなかったものの、これらの遺物は彼らが狩りをしていたことを示唆する。

およそ二〇〇万年前の同時期、ホモ・エルガステル（「職人」という意味）が現れた[212]。舞台はまだアフリカである。ホモ・エルガステルの最初の生息地域は現在のケニアだと思われる。栄養価の高い食物（摂取量および消化に必要なエネルギーが少なくてすむ）によって腸が短くなったため、胸と腹が引き締まった。この影響によって脳はエネルギーを得て発達した。こうして、ホモ・エルガステルはより大きな頭蓋骨（平均して八五〇立方センチメートル）をもつ、大柄な二足歩行者（身長はおよそ一・七メートル[101]）になった。他のヒト属と共存したホモ・エルガステルは、言語を習得するために必要な特徴を備えていた。火を利用したとも考えられるが、火を自らつくり出す能力はもたなかっただろう。

一七〇万年前、舞台はやはりまだアフリカ東部である。ホモ・エルガステルが石の破片（火山岩、石英、火打ち石など）から石斧をつくった。石斧は捕獲した動物を切断するために利用された。彼らは、食べ、話し、狩りをし、さらには冒険したのである。

一七〇万年前、ホモ・ハビリスは姿を消したが、またしてもアフリカ東部でホモ・エレクトスが現れた[319]。顎は力強く突き出て、立派な矢状稜《しじょうりょう》（頭頂部の骨の突起）をもち、頭蓋骨は丸みを帯びていた。身長は一・六五メートル、脳の容積は九〇〇から一二〇〇立方センチメートルだった。したがって、言語を編み出す能力は充分にあったが、まだそれを利用してはいなかった。ホモ・エレクトスは狩猟採集民だった。

ホモ・エレクトスはアフリカ大陸を最初に離れたヒト属であり、ヨルダンに向かうためにスエズ海峡を渡った後に、ユーラシアに達した。ホモ・エレクトスは東へと向かった。ユダヤの土地ではブドウを見つけた。

一〇〇万年前、ホモ・エレクトスは中国に到達した。そこでオリザ・ルフィポゴン（*Oryza rufipogon*）という稲の原種を見つけた[122]。そして（陸路で）インドネシアに行き、竹を利用することを学んだ。

同時期、ホモ・エレクトスの別の一団は、より温暖で四季がはっきりしているヨーロッパへと向かった。彼らの食性は変化した。野菜が減って肉（象、サイ、熊）が増えたのである。

相変わらず生食だったが、火事などの偶然の際には、火を通した肉を食べた[28]。

それ以前の霊長類がおそらくそうであったように、ホモ・エレクトスは人肉を食べた。スペインのアルタミラでは、この時代の骨が見つかっており、これらの骨には線状の傷跡や骨折の痕跡が残っている。よって、ホモ・エレクトスは同胞らに食われたのかもしれない。人肉食は、食性でなく文化だったのだろう。大移動する前に、ホモ・エレクトスは人肉を食うことによって他人の力をわが物にしようとしたのではないか。人肉食は、食性や文化的な理由から、かなり以前から存在したと思われる。

私は、初期のヒトたちの間では、カニバリズムは例外なく存在したと考える。

七〇万年前、ヨーロッパの気候は再び寒冷化した。ツンドラ〔寒地荒原〕やタイガ〔針葉樹林帯〕が広がった[126]。ホモ・エレクトスはこの寒さに耐えるために、サイ、馬、バイソン、鹿、トナカイなど、おもに肉を(相変わらず生で)食べなければならなかった。淡水魚や海産物を食べることもあった[319]。そして同胞の体も食べた。焼いたものを食べるのは、火事で燃えたときだけだった。

食をめぐる火の利用と会話

およそ五五万年前、中国で火の利用が始まったと思われる[17]。北京近郊の周口店では、「北京原人」と名付けられた四五万年前のホモ・エレクトスが利用した炉の跡が見つかっている。
火の利用によって大きな変化が訪れた。食物が消化しやすくなったため、脳はさらに多くのエネルギーを利用できるようになり[101]、毒性のある植物を食べられるようになった。また、さらに寒い地域でも暮らしたり、手の込んだ料理を食べたり、病原菌やバクテリアを殺したりすることができるようになった。そして夜は、皆で火を囲んで一日を長く利用できるようになった。炉は会話を促し、言語と神話を生み出した。

少なくともこの時点において、彼らは死ならびに食との関係を儀式化し始めた。食物を得るためや、殺生の許しを乞うために、神々に祈りを捧げる必要があったのだ。これらの神々のなかには、自分たちの間で、あるいは彼らとともに、食物を口にする者もいた。彼らは、狩猟、採集、旅行の時期を探るために星を観察した。また、ある種の草を食べると病気が治ることに気づき始めた。食べてよいものと食べてはいけないものを告げる儀式が登場した。このときから、強者、一族の長、祭司やシャーマンは、これらの掟を遵守し、配下の者たちの食糧を確保すると同時に、自分たちの浪費できる能力を誇示した。

大人の男性は子供や大人の女性よりもたくさん食べたに違いない。また、料理の準備をする女性は、男性とともに食べることはまだなかったと思われる。

このころに所有権という概念も生まれたはずだ。すなわち、女性、採集したモノ、拾ったモノ、獲物、火を使って調理したものに対する所有権である。そして所有権を言語化する最初の兆候が表れたはずだ。

最初のヨーロッパ人、ネアンデルタール人は肉食人種だったのか

中国で火が利用されるようになってから一〇万年後の「デニソワ人」と呼ばれるヒト属がシベリアに登場したとき[324]（彼らのことはほとんど何もわかっていない）、ヨーロッパに「ネアンデルタール人」が現れた。

当時、ヨーロッパ大陸では、ホモ・エレクトスは姿を消していたため、ヒト属はネアンデルタール人だけだった。ネアンデルタール人はおもに寒冷地や荒れ地で暮らしていたため、他のヒト属系統の仲間よりも肉食だったと思われる。ネアンデルタール人の食性は八〇％が肉（マンモス、サイ、羊、鳩、小動物など[207]）で、二〇％が野菜類だった[320]。ネアンデルタール人も火と火打ち石を利用した。これにより、狩猟用の新たな道具が徐々に編み出された。木製の槍を利用することができた[323]ネアンデルタール人は、イルカやアザラシを捕獲し、獲った獲物を隠しておくための地下倉庫をつくった。だが、言語はまだ習得していなかった[321]。

ジャージー島〔イギリス海峡のチャンネル諸島の一つ〕のサン・ブレラドとビアシュ＝サン＝ヴァ（フランスのパ＝ド＝カレー県）の遺跡からは、ネアンデルタール人が大型動物の狩りをしていたことがわかる。一二万五〇〇〇年前、ネアンデルタール人は、長さ二・四メート

ルの「ベリンゲンのアララギ」と呼ばれる木でできた槍を象の胴体に突き刺したのではないかと言われている。これが巨大動物の狩りに関する最初の痕跡だ[211]。これはまだ、事前準備、追跡、探査をしない「出会い頭」の狩猟だった[62]。

ネアンデルタール人はヨーロッパ大陸を離れたはずだ。というのは、アフリカ大陸で暮らし、二七万年前に死んだヒト科の個体の遺伝子を分析したところ、この個体にはホモ・エレクトスとネアンデルタール人が交雑した痕跡があったからだ。つまり、ネアンデルタール人はアフリカに戻ったのではないか。現在のところ、これは科学界の定説ではないが、アラビア半島やナイル渓谷の遺跡からも、ネアンデルタール人はアフリカに戻ったと推測できる[322]。

食を語り合うホモ・サピエンス

最新の研究によると、ホモ・サピエンスは少なくとも三〇万年前に「緑のサハラ（現在のモロッコ）」に現れたという。ホモ・エレクトスと比べると、脳の容積は大きく（ホモ・エレクトスの八〇〇から一〇〇〇立方センチメートルに対して一三〇〇から一五〇〇立方センチメートル）[101]、歯と顎は小さい。ホモ・サピエンスの顎はあまり突き出ておらず、眼窩《がんか》上隆起はほとんどない[318・324]。

一日当たり三〇〇〇キロカロリーを必要とするホモ・サピエンスは、現代人よりも三倍のタンパク質を消費した。食性はきわめて多様だった（野菜、果物、貝類、狩猟肉、さらには乳製品や穀物）。食物の三分の二は野菜であり、このような食性により、脂質と炭水化物を摂取した。火を使って調理したものを食べることにより、腸への負担は減り、消化するためのエネルギーが減ったため、脳の容積は増えた[101]。つまり、ホモ・サピエンスが言語を習得できたのは、火を利用して食べるようになったからなのだ。

食べるのは食物があるときだけだったが、食事の時間は規則正しくなってきた。大人数の食事を用意するとき以外は、女性が調理した。そのような大勢の集まりのメンバーは、一般的に男性だけだったと思われる。男性は槍と石斧を使って狩りをした。貝類や甲殻類は、スプーン、ナイフ、フォークとして利用された。

ホモ・サピエンスは一三万年間、アフリカ大陸で暮らした後、一七万年前になってようやく紅海を渡ってアフリカ大陸から離れたと思われる。これらの時期については、いまだにはっきりとしたことがわからない。今日、アフリカ大陸以外で見つかった最古のホモ・サピエンスの痕跡は、イスラエルで発掘された一七万七〇〇〇年前のものである[429]。このときがホモ・サピエンスのネアンデルタール人との最初の出会いだったはずだ。彼らが出会った場所は、ナイル渓谷かアラビア半島だ。こうしてホモ・サピエンスはネアンデルタール人と戦い、「交雑」したのである。

その後、ネアンデルタール人は絶滅した。彼らの最後の残党の痕跡は、クロアチアにある三万二〇〇〇年前のヴィンディヤ洞窟遺跡である。彼らがなぜ絶滅したのかは謎だ。気候条件が悪かったからか。ホモ・サピエンスとの戦いに敗れたからか。ホモ・サピエンスと交雑したからか。肉食性の彼らにとって主食の肉が不足したからか。

いずれにせよ、ネアンデルタール人の遺伝子の一・六％から三％は、今日でもわれわれのゲノムに存在している。

地球全体を食らう

およそ八万年前（彼らの総人口はまだ一〇〇万人に達していなかった）、ホモ・サピエンスはイランからインドや中国へと移動した。その際、イネ科植物（シバムギ：雑草の一種）やマメ科植物（インゲンマメやエンドウマメなど）などを食糧としてもち歩いた。それらの食糧にはナガイモやウリ科の植物が加わった。採集の際に、他にも数千種類の野菜や動物、そして昆虫も食べるようになった。

アジア地域で、ホモ・サピエンスは自分たちとは異なる系統のヒト属である「デニソワ人」に出くわした。先ほど述べたように、デニソワ人は数十万年前からアジアに存在したホモ・エレクトスと同時代人である。ネアンデルタール人と同様、デニソワ人はホモ・サピエンスと交雑した後に絶滅した。その理由も謎だが、ホモ・サピエンスのほうが、脳の容積が大きく、言語機能をもち、非血縁者間での協力体制が発達していたなど、生存条件が勝ったからだろう[324]。

食は言語の発展を促した。ホモ・サピエンス以前に存在したあらゆるヒト属の系統よりもホモ・サピエンスが勝っていたのは、言語の発展によるところが大きい。

中期旧石器時代末に相当するおよそ四万年前、気候変動により、乾燥化と極度の寒冷化が進行した[124・125]。肉は、洞窟内での冷凍保存、燻製、塩漬け、乾燥、脂肪漬けなどの技術によって長期間保存できるようになった。一部の食糧は、スープ、粥、ガレットをつくるために保存された。肉は、串刺しにしたり、石の上で焼いたりして食された[28]。

三万年前、二つの大きな出来事があった。一つは中央アジアで穀物の栽培が始まったことだ。もう一つはヒトが馬（エクウス・カバルス：*Equus caballus*）を飼い馴らすようになったことだ。その証拠として、洞窟壁画には馬具を装着した馬の姿が描かれている。このとき、ヒトはまだ完全に定住化していなかった。

三万年前から二万年前までの期間、同じ中央アジアにおいて、狩猟技術が改良された。射程距離がおよそ一〇〇メートルのアトラトル〔投槍器〕が登場したのである[210]。この道具は見晴らしのよい平原で狩猟する際に威力を発揮した。狩人は落とし穴も利用した。釣りには木製の銛《もり》が用いられた。

ホモ・サピエンスは穀物を栽培できたが、食糧を探し求めて旅を続けた。シベリアからべーリング海峡を渡り、アメリカ大陸へ足を踏み入れたのである。考古学者は長年にわたってニューメキシコ州にあるクローヴィス遺跡がアメリカ大陸におけるヒトの存在を示す最古（およそ一万三五〇〇年前）の痕跡だと見なしていたが、最近になって見つかった遺跡からは、アメリカ大陸には少なくとも二万年前からヒトが存在していたことがわかっている。

これと同時期、すでに世界中に拡散したホモ・サピエンスは、マンモス、バイソン、猪を遠距離から仕留めるための狩猟方法を習得した[62]。

ホモ・サピエンスの個体数は増加し、総人口は数百万人になった。彼らは自然が自分たちに与えてくれるものを採集して食べるだけでは満足できなくなった。自分たちで食糧をつくり出す必要が生じたのだ。そのためには定住化しなければならなかった。つまり、定住化は、人口増から生じる食糧需要の増加によって引き起こされる当然の帰結だったのだ。自然に寄生するのをやめたホモ・サピエンスは、自然を手なずけようとしたのである。

第二章
自然を食らうために自然を手なずける

自分たちが摘み取ったものだけで生きるには、ヒトの数は増えすぎた。その日暮らしをやめるには、食糧を生産するしかなかった。

中東では、栽培するために定住する

およそ一万二〇〇〇年前、このころ世界の人口は三〇〇万人を突破していたと思われる。ヨーロッパと中東では、気候変動によって再び温暖化した。これらの地域では、マンモスなどの大型の哺乳類がシベリアをはじめとする北半球北部へと移動したため、鹿やウサギなどの小型の動物が生息できるようになっていた。

およそ一万年前、数千人のホモ・サピエンスが中東のチグリス川とユーフラテス川の流域に定住した。これら二つの河川は定期的に氾濫した。周辺地域では、土壌が肥沃になり、森林には多くの獲物が棲み、河川にはたくさんの魚が泳いでいた。ヒトは食糧を探し求める旅にあまり出かけなくなった。農業にとって主要な植物が栽培されるようになったのだ。エンマーコムギ（小麦の古代種）、ヒトツブコムギ、大麦、レンズマメ、ヒヨコマメ、エンドウマメ、ビターベッチ〔マメ科の植物〕、アマである。さらには、ニンジンと西洋ゴボウも栽培されるようになった。

採集活動は、石刃を利用し始めたこともあって、まだ続いた。沿岸部では、新たな漁業技術（小舟の登場）(11)を使って、甲殻類、軟体動物、魚を捕まえて食べた。およそ一万年前には犬の祖先を飼い始めるなど(36)、動物の家畜化も始まった。

農業と牧畜が始まったことにより、人々のイデオロギーも変化した。恵みをもたらす大地に感謝するようになったのである。また、豊穣に対する感覚も変化した。洞窟壁画には多くの女神たちが描かれ、なかでも豊穣の女神は最も重要な存在だった(4)。

葬儀の痕跡からは、定住民の間に格差が生じたことがわかる(198)。農場、土地、家畜、子供、収穫物など、さまざまな富が蓄積されるようになった。定住民の間で、共同体の最も強力な要素が集結し始めたのである。食事は発言ならびに自己主張の場であり、権力者は宴を催した。これが饗宴の先駆けだ。自分たちの権力を主張し、維持するために語り合うのである(4)。

およそ一万年前、穀物品種の人為選抜（最良の野生種麦と栽培種麦の交配）により、今日使われるのと似たパンコムギが誕生した。

この時期に焼いたパンの痕跡が見つかっているが、それはまだ無発酵パンだった(114)。

一部の者たちは、植物、魚、軟体動物、鳥、鹿、猪、小型の鹿、昆虫、海草などを食べるようになり、食性は豊かになった(4・28)。

人々は、日の出、日の入りに合わせて、ある程度決まった時間に食事をするようになった。狩りや戦い、つまり、食を得るためと敵を打ち負かすために、弓が用いられるようになった。弓は、デンマーク、ドイツ、スウェーデンで見つかっている(78)。また、現在のスペインにある一万年前の洞窟壁画からも、弓の存在が確認できる(90)。

およそ一万年前〔紀元前八〇〇〇年ごろ〕にヤギを家畜化した痕跡が現在のイランにあるザグロス山脈で見つかっている。定住化によって牧畜が始まったのである。

同時期、アナトリア半島の南東部〔トルコ南東部〕では、ビールが登場した〔大麦粥を自然発酵させて製造した〕。

次に、ブドウの栽培が始まった。イランから出土した紀元前五四〇〇年の土器からは、世界最古のワイン醸造の痕跡が見つかっている〔近年、それよりもさらに古い時代のワイン醸造の痕跡がジョージアで見つかった。この土器は紀元前六〇〇〇年ごろのものとされている〕。

われわれは最終的に、ノマド的な豊穣の社会から定住による希少性の社会へと移行したのである。ヒトの免疫システムは栄養失調に適応しなければならなかった。新たな病原菌や病気が現れた(28)。

結局、中東において定住化したホモ・サピエンスの寿命は、一〇年ほど縮まったと思われる。

気象学、天文学、占星術によって収穫を占う

定住化した家族は、死者を葬る土地で継続的に暮らすようになった。過去の重みは以前よりも増した。年配者は、指導者、庇護者、そして神にさえなった。

肥沃な地域の畑の周辺に集落が形成された。それまで土地の所有権は墓地だけに限定されていたが、集落の形成によって、この権利は一般化したと思われる。食糧需要から人々が定住化したことと、定住化と同時期に秩序だった宗教が生まれたこととの間には、何らかのつながりがあるはずだ。だが今日においても、両者の関係はまだよくわかっていない。種まきの時期を決めるには、季節の移り変わりと河川が増水する時期を見定めなければならない。これは天文学者の役割であり、天文学者は、気象学者、占星術師、祈祷師でもあった。

定住民はノマドがもち運べるよりもはるかに大量の保管食糧を管理するようになった。女性、畑、家畜、貯蔵庫をノマドが襲うため、定住民は集落を自衛しなければならなくなった。

そこで、職業軍人を中核メンバーとする軍隊が必要になった。神々の頂点には、戦いの神、食糧の神、権力の神が君臨した。こうして権力が希少性を制御したのである。

ヨーロッパでは、カニバリズムが横行する

紀元前九〇〇〇年から六〇〇〇年までのヨーロッパでは、気候が安定し、森林が拡大したため、狩猟採集活動が盛んになった。小麦は、当初は野生の状態で収穫されたが、種まきからの栽培が始まった。紀元前八〇〇〇年ごろ、収穫した小麦を貯蔵するための土器が登場すると、[198]小麦の栽培は加速した。おそらくこの時期にパンの元になる混ぜ合わせ生地もつくられるようになったはずだ。後に、生地を発酵させることも行なわれた。

地球の人口が一〇〇〇万人を突破した紀元前五〇〇〇年ごろ、小麦、ライ麦、エンドウマメなど、穀類とマメ科植物の栽培、そして豚、牛、羊などの動物の飼育が始まった。これらの肉や穀物は、富豪たちのご馳走にすぎず、主食になる食糧はまだ野生の天然資源だった。

紀元前四七〇〇年前、気候が急激に寒冷化した中央ヨーロッパでは、カニバリズムがまだはびこっていた。ドイツのヘルクスハイムにある同時期の遺跡（面積は五ヘクタール以上ある）からは、動物の骨、土器（四五〇キロメートルほど離れた地域からもち込まれたものもあっ

た）、石器、数千体の人骨が出土した（これらの人骨のうち、少なくとも五〇〇体は、遠方から運ばれたことがわかっている）。遺骨には切断された跡が残っていた。おそらく儀式化されたカニバリズムが行なわれていたのではないか。寒冷化の危機に直面し、厄災を祓ってこの世の終わりを避けるために、自ら進んで、あるいは不本意ながら生贄となった者たちが食われたに違いない(123)。

小麦でなく米をつくる地域

紀元前一万年ごろ、アジアで最初に土器が現れたのは日本である〔諸説ある〕。その理由は、穀物の保存と粥の消費量の増加に対応するためだった。中国では、食用の豚、犬、鶏を飼育し始めた。昆虫や海草も食べた。

紀元前一万年から七〇〇〇年ごろまでの時期、インドと中国で（それぞれ独立して）稲作が始まった。次に、稲作はノマドによって東南アジア全域に広がり、その後、日本、朝鮮半島、フィリピン、インドネシアにまで伝播した(122)。

中国では紀元前七〇〇〇年ごろから、黄河と長江南部の周辺部において、農業をしながら牧畜を試みる半定住民世帯の人口調査が実施されるようになった。

当時のアジア人は、肉（豚、鶏、犬）、野菜（蓮根、ヒシの実、ヤシなど）、米を食べた。陶器のスプーンがつくられた。文字と思われる最古の記号が現れたが、まだきわめて簡素なものだった[308]。

中国の河南省にある、紀元前七〇〇〇年ごろのものとされる賈湖遺跡では、人為的に発酵させた最古の飲み物の痕跡が見つかっている。野生種のブドウ、サンザシ〔バラ科の落葉低木〕の実、米、蜂蜜などの搾りかすだ。でんぷんを糖に変えて発酵させるために、人々は穀物を咀嚼したという。唾液中のある特定の酵素〔アミラーゼ〕が発酵を促進するのだが、彼らはそんなことは知らなかっただろう。

およそ六〇〇〇年前、現在のイランのザグロス山脈（ここでは少し前にヤギが家畜化されていた）から旅立った人々がインドに到達した。銅器時代初頭、インドに農業と牧畜をもち込んだ彼らは、アジア大陸の先住民とともにインダス川の峡谷にハラッパー文化〔インダス文明〕をつくった。

紀元前四五〇〇年ごろ、コーカサス北部で始まったポニー（エクウス・カバルスの祖先とは異なり、現在の荷馬に近い小型の馬）の飼育は、中国、アラビア半島、ユーラシアにも広がった。紀元前二〇〇〇年ごろ、アジア人はポニーにまたがるようになり、彼らの生活様式は一変した。重い荷物の運搬や長距離の交易が可能になり、馬にまたがっての狩りや戦いが始まったのだ。

一方、赤道付近のアフリカ、アメリカ、アジアなどの地域に点在して暮らす人々は、狩猟と採集だけで食糧を確保できた。よって、これらの地域では、牧畜と農業の必要性が生じるのが遅れた。アフリカで稲作（グラベリマ種）が始まったのは、紀元前四〇〇〇年ごろのニジェールとマリの三角州においてだ。

南アメリカでは、紀元前一万年ごろにジャガイモの野生種が現れた。ペルーやボリビアなどのアンデス山脈で暮らす狩猟採集民がジャガイモを栽培し始めたのは、紀元前八〇〇〇年ごろだ。[214]ジャガイモはこうした場所の厳しい気象条件において栽培できる稀な作物だったのだ。

カボチャもペルーで紀元前一万三〇〇〇年ごろから栽培され始めた。

同時期、アンデス山脈とメキシコでは、トウモロコシ、インゲンマメ、アボカドの栽培も始まった。[218・219]犬、モルモット、リャマが飼育され、綿花とタバコが栽培されるようになった。アメリカでは少なくとも九〇〇〇年前から唐辛子が食糧として利用されている。紀元前八〇〇〇年ごろ、メキシコに登場したトウモロコシを栽培種にしたのはアメリカ先住民だ。アメリカでインゲンマメの栽培が始まったのは、紀元前六〇〇〇年ごろだろう。

カカオを初めて食用にしたのはオルメカ文明だ。紀元前二六〇〇年ごろに現れたマヤ文明では、紀元前一〇〇〇年ごろからカカオ豆はスープの材料になり、さらには貨幣のような交換手段としての役割も担い、宗教行事や病気の治療に利用された。[220]

増え続ける人口を養うには、食糧を増産しなければならなかった。そのためには新たな統治形態が必要になった。それは帝国である。

メソポタミアで始まった穀物の栽培と帝国の出現

紀元前数千年の時代、メソポタミアで暮らす人々は、先ほど述べたように集落を形成した。彼らは主要な植物を栽培し始め、数多くの発明を成し遂げた。紀元前三五〇〇年ごろ（そのころ、世界の人口は三〇〇〇万人を突破した）、木製の車輪、荷車、最古の文字の一つである楔形文字が開発された(309)。

食、言語、文字は、相互に発展したのだ。

紀元前六〇〇〇年ごろ、メソポタミアの農民は、河川の氾濫による洪水に対処し、農業の生産量を増加させるためにダムと灌漑用水路をつくった。農民がこの設備を活用するには、それまで以上にかたまって暮らす必要があった。これはすぐに帝国になった。つまり、帝国ができたのは食の必然性からだったのだ。こうして帝国は、大人数になった集団を養うための農業生産体制を整えることができた。大麦、ヒトツブコムギ、スペルトコムギ、エンマーコムギ、キビが栽培された。余剰作物も管理できるようになった帝国は、富を蓄積し、軍隊を賄い、養うことができるようになった。

メソポタミアの帝国では、いくつかの都市が中心地として順々に頭角を現したが、それらは次第に勢力を失って横並び状態になった。

紀元前二三四〇年ごろから二二〇〇年ごろまでの期間、サルゴンが建国した都市国家アッカドは他の諸王国を征服し、アッカド帝国を築いた。

紀元前二二〇〇年ごろ、サルゴンの後継者たちはグティ人の侵入に打ち負かされ、アッカド帝国はいくつかの小さな王国に分裂した。

そしてこれらの王国は、メソポタミアの南端に位置する都市国家ラガシュのグデア王朝によって支配された。

次に、紀元前二一一〇年から紀元前二〇〇五年までの期間、ウル・ナンムが打ち立てたウル第三王朝が、メソポタミアの諸王国を支配した。

そして紀元前二〇〇五年ごろから一五九五年前までの期間、（バビロンなどの）アムル人系の諸王国が、順々にメソポタミアを支配した。

その後、メソポタミアを支配したのは、南部のイシン、ラルサといった王国だ。

紀元前一七九二年から一七五〇年ごろまでの期間、バビロンを支配したハンムラビは、自身の勢力を北方に拡大した。

紀元前一五九五年、バビロニア王国はヒッタイト人の襲撃によって陥落した。(15・59)

それまでの他地域と同様、これらの帝国の長は自国民を養うことのできる人物だった。人々を養うことができるようになればなるほど、権力は増すのだ。

貧者の基本的な食事は（まだ無発酵の）パンだった（もっとも、食とパンは同じ表意文字で表された）。当時、パンは二〇〇種類ほどあり、蜂蜜、香辛料、果物などで飾られていた。最も裕福なメソポタミア人は、ニンニク、タマネギ、ニラネギ、果物（リンゴ、イチジク、ブドウ、ナツメヤシ）を添えた豚肉を食べていた[327]。

彼らは、鹿、子羊、家禽、川魚、ダチョウの卵、キノコ、野菜、ピスタチオ、蜂蜜ケーキも食べた。

紀元前二〇〇〇年以降の時代、彼らは、ワイン、ビール、ナツメヤシと大麦を混ぜ合わせた酒を飲んでいた。ギルガメシュ叙事詩には、「ワインはバビロニア人の儀式に欠かせない」と記されている。シリア北部にある紀元前三四〇〇年ごろのテル・バジ遺跡からは、どの住居にも、いわば「マイクロブルワリー（小規模のビール工場）」があったことがわかっている。その証拠に、大型の土器（二〇〇リットル）からは、水に溶けた大麦が生み出す化学的な沈殿物であるシュウ酸塩の痕跡が見つかっている[81]。

宴は権力者の語り場

先ほど述べたように、食と言語の誕生は密接な関係にある。食は会話のテーマであると同時に、食事はおしゃべりの場だった。食事中の会話は親交の証しなのだ。逆に、メソポタミアの社会では、食の分かち合いを拒む行為は、敵対心の表れ、あるいは毒殺の意図があると見なされた。

残された書物からは、メソポタミアの時代から人々は会食が好きだったことがわかる。また、帝国の存在感が増すと、食と言語のつながりが明瞭になる。後に宴（banquet：会食者が座る腰掛け〔banc〕が語源）と呼ばれることになる会食は、主要な社交の場になった。宴では、毎日の生活に欠かせない、食べるという行為は副次的なことにすぎなかった。

宴の食事は炊事場で調理された。大きな宴の料理長は、調理人たちに命令を下さなければならないため、男性だったと思われる。

神殿においてこうした料理を準備するにあたって、さまざまな職業が登場した。

当初、宴は王宮の神格化された人々に供せられた。紀元前三〇〇〇年代初頭、シュメール〔メソポタミア南部〕の神殿では、毎日四回の食事（朝のご馳走、昼の軽食、夕方のご馳走、夜の軽食）が神々に供せられた。

次に、神格化された人物と人間が集まる宴が催された。バビロニアの創造神話では、こうした宴において海の女神ティアマトと戦う闘士が任命される。ギルガメシュ叙事詩には「アンシャル〔天の神〕の御前、宴に入ってきた彼らは、（中略）腰を下ろし、穀物を食べ、アルコールの強いビールと弱いビールを飲み、自分たちの杯を満たした」という記述がある。[28]

王たちは人間たちとの宴も催した。そうした宴は神々の宴を模したものだった。目的は、軍事的な勝利を祝す、神殿や王宮の建立を祝う、王国の功労者をねぎらうためだった。[28] これらの宴では、豪勢な料理を準備しなければならず、男性が切り盛りした。招待客は床に座り、王がねぎらいたい人物だけが、王のように椅子に腰掛けることができた。[4] 会食者の座る位置は、彼らの序列や身分、そして大使なら出身国の格に応じて決まった。給仕される順番は王が最初だった。会食者をとくにねぎらいたい場合、王は自分に給仕された料理をその人物に勧めた。音楽家、曲芸師、道化師が宴の場を盛り上げた。出席者は、君主が許容する範囲において何でも語ることができた。

宴は盛大な催しだった。紀元前九世紀中ごろ、現在のイラク北部に建てられたカルフ宮殿の落成を祝うために、アッシュールナツィルパル二世（メソポタミア北部全域を征服し、再統合したアッシリアの王。在位は、紀元前八八三年から紀元前八五九年まで）は、六万九五七四人が一堂に会する一〇日間の宴を催した。この宴では、一万四〇〇〇頭の羊、一〇〇〇頭の牛、一〇〇〇頭の子羊、二万羽の鳩、一万個の卵、一万匹のトビネズミが食された。[4・330] 当時の食材の調達や料理の給仕の様子は、われわれの想像を絶する。

一般的に、メソポタミア人はこうした高貴な人物でなくても、結婚、不動産の売買契約、船舶の賃貸借契約、和平協定、同盟関係の樹立などを祝うために宴を催した。宴の場を設けることによって、証人たちの前で議論し、結論を下すための時間をもつことができたのだ。[28]

紀元前二〇〇〇年ごろ、メソポタミア人は最古の料理法を書き記した。そこには、隣接する菜園で育てた食糧や、ナツメヤシを発酵させたビールを供する最古の料亭も登場する。そうした料亭は、紀元前一七六〇年ごろに記されたハンムラビ法典にも記述がある。

サトウキビは、発祥地であるニューギニアから西へと広まった。紀元前六世紀末、ダイオレス一世時代の古代ペルシア人たちは、インダス川渓谷地域への遠征中にサトウキビを見つけ、サトウキビを「ミツバチの協力なくして蜂蜜をつくる葦」と形容した。

アッシリア帝国をはじめとするメソポタミアの帝国では、カニバリズムがまだ存在した。敵の人体を食らえばその魂まで奪うことができると信じられていたのである。また、飢餓の際には、親族を食べることさえあった。バビロニア王シャマシュ・シュム・ウキンとアッシュールバニパルの兄弟が戦った際に包囲されたシュメール人都市、バビロンにはカニバリズムの痕跡が残っている[327]。

中国で生まれた食餌療法

メソポタミアと同様、中国でも人々は大河の周辺に集落をつくり、肥沃な沖積土壌を最大限に利用した。河川の氾濫を防ぎ、増加する人口を養うために、ダムがつくられた。ダムができると、メソポタミアと同様、人々はさらにかたまって暮らすようになった。帝国が誕生したのである。

中国の神話伝説によると、中国の皇帝時代は、およそ紀元前二八〇〇年に三皇五帝とともに始まったという。その一人である神農（炎帝神農）と呼ばれる農民の神は農業を発明し、食糧の調理に必要な土器をつくった。次の黄帝は、穀物（米とキビ）の蒸し器を発明し、海水を蒸発させることによって塩を得ることに成功した。堯と舜に仕えた農業大臣は、米とアワを原料にするアルコール飲料を開発した。

史実に近い話として、紀元前二〇〇〇年から一〇〇〇年ごろの中国で、動物の骨から匙がつくられたという。この最古の匙はおもに米を食べるために使われた。紀元前一三世紀ごろには箸が登場した。当初の箸は調理用の菜箸だったが、紀元前三世紀ごろには、箸は食事の際のおもな道具になった。紀元前三世紀には茶が登場した。もっとも、中国の神話伝説では、茶は紀元前二七三七年から存在することになっている[430]。

周（紀元前一〇四六年から紀元前二五六年まで中国の一部を統治）の貴族は、地面に敷かれた敷物に座って食べた。食事は、台座あるいは三つの脚に載った器に盛り付けられた。器の主要部分の素材は青銅だった[403]。食事の順番は、魚料理、肉料理（子羊のロースト、茹でた豚肉）、さまざまなソースで和えた野菜、最後に穀物（蒸し物）だった。儒学者の間で人気のあった『礼記』には、飲み物（ワインやスープ）は会食者の右側、料理は左側に置くようにと記してある。最後に、新鮮な食材と給仕のしかたが非常に重要で、主人が招待客に敬意を表すうえで大きな意味をもった。

普通の人々の食事は、性別によって異なっていたと思われる。男性は肉食が中心だった一方で、女性は、小麦、大麦、大豆などを食べていた。これらの食材は肉よりも劣ると見なされていたのだ。周の時代の人骨を分析したところ、女性は男性よりも栄養失調に悩まされていたことがわかっている[408]。

実際に中国を帝国と見なせるのは、紀元前二二一年に始皇帝が中国統一を成し遂げた後の時代である。この「王朝」〔秦〕は、始皇帝と彼の息子が君臨していた期間しか継続せず、紀元前二〇六年に滅亡した。

次に登場した漢は、紀元前二〇六年から紀元後二二〇年まで継続した。この王朝は、複合弓、青銅製の矢尻、あぶみ〔馬具の一種〕、鉄製の鉈《なた》など、新たな武器によって権力を維持した。

当時の人々は、穀物の粥、米、野菜、脂っこい肉を食べていた。紀元前二世紀の漢の皇帝の墓からは茶が見つかっている。紀元前五九年に記された文書には、茶摘みに関する記述がある。

ところで、中国では食と健康が明確に結び付いていた。紀元前三世紀の初頭、鄒衍《すうえん》という名の医師は、万物に五つの要素（金属、木、水、火、土）を見出し[50・86]、それらの関係から自然の調和が保たれるという五行説を唱えた。人体にはこれら五つの要素が見出せると説いたのだ。たとえば、肝臓は木で温かく、心臓は鉄で熱く、胃は土で湿っているという。

中国医学では、食は陰と陽に分類される。「熱い」そして「温かい」食は陽であり、冷たい、酸っぱい、苦い、塩辛い食は陰である（塩辛いものを「陽」に分類する考えもある）。凝った料理をつくるには、陰と陽のバランスを常に配慮しなければならない。発熱（熱くなる病気）の場合では、冷たい食が推奨された。

同時期、医師の張機は、これらすべてのことを『金匱《きんき》要略』という医学書にまとめた。たとえば、脂っこい肉の入った穀物の粥を食べるときには冷たい水を飲まないようにと指導した。「あらゆる飲食は食欲を満たし、生命の糧になる必要がある。ところが、食は毒にもなる。薬を服用するのではなく、体に悪いものを食べないようにすべきなのだ(50)」

日本と朝鮮では、米は特別な存在

灌漑稲作が日本に伝来したのは、二〇〇〇年以上前だ。当時の日本社会では、米は主食ではなかった。農民階級はキビや大麦を食べ、特権階級だけが米を食べていた。

米は食糧以外にも二重の役割をもつようになった。一つめは通貨としての役割だ。封建時代、農民は自分たちの耕す農地の領主に対し、税金として米を納めた（年貢米）。米には通貨としての機能があったのだ。そして米は次第に宗教的、霊的な意味合いをもつようになった。魂の力、つまり、生命力を象徴するようになったのである。したがって、米を食するのは、誕生日や結婚式などの祝い事、さらには葬式などの特別な日だけだった。遺体の隣には飯茶碗が置かれた。死者はこの飯茶碗の米を食べ、三途の川を渡る力を得ると考えられていた。米の藁も束にされ、神聖な場所の装飾品として利用された。

六世紀ごろに日本列島に広まった仏教の教えの影響から、動物の肉はあまり食されなくなった。食生活は菜食主義へと移行したのである。たとえば、家畜を食べるのは外聞の悪い行為であり、さらには非難の対象になる蛮行だった。当時の日本人にとって、家畜はそれが死ぬまで敬意をもって扱うべき存在だったのだ。家畜を食べるとしても、それは家畜が死んだときだけだった。家畜の肉を食するのは、非人間的な行為と見なされていたのである。日本の文化的伝統は、自然ならびに食してもよい食物に敬意を表することだった。

一方、朝鮮には穀物にまつわる神話がある。高句麗を建国した直後の初代王である朱蒙〔東明聖王〕の元に、彼の母親の使いである二羽の鳩が大麦の種子を届けたという。

朝鮮半島の初期の征服者たちは、狩りや釣りを行ない、穀物（大麦、キビ、小麦、モロコシ）、インゲンマメ（当時は、発酵させるためにも利用していた）、米を栽培した。

朝鮮半島をとりまく黄海、東シナ海、日本海は、海産物で満ちあふれていた。これらの海は栄養分も豊富だったため、沿岸部の農地は肥沃で穀物の栽培に適していた。また、漢江など主要な河川周辺の平野部の気候は稲作に適していた。稲作は、キビ、大豆、さらには小豆と同じく、紀元前二〇〇〇年ごろに始まった。朝鮮料理の伝統はその農業史と結び付いている。だが、それだけではない。朝鮮料理は、中国と日本の侵略によっても進化したのである。

インドで始まった菜食主義

紀元前二〇〇〇年、インドでは現在のカザフスタンからやってきた第二波の移住集団が、サンスクリット語、馬、生贄の儀式をもち込んだ。彼らはヒンドゥー文化とヴェーダ文化の基盤をつくり上げた。

紀元前六〇〇年前から紀元前五〇〇年前ごろのインダス川流域においては、ジャイナ教の発展とともに菜食主義の実践が始まった。この宗教の重要な教義は、生き物全体（昆虫と植物も含む）に対する尊重と非暴力を表す「アヒンサー」である。

ジャイナ教の信者はこの教義を遵守するために、肉、魚、卵、蜂蜜を食べないだけでなく、たくさんの種子を含む果物や、根っこから抜かなければならない植物も食べない（地中の微生物を傷つけないためである[409]）。動物の乳は飲むが、動物愛護の条件を満たして搾乳し、搾乳する量の少なくとも三分の一は動物の子供のために残しておかなければならない[77]。

「生命科学」を意味するアーユルヴェーダ〔インドの伝統的な医学〕の目的は自己実現だ。つまり、自己回復に依拠する調和のとれた状態をつくり出すことだ。

アーユルヴェーダの食餌療法は、ヒンドゥー教の聖典であるヴェーダの教えから導き出された。

刺激の強い「ラジャスな食物」（調味料、香辛料、コーヒー、魚など）や、倦怠感をもたらす「タマスな食物」（肉など）よりも、果物、野菜、乳製品、クルミ、穀物、蜂蜜、ハーブなどの「サットヴァな食物」を優先して食べるように心がけろという。ちなみに、サットヴァは、サンスクリット語で、存在、現実、自然、知性、意識、真実、バランスを意味する。

料理人の気分と集中力は、料理の出来栄えに大きな影響をおよぼすので、心穏やかで安らいだ環境で調理するようにと戒め、「タマス」を引き起こす恐れのある要因は排除された。

アーユルヴェーダでは、さまざまな思考過程において節度が美徳とされる。後年、サンスクリット語で書かれたヨーガの経典『ハタ・ヨーガ・プラディーピカー』には、「節度ある食餌療法」は「心地のよい」そして「甘い」食物からなると記してある。

胃の中身は、半分が食物、四分の一が水、残りの四分の一は空であることが望ましい。ニンニク、油、アルコール、香辛料、マスタード、魚、肉などは、体温を上昇させるため体によくない。よって、これらを摂取するのは控えろという。さらには、苦いもの、酸っぱいもの、塩辛いものを食べるのは避けるべきだと説く。逆に、穀物、砂糖、蜂蜜、野菜、乾燥生姜は、節度をもって食べるのなら、日常的に食べてもよいという。偏食は避け、身体、とくに血液、骨、脊髄、精液には、乳やバターがよいそうだ[77]。インドの文明は、食とエロティシズム、つまり、食欲と性欲との関係を探った最初の文明の一つだ。

紀元前五世紀ごろにインドで始まった仏教は肉食を禁じた。クリシュナ〔ヒンドゥー教の神〕は、『マハーバーラタ』〔ヒンドゥー教の聖典〕において、肉は「われわれ兄弟の肉体」のようなものだと述べた。とくに、雌牛は万物の母であり、乳は子牛ならびに人間の子供に供せられるのだから、牛は食べてはならないのだ。

中国とチベットの仏教は、インドよりも厳格な菜食主義を求めた。日本の仏教は、節度ある肉食なら許容したが、象、虎、ヒョウ、犬の肉を食することは禁じた。

人肉食という独特の風習が残るメソアメリカ帝国

北アメリカの南西部〔現在のコロラド州、ユタ州、アリゾナ州など〕には、アナサジそしてホピ族と呼ばれるようになったヒト集団が紀元前一二〇〇〇年よりも前から暮らしていたと思われる。彼らはシベリアからやってきたのである。

この乾燥した山岳地帯に定住した彼らは、狩猟採集の文明を興し、プエブロ〔集落〕に大規模な農園を築いた。彼らが描いた洞窟壁画からは、狩猟が彼らの食生活にとって非常に重要な活動だったことがわかる。主食は、トウモロコシ、インゲンマメ、ウリだった。これらの植物を栽培するための洗練された灌漑設備が整えられた。農業、動物、水、風に基づくきわめて複雑な彼らの万物創造論は、すべてのアメリカ先住民の万物創造論の基盤になった。

紀元前一五〇〇年ごろ、この地域に多大な影響をもたらしたアナサジの流れを汲むオルメカ文明が、メキシコ湾岸、メキシコ盆地、太平洋沿岸に定着した。彼らは、肥沃な土壌、水、風に関する神話をつくった。ジャガーは大地と生命力、蛇は水、雨、川、鷲は風の象徴だった。先住民の主食はジャガイモであり、この地域にはさまざまな種類のジャガイモが存在した。これらの塊根植物の調理法は、煮物かスープだった。高級食材として重宝されたトウモロコシからは、パンがつくられた。

大勢の人々を養い、広大な聖地を保護するために築かれたこれらの帝国では、人肉食の風習があった。マヤ文明では、戦争捕虜は神々への供え物として犠牲になった[14]。アステカ文明では、死神のテスカトリポカも人間の生贄を要求したし[84]、大地の女神のトラルテクトリは、生き延びるために人間の心臓を必要とした[148]。そして犠牲者の腿肉は皇帝、心臓は祭司、残りの部分は神々の化身である動物に供せられた[41]。こうした風習は精力を高めるための口実だったとも考えられる。

アマゾンの密林では、トゥピナンバ族も体力をつけるために敵を食べた[7]。イヌイット〔エスキモー系民族〕の人々の間では、餓死を避けるためにそうせざるをえなかった場合の人肉食は、食べられる相手と事前に合意したのなら、罪ではなかった。

エジプト文字からわかる「食は会話なり」

メソポタミアや中国と同様に、エジプトでも河川流域から定住化が始まった。紀元前八〇〇〇年ごろ、アフリカや中東から来た人々が肥沃なナイル川流域に定住化した。[205] 彼らはこの地域に、小麦、大麦、果物、ブドウ、野菜、タマネギ、ニンニク、ニラネギを植えた。

エジプト人は、ナイル川の増水する初日に、ソティス星が太陽とほぼ同時に昇ること（伴日出、ヒライアカル・ライジング）に気づいた。現在ではシリウスと呼ばれるこの星は、オオイヌ座の最も大きい恒星であり、地球から見て太陽の次に最も明るい恒星だ。[281] この伴日出の起こる日が当時の元日になった。長年にわたって、天文学、占星術、気象学は、同一の学問だったのである。

紀元前五〇〇〇年ごろ、エジプトの農期は、アケト（ナイル川の増水期）、ペレト（播種期）、シェムウ（収穫期）の三つに区分された。[281]

紀元前四〇〇〇年ごろ、点在する集落で暮らしていたエジプト人は、森林に火を入れる焼き畑農業を行なっていた。

食物を油で炒めて食べたのはエジプト人が最初である。使用した油は植物性だったと思われる。[28] また、彼らは発酵させたパンを開発した。これは粥を食べていたメソポタミア文明と一線を画す革命的な出来事だった。エジプト人がナイル川渓谷で暮らす他の集団を支配できたのは、こうした栄養価の高い食物のおかげだ。

村の食糧事情は年間の収穫量に左右された。村はノマドによる略奪の脅威にさらされていた。村長の責務は、村人全員に充分な食糧を確保することだったに違いない。その証拠に、紀元前二四〇〇年ごろの宰相プタハホテップは、「人間は腹を空かすと文句を述べたがる」と記している[28]。メソポタミア人と同様、エジプト人は洪水を防ぐためにダムを建設した。

エジプト古王国と呼ばれる最初の帝国は、およそ紀元前二七〇〇年から紀元前二二〇〇年くらいまで続いた。この時代、ギーザの台地に建造されたピラミッドでは、エジプト人は死者に食糧を供え続けた。たとえば、サッカラ〔カイロ近郊〕のピラミッドにある女性の墓では、大麦パン、チーズ、魚などが見つかっている[28]。紀元前二五〇〇年ごろ、エジプト人は、犂〔からすき、プラウ。牛馬に引かせて土を掘り起こす農具〕などの農工具を使用し始め、貯蔵庫をつくった。

紀元前二二〇〇年ごろ、ナイル川の増水に対する管理が不充分だったため、食糧の収穫量が減り、暴動が勃発した。ケティ三世（紀元前二一六〇年ごろ）は息子のメリカラーに次のように忠告した。「貧乏人は敵になる。貧困に苦しむ者は反乱を起こす恐れがある。怒って穀物倉庫に向かう反逆する群衆には食物を与えよ。彼らを鎮めるのだ[28]」。エジプト古王国は外敵の度重なる侵入によって滅亡した。

紀元前一五五〇年ごろ、エジプト全体を支配する新王国が登場した。住民の食糧を確保することができたこの王国には、イアフメス一世、アメンホテプ一世、ツタンカーメン、そしてラムセスらの王〔ファラオ〕が君臨した。[205] 彼らが何を食べていたのかは、墓で見つかったものから推測できる。紀元前一四〇〇年ごろ、王家の墓は、パン、ワイン、小麦粉、乳製品、塩漬けの肉で満たされていた。

旧約聖書は、この時期にエジプトではユダヤ人が奴隷として暮らしていたと記している。その記述からは、ヨセフがファラオの見た夢を解き明かした件（飢饉に備えて食糧を備蓄する必要性を説いた）など、エジプトの政治史における食糧政策の重要性がわかる。[4]「今から七年間、エジプトの国全体に大豊作が訪れます。しかし、その後に七年間、飢饉が続き、エジプトの国に豊作があったことなど、すっかり忘れられてしまうでしょう。飢饉が国を滅ぼしてしまうのです[65]」（『創世記』、第四一章、二九〜三〇〔日本聖書協会の新共同訳から引用〕）

紀元前一三世紀、ラムセス二世の息子である第一三王子メルエンプタハの墓には、魚や鴨を描いた壁画が数多く見つかっている。彼の葬祭殿には、このファラオがレバント人とカナン人、つまり、イスラエルとの戦いに勝利したと記す有名な碑文がある。「イスラエルは滅び、もはや彼らの子孫さえ存在しない[61]」

メルエンプタハの死後、このファラオの別の子供たちとの間で内乱が勃発し、新たな王朝が誕生した。ラムセス三世とともに誕生したこの王朝は、紀元前一一八三年から一一五二年まで続いた〔時期については諸説ある〕。この王朝がエジプトを統治している期間、地中海沿岸の北部と東部は、気候変動による凶作に見舞われたため、アナトリア〔現在のトルコのアジア部分〕とレバント〔地中海沿岸東部〕を経由して大量の移民がエジプトに押し寄せた。「海の民」[11]と呼ばれたこれらの移民は家族連れで、武装していた。彼らはナイル川河口の三角州を襲った〔デルタの戦い〕。エジプト国内では、労働者たちがストライキを起こして食糧を要求した。復興を果たしたのは、その一〇〇〇年後のローマ支配下の末期王朝時代だった[204]。

紀元前数百年の時代、エジプトの貴族は椅子に座るか、食卓の周りに敷かれたむしろに腰を下ろして食事をした。エジプトを訪れたフェニキア人、ギリシア人、ローマ人は、エジプトのこうした食事の習慣を取り入れた。

紀元前二〇〇〇年から紀元元年ごろにかけて、エジプト人の食生活は豊かになった。牛肉、羊、狩猟肉、ガチョウ、鴨、ウズラ、淡水魚などを食べ、シリアとキプロスからは油を、ユダヤからはワインを輸入した。当時のエジプトにはサフランを使った料理があった〔紀元前一六世紀から紀元前一五世紀の間に書かれた『エーベルス・パピルス』は、現在知られている最も古い医学書の一つだ。そこにはサフラン料理の記述がある[434]〕。海産物、サフラン、コショウなどは、性欲を催す食物として認知されていた。

裕福なエジプト人は、健康を維持する最良の手段は豊かな食事だと考えていた。彼らは料理の品ごとに手を洗い、象牙や粘板岩でできた匙を使って食べた。それらの匙のなかには、宗教画が彫ってあるものがあった。

貧者は穀物や野菜しか食べるものがなかったので、健康維持に必要不可欠なタンパク質などの栄養分が不足した。大洪水や大旱魃が起きるたびに、農民は飢餓に苦しんだ。エジプトの貧民の平均寿命は三〇歳未満だった。

食物と言語のつながりはこれまで以上に明白になった。イギリスのエジプト学者ガーディナーが作成したエジプト文字の記号表において「A2」と名付けられた象形文字は、座った男性が口に手を当てている姿を表している。これはこの記号表にある他の文字との兼ね合いから類推すると、「食べる、飲む、話す、黙る、考える、愛する、憎む」を同時に意味する。食べることと話すことのつながりは、この上なく明確だ。

自然の恵みにより帝国の誕生が遅れるアフリカ

サハラ砂漠以南のアフリカの三〇〇〇年前の食事情は、地域ごとに大きく異なっていた。とはいっても、フラニ族やマサイ族などを除き、ほぼ全員が定住化しており、食糧事情はきわめて良好だった。

おもな穀物は、モロコシ〔コーリャン〕（原産地はエチオピア）とミレットである（モロコシと同一視されるミレットは、サハラ砂漠以南では、少なくとも二〇〇〇年以上前から栽培されてきた）。これらの穀物は粥や粉にされ、ガレットやポレンタ〔粥〕のような料理の材料になることが多かった。また、西および中央アフリカ特有の米（グラベリマ種）も存在した。おもな野菜はバンバラマメとササゲであり、（バオバブなどの）樹木の葉も葉菜類として食されていた。

西アフリカでは、ヨヒンベ〔アカネ科の植物〕の樹皮などは性欲を催す食物として知られていた。

牛と羊はサハラ砂漠以南が原産だが、生息地域はこの地域の乾燥化の進行とともに次第に南下し、西アフリカで消費されるようになった。森林地帯での肉は、アンテロープ〔レイヨウ〕、猿、ノウサギ、リスなどの狩猟肉だった。寄生虫に耐性のある家禽も食用になり、とりわけ雌鶏は重要な象徴的価値をもつようになった。その証拠に、アフリカの多くの儀式には鶏が登場する[333]。

アフリカ人は乳をほとんど消費しなかった。例外は、コブウシや牛の乳を飲む西アフリカのフラニ族や東アフリカのマサイ族など、アフリカでは稀な遊牧民だった。フラニ族をはじめとするこれらのノマドのなかには、寄生虫の恐れから食に関する禁止事項を打ち立てた集団も現れた。アフリカ人は昆虫も食べた。

酒は、ヤシ酒（ヤシの樹液を発酵させてつくる果実酒に近い味わいの酒）とミレット・ビールだった[333]。

アフリカでは、あらゆる食物が豊富にあったので、希少性を管理する必要がなかった。だからこそ、帝国を形成する必要が生じなかったのである。

世界中で横行する人肉食

儀式や必要性という理由から、カニバリズムが完全に消滅することはなかった。

中近東の人々（スキタイ人やトラキア人など）は死者を食べた。ヒッタイト人は敵軍を恐怖に陥れるために、串刺しにした敵軍の大将を火あぶりにして食べた。

アフリカでは、コンゴとニジェールの盆地周辺で、人間の体と臓器を食べると、精神の鍛錬および精力の増強が促され、死者の供養にもなると考えられていた。よって、人肉食の際には、食べる側の性別によって食する部分が決まるという、複雑に構造化された儀式が存在した。年寄りの人体を食べる若者は、その年寄りの叡智を授かり、これとは逆に、若者の脳を食べる年寄りは、その若者の身体能力ならびに精力を得るのだ[49]。

中国では、儒教、道教、仏教（三つとも紀元前六世紀前後のほぼ同時期に誕生した）は、言外に、あるいは明白にカニバリズムを禁止したが、飢饉や戦争の際には、人肉食が横行した。伝説によると、紀元前七世紀、斉の第一六代君主の桓公は、どうしても人肉を味わいたいとわがままを言ったため、彼の料理人は自身の息子を犠牲にして、息子の身体の一部を君主に供したという(144)。

旧約聖書を食べるユダヤ教徒

旧約聖書の物語の中核には食物がある。そのなかには、古くはおよそ紀元前一〇〇〇年ごろに書かれた記述もある。

旧約聖書では、言葉は食物と密接なつながりをもつ。第一に、それまでの宗教の崇拝対象と異なり、人間をつくったユダヤ人の神はものを食べない。ユダヤ教では、神の創造物だけが食べるのだ。食べるという行為は、人間と神を区別することでさえある。

神の命令(『創世記』、第一章、二九)により、神の創造物であるアダムは菜食主義者である(先ほど述べたように、太古の人々は菜食主義だったはずだ。当然ながら、旧約聖書が書かれたときに、そのことは知られていなかったと思われる)。人間はすべてを創造する園〔エデンの園〕に置かれた(『創世記』、第二章、一五)。人間は園のどの木からでも心のままに取って食べてよい。ただし、神の創造からしばらくの間は、善悪を知る木からは取って食べてはいけない。この約束を破って善悪を知る木の果実を食べると、罰として自身の食糧を生産するために労働を強いられる。この時点では、人間はまだ菜食主義者だったのだ。

ノアと彼の子孫が、自分たちが助けた動物を思いのままにできるようになったのは洪水の後である。「すべて生きて動くものはあなたがたの食物となるであろう。さきに青草をあなたがたに与えたように、わたしはこれらのものを皆あなたがたに与える」（『創世記』、第九章、三〔日本聖書協会の口語訳から引用〕）[65]。したがって、このとき、神は人間が動物の肉を食べることを許したのである。

その後も、食物とのつながりは旧約聖書の物語を構造化し続けた。イサクの犠牲、エジプトを出た後に砂漠でさまようヘブライ人のために神が天から降らせたマナ〔白い霜のような食品だとされる〕、飢饉から民衆を救うためにファラオの夢を解くヨセフなどである。

ヘブライ人はエジプトから約束の地へと脱出した。そこは「乳と蜜の流れる」[65]、食糧が豊富にあるところだ。さらには、「あなたがたが渡って行って取る地は、山と谷の多い地で、天から降る雨で潤っている」（『申命記』、第一一章、一一〔日本聖書協会の口語訳から引用〕）。

およそ紀元前一二〇〇年、ユダヤに到達したヘブライ人は、そこにエジプトとメソポタミアと同じ食糧を見出した。すなわち、果物、ワイン、油、エンドウマメ、レンズマメ、ソラマメ、ヒヨコマメ、西洋ネギ、キュウリ、ニンニク、タマネギなどだ。この地域には、ティルス〔レバノンの南西部の沿岸都市、現在のスール〕からエジプトの小麦や大麦も輸入された。これらの穀物は、メソポタミアと同様に、ガレット、パン、粥などにして食された。魚は塩漬けにして保存された。エジプトとメソポタミアと同様に、牛肉、羊肉、狩猟肉を食べられたのは、裕福な者たちだけだった。それまでの文明と同様に、食事は神と交信する機会でもあった。そうした食事会はエルサレム神殿で行なわれた。エルサレム神殿に供せられた生贄の動物の一部は祭司が食べた。

旧約聖書では、言葉はいつも食物とつながっている。まず、マナは言葉のように天から降ってきた。ヘブライ語でマナを示す言葉（「空から降ってきたパン」）は、夢（「パン」という言葉と同じ綴り）と関わりがある。ヘブライ人にとって、夢は精神を養う食物であり、人間は夢を食べるのだ。マナは自分が選んだ味、つまり、夢のような味をもつ。そして、マナは目減りしない食物なのだ。

次に、預言者エゼキエルは、神の言葉を食べるようにと明言した。「彼はわたしに言われた。《人の子よ、あなたに与えられたものを食べなさい。この巻物を食べ、行ってイスラエルの家に語りなさい》。そこでわたしが口を開くと、彼はわたしにその巻物を食べさせた。そして彼はわたしに言われた、《人の子よ、わたしがあなたに与えるこの巻物を食べ、これであなたの腹を満たしなさい》。わたしがそれを食べると、それはわたしの口に甘いこと蜜のようであった。彼はまたわたしに言われた、《人の子よ、イスラエルの家に行って、わたしの言葉を語りなさい》[65]」（『エゼキエル書』、第三章、一〜四〔日本聖書協会の口語訳から引用〕）

さらに、もう一人の預言者アモスは、「主なる神は言われる、《見よ、わたしがききんをこの国に送る日が来る、それはパンのききんではない、水にかわくのでもない、主の言葉を聞くことのききんである[65]》」（『アモス書』、第八章、一一〔日本聖書協会の口語訳から引用〕）。

つまり、日常生活におけるすべての食物は、神の言葉の表れだということだ。食卓そのものがエルサレム神殿の象徴であり、それは祭壇なのである。

食べるためだけに食べるのではなく、ともに学ぶ機会をもつために食べるのだ。食事のたびに（一〇から二〇ほどの）謝意が唱えられる。ラビ〔ユダヤ教の指導者であり、学者のような存在〕は、これらの謝意を唱える順序を果てしなく議論する。食事は学びの場でもあり、「トーラー〔旧約聖書の最初の五つの書〕を食べる」ことを学ぶのだ。食卓には神の存在がしみ込んでいるので、賢者の遺体は食卓の木材からつくった棺桶に入れて埋葬されるのが習わしだった。

食事は、禁止事項を遵守する場でもある。これらの事項は、生物種の保存や野蛮な行為を避けるという観点から厳格に定められている。たとえば、鱗やヒレのない海洋生物（とくに、軟体動物や甲殻類などの海産物をはじめとする無脊椎動物）や肉食の哺乳類を食べることは禁じられている。食べてもよいのは、雌鶏、ガチョウ、鴨、七面鳥、ヤマウズラ、ウズラ、鳩、ホロホロチョウなど、草食性の動物である。反芻しない動物や割れた蹄をもたない動物を食べることも禁じられている（『レビ記』、第一一章、一〜八）（旧約聖書によると、ラクダ、ノウサギ、イワダヌキ、豚は、食べてはいけないという）。トーラーにも、食べてはいけない食物として、肉食性の鳥（猛禽類）を含む二四種類の空を飛ぶ動物が列挙されている（『レビ記』、一一章、一三〜一九）。四種類のバッタを除き、昆虫は食べてはならない。「羽があって四つの足で歩くすべての這うもののうち、その足のうえに、跳ね足があり、それで地の上をはねるものは食べることができる」(65)（『レビ記』、第一一章、二一（日本聖書協会の口語訳から引用））

休耕期を設けるという理由から、同じ土地で七年目に収穫される果物や野菜を食べてはいけない。まだ生きている動物から切り取った肉を食べてはいけない。動物の母親と子供を同じ日に殺してはいけない。哺乳類や鳥類の血液を飲んではいけない。というのは、「肉の命は血にあるからである」（『レビ記』、一七章、一一）(65)。「子やぎをその母の乳で煮てはならない」（『出エジプト記』、第三四章、二六）。なぜなら、乳は生命の象徴だからだ。家畜に栄養を与える前に食べてはいけないのだ。動物を処理する儀式を行なうのは、動物の苦しみを軽減するためだ。

一般的に、ユダヤ文化は、食物を懐疑的に捉え、食べすぎは精神を害すると考えていた。絶食によって身体バランスを整えた。断食は年に七日間行なわれた。

紀元後七〇年に第二神殿が破壊された後も、離散したユダヤ共同体において、食事のひときは、社交、安定した人間関係、知識の伝達のための重要な役割を担い続けた。家族は少なくとも安息日の夜だけは食卓に集った。食卓は、子供に教育を施す場であり、共同体のしきたりを決める場であり、旅行者が他の共同体や世界に関するニュースを伝える場であり、子供がさまざまな疑問を投げかける学びの場だった（ユダヤの伝統では、「子供は食卓ではおとなしくする」のではなく、反対に発言するように促された）。金曜日の夜、過越《すぎこし》（過越の食事中、ユダヤ人は、自宅の家の扉に塗られた子羊の血によって、神が放った災禍が押し返されることを祝った）、ローシュ・ハッシャーナー（ユダヤ暦の新年祭）、ヨム・キプル（最も重要な断食の日）の食卓では、こうした特徴は顕著だった。これらすべての食事は特別な合目的性をもち、どの料理にも明確な象徴性があり、食卓で交わされる会話にも決まったテーマがあった。その後も安息日の食事は、食と会話、そして家族と共同体を結び付ける場としての役割を担い続けた。

後に生まれるユダヤの伝統の多くも、食と言語を結び付けた。たとえば、過越のときの食事では、食物の単語の綴りによって秘めた想いが象徴的に表された。ユダヤの伝統では、特殊な食物を盛り込んだ菓子（「蜂蜜ケーキ」）をつくり、それらの食物の単語の綴りが明確な願いを示すことがあった。

統治のために会食するギリシア人

ギリシア神話にも食物がたくさん登場する。まずは、人食いである。巨神族ティタンの長であるクロノスは、自分の子供を次々と飲み込んだ。ホメロスは、『オデュッセイア』[28]のなかでカニバリズムの光景を描写している。ギリシア神話には、食事の本義である食べながらおしゃべりする場面が多くある。

ギリシア神話によると、当初、神々は一緒に食事をしていたという。ワインは飲まず、人間の食糧は食べず、ネクタル〔不老不死の神酒〕を飲み、アンブロシア（おそらく天然の蜜）〔不老不死の霊薬〕を食べた。神々は、（アプロディテ女神がヘクトールに行なったように）自分たちが守りたいと思う人間の身体に塗る聖油としてもアンブロシアを使った。

ギリシア神話では、神々は人間を創造し、人間の運命を弄ぶ。そのようなギリシアの神々は、最も古い神殿において自分たちの食事の一部を人間と分かち合った(28)。

プロメテウス（ティタン族の一人であるイアペトスの息子）は、獲物の旨い肉の部分を人間に与え、残った骨は脂身で覆って旨そうにみせかけて、ゼウスがこれを選ぶように仕向けた。プロメテウスに騙されたゼウスは怒り狂い、人間から火を取り上げてしまった。火を使えなくなった人間は、肉を焼いて食べることができなくなった。そこで、プロメテウスは火をこっそり盗み出して人間に与えた。ゼウスはプロメテウスに復讐するために、人間最初の女性であるパンドラを送り込み、甕〔パンドラの箱〕を開いて諸悪（死、病気、労働など）を解き放ち、そしてプロメテウスをコーカサスの岩に磔にして、毎日肝臓を鷲についばまれる責め苦を強いた(143)。

このようにして神々は人間から食糧を取り上げた。神々から見放された人間は、互いにコミュニケーションを取らなければならなくなった。そこで日常生活においてギリシアの人々は、他の文明と同様に、食事会を権力の場として利用するようになったのである。

紀元前八世紀ごろのクレタやスパルタなど、ギリシア最古の成文法には、エジプトやメソポタミアの権力者が集う会食に関する伝統が記されている。しかし、古代ギリシアでは都市国家の問題を解決するために、すべての市民が会食に参加しなければならなかった（裕福な参加者が新たな参加者を選ぶ方式だった）。この会食に参加するには、三九リットルのワイン、三キログラムのチーズ、イチジク、大麦を供出するという条件があったので、参加できるのは必然的に裕福な者たちだけだった。スパルタでは、こうした会食は日常的に開かれ、また開かなければならなかった。若者は、指導層の仲間入りをするために会食に参加するようになった(4)。

その後、このシステムは機能しなくなった。市民の会食は日常的には開かれなくなったのだ。古代ギリシアのアテネでは、五〇〇人のプリュタニス（一年の一〇分の一の期間、都市国家を代表する五百人評議会から選ばれた行政官）だけが、市民全員の委任を受け、集会場に隣接する円形の建物において毎日会食することになったのだ。紀元前五世紀ごろ、一部のアテネの政治家（キモン、ニキアス、アルキビアデス）の発意によって、この会食には、プリュタニスや市民でない自由人も招き入れられた。

通常、この会食は祭司の監督の下、女性が準備した。会食者は、移動式のテーブルの前に置かれた長椅子に着席し、二列になって向き合った。肘をクッションに置き、料理は手で食べた。会食者は男性だけだった。それまでの社会と同様に、会食は歓待（クセニア）と（酩酊状態の）情動の場だった。[1]

会食の始まりは、神々との関係を修復するための生贄の儀式だった。この儀式では、肉屋が動物（鶏や牛）を処理した。空中（神々）に向けて飛び散った血は、（人間を浄化するために）地面に滴った。儀式が終わると、会食では、食べる時間（デイプノン）とおしゃべりする時間の後に、水で割ったワインを飲む時間（シンポジオン）があった。[1] ギリシア人は、酩酊状態を三つの段階に分けた。一つめは、抑圧から解放されて自由に発言する段階だ。二つめは覚醒する段階だ。三つめは酩酊する段階であり、これは創造性の段階と見なされ、四〇歳以上の男性だけが享受できる段階だった。一八歳未満の若者はワインを飲めなかった。[4]

貧しい家族の女性は給仕に専念した一方、裕福な家族の女性は食卓に着いた。だが、女性が会話に加わることはなかった。奴隷はしばしば子供とともに給仕に専念した。ギリシア人は、とくに卵を食べる際に、木製の匙を利用した。

摂取カロリーの八〇％は、穀物（小麦、大麦、スペルトコムギ）からだった。小麦粉からつくるパン、ワイン、オリーブオイル、チーズ（イチジクの樹液を使って乳を凝固させてつくる）は、裕福な者たちだけが口にできる贅沢品だった。パンは石窯で焼かれた。大麦はパンの材料にもなり、大麦パン（おもに軍隊の食糧）は、蜂蜜やチーズとともに食された。パンは、野蛮なノマドとは異なり、生活資源は社会によって生み出されるという定住民を象徴する食糧だった。ホメロスの作品では、「パンを食べる人」とは文明人、すなわち、ギリシア人のことである[4]。

紀元前五世紀、肉と果物は、ほとんどの場合、神々への生贄や供物だった[4]。動物は食糧ではなく生産手段として利用された。たとえば、羊の飼育は、羊毛やチーズの原料である乳を得るためだった。また、牛は希少な存在であり、動力として利用され、働けなくなった老いた牛だけが食用になった[28]。

紀元前五世紀のアテネでは、食生活が劇的に変化した。すでにお馴染みだった乾燥フルーツと野菜スープを、誰もが食べるようになったのだ。同時期、ギリシア人は穀物をひくための製粉機を完成させた。兵士は相変わらず、血液、脂肪、酢を混ぜ合わせた「スパルタ式シチュー」を食べていた。

同時期の中国医学と同様、ギリシア医学は食に大きな関心を抱いた。中国と同様、ギリシアの食餌療法の基本は節度だ。ギリシアの食餌療法は、中国の陰陽に似たモデルに基づき、健康を促す食物と、病気を引き起こす食物があると説く。健康のためには、消化のよいさまざまな食物を適量食べるとよいという。ヒポクラテス（紀元前四六〇年から紀元前三七〇年）は、定期的な断食を勧めた。「身体に食物を与えれば与えるほど、身体は損なわれる[28]」。ヒポクラテスは、ニンジンには利尿作用があり、のどの痛みには蜂蜜水が効くと記した。食糧と飲料に関して、ギリシアの医師は、乾燥した熱いもの、乾燥した冷たいもの、湿った熱いもの、湿った冷たいものというように区分しようとした（これは、胆汁、黒胆汁、血液、粘液に当てはまるのと同じ特徴の分け方だ）。湿った熱い食物は、他の食物と比べて栄養価が低いと見なされた。ギリシアの医師は、冬場には乾燥した熱い食物（小麦や肉類）、そして夏場には湿った冷たい食物（緑色野菜や全粒粉パン）を食べるように勧めた。乾燥した冷たい存在である男性には湿った熱い食物、湿った熱い存在である女性には乾燥した冷たい食物が推奨された。乳と魚の食べ合わせはよくない。老人は、チーズ、軟体動物、レンズマメ、無塩パン、茹で卵を食べるべきではない㉘。これらの食物の一部は、性欲を促すものと見なされていた。

ギリシア哲学には、健康という観点とは別の意味で食生活に関する指針があった。たとえば、ピタゴラスは動物愛護の精神から菜食主義者だった。人間の魂は動物の身体に移るという考えから、ピタゴラスは、羊毛や皮の利用、そして動物の生贄にも反対した。ピタゴラスの弟子たちは、神々に生贄を供することさえ反対した㉘。

ピタゴラスとは逆に、アレクサンドロス大王の家庭教師でもあったアリストテレスは著書『動物誌』において、生物の序列を述べ、動物には道徳心が欠如しているのだから、動物は食べてもよいと説いた。「自然の段階」あるいは「生物の連鎖」において、人間はその頂点にあり、その下には（「途切れることなく」）、動物（四足をもつ動物、胎生動物、クジラ、卵生動物、頭足類〔イカやタコ〕、甲殻類、環形動物、軟体動物〔貝など〕）、次に、植虫類（サンゴやイソギンチャクなど、動物と植物の中間に位置する階級）、そして植物と続いた。アリストテレスにとって、この配列は生物種の「生命度」（運動、知能、感覚など）を意味した。[5]

紀元前四世紀からギリシアにはホテルが登場した。それまで外国人を歓待してきた市民は、ホテルができて安堵した。これらのホテルは居酒屋としても利用された。

およそ紀元前三三〇年、アレクサンドロス大王は、征服した小アジアから将来的に重要になる食糧をもち帰った。すなわち、米、サフラン、生姜（おもな用途は、解毒剤や催淫剤）、コショウ（インド南西部のマラバール海岸産。この地域では、四〇〇〇年前からコショウは米の調味料として使われていた）、そしてペルシアで見つけた砂糖である。[213] 砂糖はその後もきわめて贅沢な食品であり続けた。

ギリシア人にとって、農業を行なわない人々、パンを食べない人々、ワインを飲まない人々は「野蛮人」だった。饗宴を行なわない人々も野蛮人だった。というのは、食事は何よりもまず会話の場だったからだ。食はすなわち言葉だったのだ。

たとえば、ギリシア人は、葬儀のときだけ宴会を開き、水で薄めていないワインを飲むスキタイ人を野蛮人と見なした。ヘロドトスによると、ペルシア人は大量に食べ、神々に生贄を捧げないので「怪物」だという。シケリアのディオドロスにとって、クジラを食べるティレニア海岸の住民はギリシア人ではなかった。なぜなら、ギリシア人は、自然に死んだのではない動物や、神々への生贄ではない動物は食べなかったからだ。同様に、過度に食べる、生で食べる、卵を食べるなどの行為は、未開人のものだった。ヘロドトスは著書『歴史』のなかで、ギリシアの隣人たち（スキタイ人、トラキア人、パデオン人、イッセドネス人など）が行なっているカニバリズムについて言及した[83]。

ギリシアには、「ラガノン」という平たい板状のパスタがすでに存在していた。パスタと肉を層状に重ねた「ラガヌム」という料理が後のラザニアだ[503]。

豊穣の地で暮らすエトルリア人

エトルリア文明〔イタリア半島中部にあった都市国家群〕は、紀元前一二世紀ごろ〔諸説ある〕に発展し始めた。エトルリア人の出自はよくわかっていない。エトルリア人は、飢饉によって故郷を離れたリュデイア人〔現在のトルコのリュデイア地方〕あるいはギリシア人（おそらく両方）がイタリアの現地人と融合して誕生した民族だと言われている。エトルリアは、「エトルリア人の土地」を意味する現在のトスカーナ地域に位置していた[499]。

エトルリアは、後の共和政だけでなく帝政のローマの農業生産と食糧供給に多大な影響をおよぼした。というのは、エトルリアの土地はイタリアの他の地域よりも肥沃であり、エトルリア人は当時の最先端の農業技術を駆使していたからだ。エトルリアの穀物の生産性は、イタリアの他の地域よりも一五倍も高かった。生産性が高かった理由は、穀物、野菜（あるいはマメ科植物）、休耕という輪作を行なっていたからだと思われる。さらに、輪作を実践することによって、エトルリア人は牧畜と作物の栽培のバランスを見出すこともできたのだろう。[28]

おもな栽培作物は、大麦、キビ、ゴマ、スペルトコムギ、小麦だった。当時、小麦はまだ特権階級の特別な穀物だった。ローマで栽培していた小麦の粉はパンをつくるのに不向きだったが、エトルリア人が栽培する小麦は上質であり、パンの原料として利用できた。しかしながら、エトルリア人の基本食はスペルトコムギだった。粉にしたスペルトコムギに水あるいは乳を加え、当時の基本食だった粥やポレンタにして食していた。粥には、ソラマメ、エンドウマメ、ヒヨコ豆、レンズマメ、炒ったどんぐりなどが加えられた。エトルリア人のタンパク質の摂取は、おもに植物からだった。[28・500]

肉類は豚と羊が主流だった。[500] 豚と羊の飼育はヤギと牛と同様に重要だった。ヤギの飼育目的は乳の生産であり、エトルリア人はヤギの乳を粥だけでなくチーズをつくるためにも利用した。

エトルリア人は牛肉をほとんど食べず、牛は農作業用の使役動物だった。[28] エトルリア人は牧畜に加え、野生動物がたくさんいたこの地域で狩りも行なっていた。狩りは娯楽だったため、彼らの食糧全体に占める獲物の割合はごくわずかだった。[28] エトルリア人はティレニア海〔イタリア半島西側に広がる海〕において漁業も発展させ、海産物も食べた。[28] 水切り、包丁、焼き串、焼き網、チーズおろし器など、彼らは多彩な料理道具を保有していた。[28]

一日に一回だけ大量に食べ、あとは軽食で済ませていたギリシア人やローマ人と異なり、エトルリアのエリート層は、宴会を一日に二回開いて豪華な料理を食べた[28]。墓石の彫刻画などに描かれた饗宴の様子からも窺われるように、会食はエトルリア文化の中核をなしていた。饗宴は二部制だった。第一部では大量に食べ、第二部では、酔った会食者の前で音楽家や踊り子が余興を演じた[500]。

支配するために饗宴を開くローマ人

ギリシア人と同様、ローマ帝国の初期、神々に動物を生贄として捧げる儀式は、社会生活や政治の象徴的な基盤、つまり、国の宗教の要だった。五年ごとの人口調査の際に行なわれる贖罪と清めの式である「五年祭」などの「社会的なイベント」の際には、雄牛や雌羊を生贄にする儀式が必ず挙行された。生贄の儀式は、社会秩序が平穏であることを誇示するために盛大に行なわれた。生贄の儀式が終わると、市民が参加する饗宴が催された。だが、これらの宗教的な饗宴の重要性は、共和政ローマ、そして帝政ローマにおいて失われた[331]。

次に、饗宴はおもに富裕層の私的な集まりの場になった。ローマだけでなく饗宴を催す理由は食物よりも会話だった。饗宴はトリクリニウム（家族と招待客のための三つのベッドと給仕用の一つの長椅子で構成されるダイニングルーム）で行なわれた。権力者の邸宅では、女性は、共和政ローマ時代には男性の足元に座っていたが、帝政ローマでは長椅子に横たわっていた。これは、男性たちの交わす政治や戦争などに関する辛辣な議論に女性が加わるのを避けるためだったと思われる[332]。

饗宴の質は、香辛料、珍しい果物（サクランボ、桃、クロイチゴなど）を使った料理、それまで誰も食べたことがない肉料理（オオフラミンゴ、ヤギ、クジャクなど）などの趣向によって判断された。饗宴では、二本歯のフォークや円形のスプーンが利用された。これらはポンペイ遺跡からも見つかっている。饗宴ではさまざまな余興（歌手、ハープ奏者、曲芸師、物まね師）が行なわれた。饗宴の際に大量の料理を用意させた皇帝クラウディウスは美食家だったと思われる。紀元後二世紀、皇帝へリオガバルスは、二二品からなるコース料理を用意させた。ティベリウス帝時代のローマに在住した有名な料理人で裕福な貴族であるマルクス・ガビウス・アピシウスは、全財産を投じて料理法を発見し、実験し、共有した。彼は、オオフラミンゴの舌を料理するというアイデアをもっていた[431]。

こうした例外的な饗宴を除くと、ローマ人の食事の回数は一日一回だけだった。朝食（イエンタークルム）は、コップ一杯の水、ひとかけらのパンとチーズ、富裕層なら数粒のオリーブの実と、きわめて簡素だった。昼食（プランディウム）は食べたり食べなかったりで、午後三時くらいの夕食（チェナ）だけが本格的な食事だった[28]。

紀元前五世紀、ローマ人の食生活は同時代のギリシア人と似たようなものになった。ギリシアと同様、基本食はパン（大麦や小麦など）とわずかな肉類、そしてオリーブオイルとワインだった。[332]

ローマ人の食事

紀元前三世紀ごろにエトルリアの支配を確実にしたローマ[499]は、その地がローマ市民の食の安全を確保するための重要な地域だと悟った。たとえば、オルビエトとキュージという二つの都市はローマに大量の小麦を供給し、ローマはこの小麦を原料にしたパンを自国の軍隊に補給した。パンはローマ軍団の主食だったのだ。[501]

共和制ローマにおいて豚の飼育は重要な活動であり、これはエトルリアから直接受け継いだ伝統だった。[501]しかし、共和制ローマにおけるエトルリアの遺産は豚の飼育だけではなかった。エトルリアの饗宴では、会食者はすでに横臥して食事をしていたと思われる。[502]

ローマ人の一日には、朝食（イェンタークルム）、昼食（プランディウム）、夕食（チェナ）の三つの軽食があった。日々の夕食に関する規範からは、ローマ文化において夕食が重要だったことがわかる。ローマ人はトリクリニウムという特別の部屋に置いてある簡易ベッドに左半身を下側にして寝そべり、右手にもった匙を使って食べた。寝そべる前に靴を脱ぎ、白いトーガ〔長衣〕を身に着け、指輪をはずし、手を洗った。食事中、この一連の動作は繰り返し行なわれた[502]。

共和制ローマの食事は質素だった。簡素な味であり、手の込んだ料理はなかった。ほとんどの食物はあまり調理せずに食された。基本食は穀物と豚肉だった。肉の添え物は、レンズマメ、ニラネギ、アスパラガスなどであり、ソースがかかっているときもあった。人気のソースは、鯖を塩水に漬けて発酵させてつくるガルムという魚醤だった。食材が多様化し、料理の種類が増えたのは、ローマが東洋を征服してからのことである[502]。

紀元前二世紀以降、ローマの大衆は、キャベツ、フェンネル、キュウリ、栗など、茹でた野菜を食べるようになった[3]。

ギリシアと異なり、肉料理は権力者だけのものであり、肉はおもに豚だった。エトルリア人から受け継いだ豚の飼育により、ローマ人はギリシアにはないタンパク質を摂取できた。キケロの著書『神々の本性について』には、使役動物の牛や羊は食用にすべきでなく、食べてもよいのは豚肉だけだと記してある。裕福なローマ人は狩猟肉（キジ、ヤマウズラ、猪）も食べた。淡水魚であっても海水魚であっても、魚料理はとても人気があった[3]。

皇帝たちは社会秩序を維持するために大衆に豚肉とパンを配ることがあった。皇帝アウグストゥスの時代には、ローマには三〇〇軒以上のパン屋があった。パンは、オリーブとイチジクが添えられたものが多かった。

ギリシアの兵士と異なり、ローマの軍団は干し肉とチーズを食べた。しかし、配給制の実施により、深刻な食糧難が生じた[79]。

ローマ人は料理をしなかった。裕福な人物なら、自身の邸宅にいる料理人が調理した。一方、大衆は一般的に台所のない数階建てのアパートで暮らしていたため[70・310]、食事は、魚、フライドポテト、牛肉の串焼き、焼き鳥などを提供する路上の屋台で済ませた。ワインバー、安食堂、居酒屋は、数多くあり、それらの常連客は貧乏人と船乗りだけだった。警察は、彼らがそこでどんな会話を交わしているのかを厳しく監視した[79]。また、元老院議員が宿屋の主人の娘と結婚することは禁じられていた。

オスティア・アンティカ〔ローマ南西のテヴェレ川河口部に位置する港〕などの貿易港に到着する貿易船は、アフリカの小麦、アジアの香辛料、ギリシアのワイン、スペインの肉、ガリアの豚肉製品、サフラン、砂糖、コショウ、生姜をローマにもち込んだ。これらの製品は遠隔地からの輸送中に腐る恐れがあり、腐敗した食品が原因で病気に罹る危険があった。そこで、オリーブ、野菜、魚などは燻製にされた。

ローマの兵士は、シリアでは食が芸術と見なされていることを知った。彼らはシリアから香辛料をもち帰った。当時、香辛料は裕福な者たちの間で人気があった。フランス語の「épice：香辛料」の語源は、ラテン語のSpeciesであり、これは「食料品」や「薬物」を意味する。彼らがシリアからもち帰ったコショウはきわめて高価だったため、コショウは長年にわたって通貨としても利用された。香辛料は、ローマでも性欲を催すと思われていた[432]。

ギリシアの医学と同様に、ローマの医学も食に関心を示した。ローマの医学では、パンは自然界に存在するさまざまな要素（熱、冷、乾燥、湿気）をバランスよく配合する食品だった。皇帝アウグストゥスの時代に生きたローマの博物学者アウルス・コルネリウス・ケルスス（紀元前二九年ごろから紀元後三七年ごろ）の著書『医学論』には、ヒポクラテス以来のギリシアとローマの医学知識が凝縮されている。この著書は病気を三つに分類した。一つめは食事および栄養に関する病気だ。二つめは治癒には薬を必要とする病気だ。三つめは外科的処置が必要な病気だ。アウルス・コルネリウス・ケルススは、『医学論』の第二巻に「パンには他の食品にはない栄養が含まれている」、そして「冬と異常に暑い夏には、肉汁および蜂蜜を溶かした水を、それぞれコップに三杯飲めばよい[28]」と記した。

薬物的な作用や健康増進という理由から、人肉食が相変わらず横行していた。アウルス・コルネリウス・ケルススによると、てんかん患者は、もだえ苦しむ、あるいは死んだ直後の剣闘士の血を飲むべきだという。バックス神の祭りであるバッカス祭には、人肉食も行なわれていた。

第三章 ヨーロッパの食文化の誕生と栄光

（一世紀から一七世紀中ごろまで）

ヨーロッパの食文化は、一五世紀もの歳月を経て多様な食文化が混ざり合って形成された。まずは、ギリシア、次に、ローマ、アラブ、イタリア、フランスと、数えきれないほどの慣習や産物を組み入れながら、ヨーロッパの食文化は次第に世界の食文化の原型になり、食事の場を通じた会話の機会を提供することにもなった。

ローマ人がやってくる前のガリア人は、他のどのヨーロッパ系部族よりも肉をよく食べた。ヨーロッパでは、ガリア人は高品質の豚肉製品をつくることで知られていた。紀元前二世紀のギリシアの歴史家ポリュビオスは、ガリア人について「肉しか食べず、戦争と養殖を行なう原始的な民族(149)」と記している。

ガリア人はとくに豚をよく食べた。力と勇気の象徴だった猪も狩ったり飼育したりしていたが、実際には豚ほどはたくさん食べなかった(351)。豚は交換の際の単位としても利用された。

ガリア人の小麦粉では、ふっくらとしたパンはつくれず、粥やガレットしかできなかった。ガリア人は、ワインを飲み、フォアグラを食べ、一日に四回食事をした。

他の部族の指導者と同様、ガリア人の指導者は、巨大な食事会を催し、大衆に食糧や飲み物を気前よく振る舞うことによって、自身の権力を確固たるものにした。会食者は長いテーブルを囲んで着席した。饗宴はそれまでの文明と同様に、社交および政治の役割を担った。

ローマ人がガリアに居住すると、ガリア人の食生活は変化した。ローマ人と同様に、食事の回数は一日に一回だけになり、パンを食べるようになり、おもに横臥の姿勢で食べた。相互して、ローマ人はガリア人の食文化を取り入れた。ガイウス・プリニウス・セクンドゥスは、ニーム〔フランス南部〕でつくられるチーズ（後のロックフォール〔フランスの青カビチーズ〕）について言及している。ローマ人はガリア南西部でガチョウのフォアグラを改良した。ローマ人はプロヴァンス〔フランス南東部〕とラングドック〔フランス南部〕にブドウの栽培をもち込んだ。紀元後九〇年ごろ、ローマでガリア産のワインの人気が高まると、イタリアのブドウ栽培者は皇帝ドミティアヌスに直訴し、ガリアのブドウ園を破壊するよう勅令を出させたが無駄だった。

東ローマ帝国の食事は、ギリシアとまだよく似ていた。たとえば、穀物（小麦、大麦、ライ麦）、生および乾燥させた野菜や果物、魚、チーズ、蜂蜜、バターである。すべての料理には、オリーブオイルが使われた。肉（鶏、羊、子羊、豚）は裕福な者たちだけが食べた。(102)

インダス川渓谷産のサトウキビは、相変わらず特権階級の人々だけが利用した。

神を食べるキリスト教徒

ローマ、そしてその後にローマ帝国のほぼ全域に拡散したキリスト教は、ローマの宗教やユダヤ教の宗教行事の多くを踏襲した。

キリスト教はユダヤ教の戒律に適応し、ローマ人の血まみれの生贄に代わって、パンとワインの祝福の儀を行なった。だが、キリスト教の祈祷時間はユダヤ教よりも短かった。

キリスト教は当初、ユダヤ教と同様に、血を抜いていない動物や人間が処理したのではない動物を食べることを禁じていた。また、キツネ、ネズミ、ノウサギなどの動物を食べるのは危険だと見なしていた。一方、キリスト教では豚を食べることは禁じられていなかった。

次に、キリスト教はローマの宗教と同様に、そしてユダヤ教とは異なり、食事に関するすべての戒律を次第に緩めた。「すべて外から人の中にはいって、人をけがしうるものはない。かえって、人の中から出てくるものが、人をけがすのである」[65](『マルコによる福音書』、第七章、一五〈日本聖書協会の『口語新約聖書』から引用〉)

キリスト教は、パンとワインを奉納するミトラ教(紀元前七世紀のインドで生まれたゾロアスター教とつながりをもつ宗教。消滅するまでローマ帝国においてキリスト教と共存した)からも着想を得た。「私の血を飲む者は私であり、私は私の血を飲んだ者であり続ける」。テルトゥリアヌスとユスティノス〔二人とも二世紀のキリスト教神学者〕によると、キリスト教の秘跡は、ユダヤ教の過越の祭よりもミトラ教の秘跡に似ているという。

節制と絶食も推奨された。暴食はキリスト教における七つの大罪の一つである。キリスト教は、水曜日と金曜日に肉とアルコールを控えるように諭し、四旬節〔復活祭の四六日前の水曜日から復活祭の前日までの期間〕にはそれらを禁じた。

リヨンの司祭エイレナイオス〔キリスト教の理論家〕の時代である二世紀のころの四旬節の期間は、たったの一日か二日だった。三世紀中ごろのアレクサンドリアでは、聖なる週はずっと断食していた。四世紀に行なわれた第一ニカイア公会議（三二五年）では、四旬節の四〇日間の絶食が議題に上った。敬虔な信者は、四旬節の期間には一日に一食、パン、水、野菜という食事にすべきだと定められた。四世紀末、エルサレムの教会は、四〇日間の断食を八日間の四旬節に変更した。五世紀のローマ、次にガリアにおいて、土曜日は六週にわたって断食するようになった(396・397)。

金曜日の肉食が禁止されたのは、健康と悔悛という理由から後に始まった慣習である。金曜日に魚を食べる慣習はさらに後のことだ。最後の晩餐のメニューは一般的に魚料理と紹介されているが、聖書には、パンとワインとしか記されていない。魚料理の登場は、大衆の空腹を満たすためにキリストが魚を繁殖させたエピソードや、魚はキリストを象徴するという説〔ギリシア語で、「イエス」、「キリスト」、「神の」、「子」、「救世主」の頭文字を並べると、魚〔イクテュス〕になる〕があるが、これは後の解釈だと思われる。

八六六年、ニコラウス一世〔当時のローマ教皇〕は、「ブルガリア人たちからの照会に対する返書（Responsa ad Consulta Bulgarorum）」において、金曜日を除き、あらゆる肉を食べる権利を認め、ユダヤ教の食の戒律と決別した。隠修士は、失われたエデンの園を模して、修道士は、農民と貧民に歩み寄るために肉食を拒否した。

教会は、聖職者に対して、旅行中や特別な理由があるときを除き、居酒屋への出入りを禁じた。

中世前期の謝肉祭と四旬節

六世紀以降、メロヴィング朝の初期の国王たちは、訪問先の村の貴族や農民を集めるために饗宴を開いた。横臥の姿勢で食べるガロ・ローマ〔帝政ローマでのガリア文化〕の人々と異なり、メロヴィング朝の国王たちはかつてのガリア人のように座って食べた。料理は、机に置かれたまな板の上に盛られた[4]。彼らは、手で食べるのは不衛生だと考えていたので、ナイフを使うようになった。男性、女性、子供が、同じテーブルを囲んで食べた[4]。

ローマと同様に、ヨーロッパの中世前期では、肉料理は権力者の食事だった。裕福な者たちは、まな板の上に盛られた肉と肉汁に浸った厚切りのパンを食べ、戸口に捨てられた残飯は、貧者と犬が漁った[247]。

八世紀以降、ガリアでは、数多くの豚肉料理が再び登場した。コリアンダー風味、ワインソースがけ、塩漬け、ソース煮、香草焼き、グリル焼きなどである。豚肉は、生、ラード、ソーセージなどにしても食された。豚はまたしても交換単位になった[4]。メロヴィング朝の国王たちは、狩猟肉を蒸したり焼いたりして食べた。一方、農民が肉を口にすることはほとんどなく、彼らの常食は粥だった[28]。

領主や教会は、封臣に対して一定期間、あるいは終身、肉食を禁じるという懲罰を科すことがあった。カロリング王朝の時代では、肉食の禁止は、とくに兵役を拒否した男性に対する懲罰だった[147]。

少なくとも金曜日は魚料理だった。人々は、河川、湖、海の魚を食べ、漁師は遠洋漁業を行なうようになった。バスク人はタラ漁のために北海にまで進出した。カロリング王朝の裕福な者たちの間で、タラは人気の魚だった。北海やバルト海で獲れるニシンのおかげで、飢饉の発生を何度も避けることができた。

裕福な者たちのために、コショウ、砂糖、生姜、クローブ、ナツメグがアジアから陸路で輸入された。エジプト、中東、インドなどを経由して中国までの陸路が整備され、これらの地域の食品がヨーロッパに入ってきた。元来、シルクロードは香辛料のための貿易路だったのだ。
シャルルマーニュ〔カール大帝〕が人を食べた人物を死刑に処したことからもわかるように、人肉食はまだ横行していたようだ。

食は神の恩恵だと感謝するイスラーム教徒

イスラーム教が登場する以前のアラブ世界では、主食は、ラクダの乳、ヤギ、ナツメヤシの実だった。イスフィドバジャ〔アーモンドミルクや乳で煮た肉〕などの濃厚な味の料理、よく火を通した食品、ハリッサ〔唐辛子ベースの調味料〕などの辛いソースが、アラブ人の好みだった(28)。アラブ人にとって、肉料理はお祭りの日のご馳走だった。肉は、野生のヤギ、水牛、シマウマ、ガゼル、ダチョウ、ノウサギ、ヤマウズラを狩って調達した。また、トカゲやキリギリスも食べた(248)。

ラクダの肉も人気があった。牛は使役動物として利用された。貧しい人々の食事は野菜が中心であり、飢饉のときは、野菜は穀物の代わりになった。エジプトの人々は、レンズマメ、ソラマメ、ヒヨコマメを食べた。紀元前二世紀ごろ、セモリナ粉でつくったクスクスがベルベル人の王国に登場した。クスクスはすぐにアラブ世界に普及した。当時のアラブ人は、アルコールもたくさん飲んだ。

イスラーム教が登場すると、食は神の恩恵であり、感謝の念を抱いて控え目にいただくことが美徳になった。新たに登場したイスラーム教は、信者に食事の前後に祈祷するように指導した。生の食物、豚、馬、ペット（犬や猫）、生贄として神に捧げない動物を食べることは禁じられた。動物を食べる前には、その動物が厳格な戒律に従って処理されたかを確認しなければならなかった。

海産物を食べることは許されたが（ハラール）、魚の栄養および美食の価値は低いと見なされた[28]。アルコールを飲むと信者の間で争いが起きる恐れがあると考えた預言者ムハンマドは、アルコールの摂取を禁じた。一般的に、信者は健康に有害な食品を食べてはいけなかった。

六四二年、アラブ人はアレクサンドリアの港を占拠した。その後、この港は数世紀にわたって香辛料と砂糖の貿易の中心的な役割を担った。これらの食品には、インドネシアや中国から運ばれてくるものもあったが、大半はインド亜大陸の食品であり、ペルシアを経て、とくにソマリアに拠点を置くアラブ商人が扱った。高級なものには麝香、もう少し手に入れやすいものとしては、薔薇水、サフラン、シナモン、クローブ、カルダモンなどがあった。

九世紀〔諸説ある〕、アラブ人はインドや中国からナスを中東にもち込んだ。ナスはヨーロッパにも到達した[98]。オリーブオイルは、マグレブ〔北西アフリカ諸国〕、アンダルシア、シリアで生産された[28]。アラブ人はアジアから米を輸入し、ナツメヤシの実、ブドウ、アーモンド、クルミ、ピスタチオなど、乾燥フルーツも食べた。

砂糖と蜂蜜は、まだ貴重品だった。アラブ人はこれらの食材を使って独創的で洗練された食文化を発展させた。ヨーロッパ人の知らない味を組み合わせたのである。当時のアラブの著述家たちは、香辛料、穀物、野菜、塩、コショウというように、食材を分類した。

アラブ地域の裕福な者たちは生の果物を好んだ。ダマスカス〔現在のシリアの首都〕の王族たちのために、鉛の箱に氷詰めにされたブドウ、プラム、メロンが輸入された[28]。旅行者は、旅先のおやつとして（セモリナ粉、アーモンド、ピスタチオ、クルミを原料とする）ビスケットと（シナモン、蜂蜜、サフラン、砂糖、ナツメヤシの実、薔薇水を原料とする）揚げ菓子を携帯した。蜂蜜とヘーゼルナッツの入ったヌガーや、でんぷんを原料にするロクムという菓子がつくられた[28]。

果物と砂糖が原料の飲み物が人気だった。『カイロ・ゲニザ』〔フスタードのシナゴーグで発見されたユダヤ教徒の文書〕からは、レモン果汁、水、砂糖からなるレモネード（qatarmizat）に関する一二世紀初頭のエジプト全土での商売の様子がわかる[243]。また、薔薇水も飲まれていた。

穀物と米は、しばしば地下倉庫に保管された。肉は乾燥させ、そして魚は塩漬けにして保存された。燻製はあまり利用されなかった。食糧を保存するために、脂肪、蜂蜜、砂糖で覆って空気を遮断した[28]。

沸騰したお湯に入れてゆがく乾燥パスタがヨーロッパに伝来したのは、旧アラブ世界のシチリア島だったと思われる。長旅に出るアラブ商人は、携帯しやすい乾燥パスタを旅先で食べた。セウタ〔アフリカ大陸北端部のスペインの飛び地領〕出身の地理学者であり、一二世紀のシチリア王国の建国者ルッジェーロ二世の王宮で暮らしたイドリースィーによると、乾燥パスタはパレルモ近郊のトリビアという町でつくられていたという[17・503]。

イタリアでは地域ごとに独自のパスタ料理があるため、その種類は実にさまざまだ。たとえば、オリーブオイルで炒めたニンニクにアサリと白ワインを入れ、パセリを加えるナポリのスパゲッティ・アッレ・ヴォンゴレ〔ボンゴレスパゲティ〕だ[504]。

貧困家庭では、料理は女性の仕事だった。王家では、料理長は食品の質に気を配り、食品が盗まれないか、また無駄遣いされていないかを見張り、さらには毒殺されるのではないかという王家の強迫観念に対応した。

一皿しかない料理を手づかみで食べていたアラブ人は、八世紀になると食事を切り分ける際にナイフとフォークを、そして九世紀ごろからは、スープを食べる際にスプーンを使うようになった。

それまでの宗教と同様にイスラーム教においても、定期的に断食することは信心の表れだった。ラマダン（アラビア語で「大暑」を意味する）はイスラーム暦の九月であり、この時期に預言者ムハンマドにコーランが啓示されたのだ。「アブラハムの聖典は、ラマダン初日の夜、トーラーはラマダンの六日目、福音書はラマダンの一三日目、コーランはラマダンの二四日目に天から舞い降りた」（アル＝タバラーニー〔三世紀のイスラーム学者〕による預言者ムハンマドのハディース〔言行録〕より）

中世末期の香辛料と失われた楽園

一一世紀ごろ、ヨーロッパ人はアラブ料理に夢中になり、自分たちの料理にアラブ料理を取り入れた。

一一世紀になると、ムーア人〔北西アフリカのイスラーム教徒〕がアンダルス〔イスラーム勢力統治下のイベリア半島一帯〕に米をもち込み、ヨーロッパに米が流通するようになった。当時、オスマン帝国で大人気だったレモネードは、ヨーロッパにも広まった。(242) 十字軍に参加したヨーロッパ人は、砂糖や香辛料に魅了された。

十字軍は聖地〔エルサレム〕からサフランももち帰った。魅力的な食糧があったこともあり、聖地はまさに失われた楽園だった。ジョアンヴィル〔シャンパーニュ伯家の重臣。十字軍に従軍〕は、『聖王ルイの生涯』に次のように記している。「朝になると、行商人たちがやってくる。生姜、ルバーブ、アロエの木、シナモンなどの量り売りが始まるのだ。これらの品は地上の楽園で採れたものだという。われわれの森では樹木から枯れ枝が自然に落ちるよう

に、この楽園では、風が吹けば果実が落ちる」(435)

当時、ヨーロッパで最も使われた香辛料は生姜だった。ニンニク、タマネギ、エシャロットも、香辛料と見なされていた。他の香辛料とともに利用されるコショウは人体に毒だと思われていたため、ヨーロッパではコショウが料理に用いられることはまだなかった。

アラブ人は中国からもち込まれた麺類の調理法もヨーロッパ人に示唆した。こうして、アラブ料理は（とくにヨーロッパにおいて）絶大なる影響力をもつようになったのである。

ところが、アラブ世界の食卓用具は、キリスト教世界に定着しなかった。フォークは小さすぎ、これを使うのは男らしくない行為と見なされた。一〇〇四年、ビザンティウム〔現在のイスタンブール〕の皇帝の姪マリア・アルギュロポリーナ〔マリア・アルギュロスとも〕は、ヴェネチア総督の息子との結婚式の際に、初めてフォークを使った。この光景を見て憤慨したカトリックの司祭たちは、「神は、人間に手というフォークを与えてくださったのに……」と不平を漏らした。その三年後、この王妃がペストで死ぬと、司祭たちは、王妃の死はフォークを使うという罪の報いだと説明した。中世末期には、フォークはコンスタンティノープル〔現在のイスタンブール〕からイタリアに伝わり、ヨーロッパ全土へと浸透した。(28)

当時のおもな技術革新は、三圃式農業〔農地を三カ所に区分してローテーションを組んで耕作する農法〕、穀物をひくための風車、船尾舵（バルト海の港を経由する小麦貿易を発展させた）など、食に対する欲求から生じた。(11・34)

農民の主食は、インゲンマメ、ソラマメ、キャベツ、大根、タマネギ、ガレット、パン、カブなど、相変わらずだった。アラブから伝来した米は、まずは、カスティーリャ、アンダルシア、カタルーニャ〔いずれも、現在のスペイン〕において栽培された。農民が、家禽、使役動物として使えなくなった牛、卵、凝乳、塩漬けの魚を食べるのは、特別な機会だけだった。農民にとって動物は希少な存在であり、農民は動物のすべての部位を利用して、さまざまな料理（アンドゥイエット〔豚などの臓物を紐状にして詰めたソーセージ〕、パテ、ソーセージ）を開発した。密猟者は死刑に処せられた。スペインやポルトガルなどの沿岸部の人々は揚げた魚を食べた。

一五世紀のイギリスに、パン粉を使った魚の揚げ物が登場した。パン粉を使うと魚の鮮度が保たれると思われていたのだ。この料理は、カトリックの異端審問から逃げ出したポルトガル系およびスペイン系のユダヤ移民がもち込んだ「ペスカド・フリット〔揚げ魚〕」から生まれた。これがその後の「フィッシュ・アンド・チップス」〔イギリスの古くからのファストフード〕になる(311)。

村や修道院では独自のチーズが製造されていた。

それまでと同様、上流社会は手に入りにくい食物を好んだ。裕福な者は、牛肉や羊肉よりも空を飛ぶ野鳥の肉を好んだのだ。高貴な者は、とくに狩猟肉が好きだった。クジャクは騎士のお気に入りだった。鶴、鹿、猪、ノロジカ、ノガンを狩ることができるのは領主だけだった。

ヨーロッパのエリート層は、香辛料をふんだんに使うようになっていた。香辛料の貿易はまだアラブ商人が支配しており、彼らは香辛料を、ヴェネチア、ジェノヴァ、バルセロナ、マルセイユの港に荷揚げした[28]。

砂糖を混ぜた飲料水は人気があったが、砂糖は相変わらず高級品だった。十字軍が小アジアからもち込んだ砂糖は、当時は香辛料として扱われ、料理の際には塩と同じ要領で利用されていた[28]。砂糖を買うお金のない人々は蜂蜜を利用した。

食事の時間は、社会層に関係なく、ほぼ同じになった。朝食（コップ一杯の水か、なし）は九時、昼食は日中、夜食は黄昏時である。

食品の保存方法が解明され始めた。肉は処理した日に食べられていたが、その必要がなくなったのである。塩、酢、油など、さまざまな保存技術が利用されるようになった。狩人は仕留めた獲物を村にもち帰る前に、数時間にわたって肉をいぶして燻製にした。ハンザ同盟の漁師が開発した画期的な魚の塩漬け方法は、ヨーロッパ中、そして世界中の港に広がった。突然の大漁の際には、ブナの木を使って魚を燻製にした。

こうして、ヨーロッパ人は金銀だけでなく香辛料を探し求め、シルクロードをさまよい歩きながらアジアを征服するために遠方にまで出かけるようになった。当初、ヴェネチア人とジェノヴァ人は、陸路、次に海路で旅立った。そして海路で、今度は、ポルトガル人、スペイン人、さらには、オランダ人、イギリス人が香辛料を探し求めた(11)。

旅先での食事の場

食事は出会いと会話の場であり、これは世界中の旅先においても同様だった。

中国では、一一世紀の宋の時代に中国各地に建てられた宿屋で、それまで特権階級だけの食物だった麺が食べられるようになった(33)。パリなどの急成長する都市では、パイ、フラン〔カスタードプリン〕、ガレットなどを売る露店が急増し、とくに巡礼者がよく利用した(18)。

ヨーロッパでは一二世紀以降、巡礼者をもてなす宗教施設が生まれ、「ホテル」という言葉が登場した。交通路はまだきわめて危険であり、こうした宿屋は食事と宿を提供した。これらは民家が民宿に変身したものであった。宿屋の周りに村ができることさえあった。フランスとイタリアのこれら初期のホテルには、冠、緑の小枝、丸い樽、細長い旗、ときには東方の三博士などの目印が施され、ワインとビールが飲めた。当局は、ホテルに営業許可を与え、宿泊代を決め、税金を取り立てた(28)。

これらのホテルはきわめて簡素なつくりであり、相部屋しかなかった。宿屋の主人は、ベッド数に応じて宿泊客の人数を遵守し、宿泊客の名前を当局に報告しなければならなかった(28)。ホテルの宿泊客は自由におしゃべりできたので、王室の警察は彼らを監視していた。

一四世紀になると、フランス、イタリア、イギリスでは、ホテルは、鍵つきの個室（ベッドとたんすが備えられていた）、居間、食堂を提供し始めた。部屋数は、小型のホテルの場合では一〇室から二〇室、大型のホテルの場合では六〇室くらいだった。ホテルの数は、大きな村なら二軒から一〇軒ほど、中規模の街なら二〇軒ほど、大都市なら一〇〇軒ほどあった[28]。

これらのホテルが提供する食事は、中世末期までは非常に簡素だった（チーズ、パン、わずかな肉）。一三三五年、ノルウェーの王は、街と交通路に沿って宿屋をつくるように命じた[28]。

イタリア料理の躍進（一四世紀から一六世紀）

イタリアが目覚めた。ヴェネチアとジェノヴァがきわめて大きな影響力をもつようになったのである。

一四世紀、ヨーロッパ料理にはまだアラブの影響が色濃く残っていた。一三〇〇年ごろにヨーロッパ初の本格的な料理本『料理の書（Liber de Coquina）』が出版された。この本は作者不詳だが、ナポリ王国のアンジュー家の宮廷人が書いたと思われる。この本はフリードリヒ二世のシチリア王宮の医師で哲学者のテオドール・ダンティオケ〔テオドーロ・ディ・アンティオキアとも〕が、アラブからの強い影響を受けて一三世紀初頭にまとめた栄養学の概論の写しだと思われる[398]。

この時期、フランス語に「banquet：饗宴」という言葉が登場した。この言葉の語源はイタリア語の「banchetto」であり（フランス語の「festin：饗宴、祝宴」に相当する）、そして「banchetto」の語源は「banco：小さな腰掛け」である（したがって、「banquet：饗宴」と「banque：銀行」の語源は同じだ）。これは、ラテン系の料理に起源をもち、アラブ料理に学んだイタリアの美食が、多大な影響をおよぼす前兆だった。

古代ローマ唯一の料理大全『アピシウス』（『料理について（De re coquinaria）』とも）〔四世紀に編纂〕は、一四世紀初頭においても、ヴェネチア総督の宮殿などでは参考文献として利用されていた。

一四世紀のイタリアの栄養学者は、ギリシア人やラテン人と同様に、食物を物質的な特徴（熱い、冷たい、程よい、湿った、乾燥した）に従って分類した。イタリアの栄養学者のなかでも最も有名なのは「ミラノのマギヌス」〔マイノ・ド・マイネリ、医師〕だろう。彼は著書『味覚小論（Opusculum de saporibus）』のなかで、肉、魚、鳥などの素材の特徴に応じた焼き方を記している。脂肪分の多い肉（つまり、湿った肉）は、焼くべきだという。というのは、焼くことによって肉が乾燥するからだ〔脂肪分が落ちる〕。一方、痩せた肉（つまり、乾燥した肉）は茹でるとよいという。よって、乾燥した肉である牛肉は茹で、「熱い」ソース（例：コショウ風味のサフランソース）を添えて食べるべきとなる[28]。

マギヌスは著書『養生訓（Regimen sanitatis）』のなかで、料理は消化がよくなければならないと付言している。彼によると、通常よりもたくさんの塩分を必要とする食品があるという。「湿った異臭を放つ食品（例：豚肉）を使った粗野な料理には、より多くの塩が必要だ[28]」。塩には、「食品を浄化し、味を引き締めて濃厚にする」効果がある。塩は肉や魚の保存にも役立つ。冷たさや熱さをもたない物質は、薬や調味料にしかならない。

ジョゼフ・デュシェーヌ〔一六世紀のフランスの医師、著述家〕によると、果物を食べる際には厳格な決まりがあるという。食前には、軽い果物（アプリコット、サクランボ、桃など）と、冷たいあるいは腐りやすい果物（甘いサクランボ、プラム、アプリコット、桃、イチジク）を食べる。リンゴ、洋梨、栗は、すでに食べたモノが胃から逆流するのを防ぐために、食後に食べる。リンゴと洋梨は、香辛料をつけて焼いて食べる。最も危険な果物だと噂されるメロンは、単独でなく、チーズ、塩漬けあるいは砂糖をかけた肉と一緒に食べる[28]。

しばらくすると、印刷術と宗教改革（両者にはつながりがある）により、教会の戒律によってまだ維持されていた中世の食文化の均一性が崩れ去った。印刷術と宗教改革は、食のアイデンティティの創造など、各国の文化的な側面の発展に大きく寄与したのである。

貴族の館に雇われたプロの料理人が書いた料理概論が、イギリス、フランス、イタリアで出版されて広く読まれた。アラブ、スペイン、イタリア、フランスの影響が、混ざり合うと同時にぶつかり合った。

料理本のなかで最初に印刷されたものは、フランス語で書かれた『ル・ヴィアンディエ』（一四八六年）だ。この本は、フランス王シャルル五世の料理長タイユヴァンが書いたことになっているが、本当の著者はギヨーム・ティレルだ。この本には、魚と乳を混ぜてはいけないなどのギリシアとラテンの栄養学者が記した禁止事項だけでなく、同時期にスペインの医師ペトロ・フラジェオラが『食餌療法（Régimen condit）』で記した禁止事項が掲げてある。イタリアの料理法に従うこの本が推奨する料理法は、中世前期のものとは大きく異なる。[28]カール五世〔神聖ローマ皇帝〕は、修道院の厳格な規律に従い続けた。カール五世はどこであろうが修道士たちと夜食をとり、フランス料理の伝統、とくに一日に三回の食事をとる習慣を（子供のようだと）嘲笑した。[4]

アラブの影響はまだ色濃く残っていた。一六世紀中ごろまで、料理法の三分の二には東洋の影響が見られ、それらの料理法には香辛料が使われていた。香辛料の使い方でその人の社会的な地位がわかった。つまり、料理に使う調味料の種類が増えれば増えるほど、その人の社会的な地位は高かったのだ。料理には酢や酸味の強いブドウ果汁も利用された（当時の資料によると、酢は料理全体の二三％から三一％、酸味の強いブドウ果汁は料理全体の三三％から四三％）。酢は、肉屋で売られている肉（一八％から三六％）よりも臓物（四〇％から一〇〇％）に使われた。砂糖を加えた酢は消化によいと考えられていた。[28]

イタリア（ヴェネチア、ローマ、ナポリ、ジェノヴァ、ミラノ）は徐々にヨーロッパの人々にピザ（誕生した場所はわからない）やアラブ人が中国からもち込んだパスタをもたらしていった。また、イタリアは裕福な者たちに、牛の内臓の網脂、アーティチョークの揚げ物、マカロン、白トリュフ、雄鶏のとさかなど、美食に関する新たな世界を提示した。ピウス四世とピウス五世の料理人バルトロメオ・スカッピは、一五七〇年の著書〔『料理術についての著作集（Opera Dell'arte Del Cucinare）』〕においてパルメザンチーズを「世界最高のチーズ」と紹介している。[28]当時、この本はきわめて重要だった。

イタリア、フランス、イギリスの格言には、非常に古くからの禁止事項を焼き直したものがあり、これらの格言はヨーロッパの食に関する知恵になった。たとえば、魚は冷たく湿っているので注意が必要だというものがある。

こうした格言を〔年代順に〕紹介する。

「神がつくった洋梨とチーズの組み合わせほど、素晴らしいものはない」（一三世紀）

「洋梨を食べた後にはワインを」（一五世紀）

古くなったチーズは「熱い」食材であり、消化に悪いと見なされた。

「チーズはすべてを消化するが、チーズ自体は消化されない」（一五六六年）

「洋梨はワインとともに」（一五七七年）
「動物の肉は食肉、魚（poisson）の肉は毒（poison）」（一五七八年）
「魚は水中で生まれ、食用油の中で死す」（一五七八年）

「冷たい」料理と見なされるサラダは、「煮ても焼いても食えない」。

「あなたが思慮深い人間なら、サラダと好色漢に気をつけろ」（ムーリエ、一五七八年）
「サラダを食べた後にワインを飲まないと、病気になる」（一五七九年）

果物に対してはこんなものがある。

「よい果物を食べないと、有害な風が吹き、騒ぎが起こる」（一五八四年）
「洋梨を食べた後は、ワインを飲め。さもないと司祭のお世話になる」（一五八四年）
「チーズの後は何も食べるな」（一六二三年）(28)

この時期、ほぼヨーロッパ全土において農業生産の条件が変化した。生産方式の変革、休閑地の廃止、ウマゴヤシや飼い葉の定期的な栽培により、農業の生産量が増加したのである。

イギリスでは、大地主が自分たちの地所をまとめ上げ、共有地を私有化し、自分たちの家畜を飼育するのに都合のよい牧草地を囲い込み、食糧生産よりも儲かる繊維産業のために牧草を育てた。イギリスの特権階級は自分たちの管理する土地を小作人に貸し付け、それ以外の、大地主に解雇された小作人は都市へと移住した。

当時、こうした改革に対して暴動が多発した。一五四九年、ノーフォーク州〔イングランド東部〕では、ロバート・ケットの扇動により一万六〇〇〇人が集結し、イギリス第二の州であるノーフォーク州が占拠された〔ケットの反乱〕。ケットは、囲い込みの停止、地代の引き下げ、共有地の開放など、二九個の要求を掲げた。政府軍の鎮圧により、三五〇〇人近くが命を落とし、ケットは処刑された。

イギリスは他のヨーロッパ諸国と同様に主食を輸入するようになった。フランスを除き、これらの国々は自国の農地を食糧以外のものを生産するために利用するようになったのである。

フランスの特異性

フランスの農地はさらに広がり、フランスは農業国であり続けた。フランスにおける農業の第一義は食糧の生産だった。ルネサンスの合理主義と人文主義の考えから着想を得たフランスの食事は、カトリックの伝統だけでなく隣国のプロテスタントの伝統とも一線を画すようになった。フランス人は、とくにカール五世の統治下におけるスペインの食事をあまりにも敬虔すぎると見なす一方、イギリスの食事を、イギリス王政の反教権政策という理由から、そして同時に、味の調合が奇妙だとして、拒絶した。

フランス王室の食事はフランスの食の極端な例であり、フランス王国の裕福な者たちだけでなく、貧しい者たちの原型だった。フランスの中枢的な存在のフランス王室は、フランスの食文化の震源地だった。

一六世紀初頭、ルイ一二世の食事のメニューは、焼いた果物から始まり、次に、パスタ、ポタージュ、魚、（六種類の）肉料理、砂糖漬けの果物だった。

ルイ一二世の後継者であるフランソワ一世は、さまざまな野菜、そしてクジャクや野鳥など空に舞うすべての動物を食べた。また、アーティチョーク、洋梨、淡水魚、肉も食べた。（「最後の皿」と呼ばれた）デザートは、砂糖漬けの果物、牛のゼラチンでつくったケーキ、アーモンドと蜂蜜の菓子などだった。また、（太古から食されてきたキイチゴよりもはるかに大きな）今日のものに近いイチゴも食べた。一四世紀以来、王族が暮らしていたルーブルの宮庭には一万二〇〇〇本のイチゴの苗が植えられていた。

会食はそれまでと同様に重要な交渉の場だった。たとえば、一五二〇年六月七日から二四日にかけてフランス王フランソワ一世とイングランド王ヘンリー八世との間で行なわれた

「金襴の陣」の会見は、饗宴の連続だった。最初の四八時間に、なんと二四八種類の料理が供された。会見の間、二〇〇〇頭の羊、七〇〇〇匹のウナギ、五〇羽のサギ、ボルドーワイン、ボルドークレレ〔ボルドー産の薄色の赤ワイン〕、マルヴォワジエ〔ピノ・グリ〕品種のワインやブルゴーニュのワインが平らげられた[278]。

砂糖は相変わらず贅沢品だった。ノストラダムスは『化粧品とジャム論』のなかで砂糖を薬として紹介している。貴族は、ワインにクローブ、オレンジの花、シナモン、砂糖を加えた「イポクラス」を愛飲した。

フランスでは、アンリ二世からアンリ三世の統治下において、フォークの利用が普及した。というのは、人々は誰かが手づかみした後の料理を食べることに耐えられなくなったからだ。

それからしばらくして、一六〇〇年一二月一七日にリヨンのサン＝ジャン大教会においてアンリ四世とマリー・ド・メディシスの結婚式が行なわれた。披露宴の料理メニューは、前菜（パテ、パイ、塩味の菓子）、ポタージュと肉煮込み料理、肉のあぶり焼き〔去勢鶏、若い雌鶏、狩猟肉、テリーヌ〕、デザート〔ゼリー、クリーム菓子、パート・ド・フリュイ〔果物のピューレを固めた砂糖菓子〕〕と際限がなかった[279]。

当時、断食は過剰な行為だと見なされ、〔身体を機能させるのに必要な栄養だけをとる〕「美食の断食」が登場した。

〔古代エジプトの〕ファラオの時代と同様に、大衆を養うことはきわめて重要だった。アンリ四世の決まり文句を借用すると、「私は神のおかげで存在する。その私の務めは、わが王国の農民に雌鶏を食べるくらいの資力をもたせることだ」。

食卓では、フォークに次いでナイフも普及した。枢機卿のリシュリューは、ナイフで歯間を掃除する会食者の姿を見るのが耐えられず、先のとがったナイフの使用を禁止したため、食事にはフォークがこれまで以上に必要になった。

君臨するフランス（一七世紀）

一六五〇年、フランスの王宮ではイタリアの料理人たちが働くようになった。翌年、ユクセル〔フランス東部の都市〕の侯爵の料理人フランソワ・ピエール・ラ・ヴァレンヌは、七〇〇種類の料理法が記された著書『フランスの料理人：17世紀の料理書』〔森本英夫訳、駿河台出版社、二〇〇九年〕において、中世の料理を重苦しいと評し、アラブ料理の影響が色濃く残るイタリア料理も同様に酷評した。ラ・ヴァレンヌは、小麦粉を油で炒める「ルー」を発明した。これはソースにとろみをつけるために利用され、パテの素材にもなった。

ラ・ヴァレンヌの弟子の一人ニコラ・ド・ボヌフォンは次のように記した。「キャベツのスープはキャベツ、ニラネギのスープはニラネギ、カブのスープはカブというように、素材の香りがしなければならない。素材の味を活かさなければならないのだ」

一六六二年、フランスではロアン公の料理人ピエール・ド・リュンヌ（「食卓に魂をもたらす」が彼のモットー）は、給仕長としての心得を記す初めての本（『新しく完全なる宮廷給仕長』）を出版した。

一六六八年にド・リュンヌが出版した著書『新しく完全なる料理人』からは、当時のフランスの食文化は高度に階層化され、そこには数多くの規則があったことがわかる。同時期には、初のソムリエの手引書『完全なる料理人学校』が上梓された[28]。

一六八六年、シチリア人のフランチェスコ・プロコピオ・ディ・コルテッリがパリに「カフェ・プロコープ」を開いた（彼は開店二年前にフランスに帰化し、フワンソワ・プロコープ・クトーと改名した[107]）。

一七〇九年、ジャンセニスト〔異端と見なされた一七世紀のフランスの宗教運動家〕で医師のフィリップ・エケは、著書『四旬節の免除概論』において、砂糖に対して初めて警鐘を鳴らした。「砂糖の甘さは健康を害する。なぜなら、砂糖をかければどんな食物であっても食べられるようになるからだ。だが、砂糖をかけることが習慣になってしまい、甘美のなかに毒が隠されてしまう。たとえば、ヒ素は無味であり、毒薬は決してまずいものではない。つまり、人々は砂糖を警戒すべきなのだ。これは皆を驚かせようと思って言っているのではない[511]」

デンマーク、スウェーデン、イギリスでは、フランス料理に関する数多くの書籍が出版された。それらの書籍には、これらの国に移住したフランス出身の料理人が書いたものもあった。

アメリカ大陸発の食革命：ジャガイモ、トウモロコシ、チョコレート

アメリカという植民地の発見は、ヨーロッパの食卓に新たな食材をもたらした。これらの食材はヨーロッパ人の食生活に必要不可欠なものになった。

コンキスタドール〔スペインのアメリカ大陸征服者〕は、アメリカ大陸で自分たちのまったく知らない食物を見つけた。

ペルーのインカ人は、ウルーコというジャガイモの一種に加え、モルモットの肉などを、乾燥させたり塩漬けにしたりして食べていた。インカ人は、天候不順や他民族の攻撃に備えるために、大量の食糧を備蓄していた。

コンキスタドールは、アメリカ大陸に入植すると、カニバリズムをやめさせた。バルトロメ・デ・ラス・カサス〔一五世紀のスペイン出身のカトリック司祭。入植者による残虐行為を告発した〕によると、カニバリズムによる犠牲者は年間五〇人弱にすぎなかったという。トゥピナンバ族とともに数年暮らした牧師ジャン・ド・レリーによると、人肉食の目的は敵陣営を恐怖に陥れることにあったという。

コンキスタドールがアメリカ大陸で見つけてヨーロッパにもち帰った数多くの植物は、その後、ヨーロッパ料理にとって欠かせない食材になった。

一四九二年にクリストファー・コロンブスがキューバで見つけたトウモロコシの栽培は、一六世紀初頭以降、ヨーロッパでは温暖な地域（ポルトガル、スペイン、南フランス）から徐々に拡大していった。トウモロコシの粉を使って粥やパンがつくられた[91,217]。

一五七〇年ごろ、ペルーのジャガイモがヨーロッパに登場した。ジャガイモは、イギリスで家畜の餌として使われた後、フランスにもち込まれた。現在のフランス語ではポム・ド・テー（大地のリンゴ）と呼ばれるジャガイモは、当時のフランスでは「cartoufle」〔ドイツ語でジャガイモを指す「Kartoffel」から〕と呼ばれていた[214]。

コロンブスがキューバで見つけたインゲンマメ（スペイン語でアヤコルト〔フランス語ではアリコ〕）がヨーロッパの食卓に普及するのには時間がかかった。一五五三年、枢機卿のジュリオ・デ・メディチ（後のローマ教皇クレメンス七世）は、カトリーヌ・ド・メディシスにインゲンマメを献上した。インゲンマメは栄養価が高く（タンパク質が豊富）、栽培しやすいため（成長が早くてゾウムシに強い）、急速に栽培されるようになった[215,216]。

コロンブスはトマトも見つけた。イタリア人はコンキスタドールがもち帰ったトマトに魅了された（ピッツァ・ロッサ〔赤いピザ〕の誕生）。フランスでは当初、トマトには毒があると思われていたため、食卓の飾りとして使われていた[329]。

一四九三年にコロンブスがグアドループ〔カリブ海の島〕で見つけたパイナップルは、オランダやイギリスなどで温室栽培された。パイナップル〔松のリンゴ〕と呼ばれるようになったのは、形状が松ぼっくりに似ているからだ[352]。

一方で、スペインのコンキスタドールは、キヌア〔チリやペルー産のソバに似た実をつける植物〕をヨーロッパにはもち帰らなかった。キヌアは、コロンブスによるアメリカ大陸到達よりもはるか以前の五〇〇〇年以上前から現地の基本食であり、インカ帝国では「すべての穀物の母」として崇められていた。ヨーロッパにキヌアが普及しなかった理由は、キヌアの実を包む殻は鋭く〔脱穀の際、手に怪我をしやすい〕、また、実をひいた粉にはグルテンが存在しないため「パンにすることができない」からだ。スペイン人は原住民にキヌアの消費と栽培を禁じ、代わりに小麦の栽培を命じた。

一五二〇年にエルナン・コルテス〔コンキスタドール〕がメキシコで見つけた「インディアンの雌鶏」である七面鳥（アメリカ大陸からヨーロッパへ輸入された唯一の食用動物）は、（すでに食されていたクジャク、白鳥、鶴などと同様に）ヨーロッパの特権階級の間ですぐに人気の食材になった。一五四九年、パリの司教区においてフランス王妃カトリーヌ・ド・メディシスの戴冠式後の晩餐会では、七〇羽の「インディアンの若鳥」と七羽の「インディアンの雄鶏」が供された。

コロンブスが最初の航海から戻ったときにポルトガルの王宮にもち込んだ唐辛子は、すぐに貧者の香辛料と見なされた(28)。

コロンブスがサント・ドミンゴからサトウキビをもち帰り、アジアからもサトウキビが輸入されるようになると、砂糖の生産量は急増した。メキシコとグアテマラからは、バニラの花が輸入された(28)。

一五一九年にエルナン・コルテスがメキシコで見つけたチョコレートは、マヤ人とアステカ人の唐辛子入りの飲料だった(220)。一五八五年〔諸説ある〕、〔チョコレートの原料である〕カカオの種子の積み荷が初めてスペインに到着した(28)。一六世紀末、イベリア半島ではチョコレートの消費が普及した。この時代のスペインでは、チョコレートはおもに蜂蜜と砂糖を加えた甘い飲料として提供された(28)。ルイ一三世の王妃アンヌ・ドートリッシュ、そしてルイ一四世の王妃マリー・テレーズ・ドートリッシュは二人ともスペイン出身であり、フランスの王宮にチョコレートをもち込んだのは彼女たちだ(28)。

当初、精進日や四旬節のときにチョコレートを飲むのは禁止されていた。教会は次に、性欲を催す食物だとしてチョコレートそのものを禁止した。こうした試みは無駄に終わり、一六六二年、王室の医師ニコラ・ド・ブレニーは著書で「病気の予防および治癒のための、茶、コーヒー、チョコレートの正しい利用法」を論じた。

チョコレートと同時期にアメリカ大陸以外の地域から輸入され始めた茶とコーヒーもヨーロッパ人の必需品になった。

コーヒーはエチオピアとイエメンから輸入された[28]。「コーヒー（カフェ）」の語源には、二つの説がある。一つは、アラビア語の「カフワ（qahwa）」（これはワインも意味した）である。もう一つは、コーヒーの原産地であるエチオピアのカッファという地名だ。

一二世紀になると、コーヒーはイエメンの都市モカの港からカイロやバグダードの王宮へと輸出された。コーヒーには刺激剤としての作用があることが知られていた。一六世紀、コンスタンティノープルに乱立したカフワ＝カネス、つまり、「カフェ（喫茶店）」は、知識階級のたまり場になった。

コーヒーは、一五七〇年にヴェネチア、一六四四年にマルセイユ、次にパリの上流階級の食卓に登場した（時期については諸説ある）。当時のヨーロッパ人は、コーヒーにミルクを入れて飲んだ。一六五〇年になると、オランダ人とイギリス人はコーヒーを輸入するようになった[28]。一六八六年、ナポリタン・フランチェスコ・カペッリという人物が、パリのトゥルノン通りにパリ初のカフェを開いた。メニューは、コーヒー、チョコレート、ケーキ、シャーベットであり、店内の人々は、政治や哲学を語り合った[107]。パリにおいても、食と会話には強い結び付きがあったのだ。

茶は中国から輸入された。一六世紀には、ポルトガルの商人がマカオを拠点にしてヨーロッパに茶をもち込んだ。その後、茶の輸入業務はオランダ東インド会社が引き継いだ。一六三七年になると、茶は、オランダ、そしてフランスでも飲まれるようになり、イギリスでは

一七三〇年ごろに、コーヒーの座を奪った。(28)

一八世紀、イギリスは茶の主要な輸入国になり、広東をはじめとする中国各地に取引の拠点を設けた。一七六〇年から一七九七年にかけて、イギリス東インド会社の取扱高の八〇%は茶だった。(28) インドが茶の生産国になったのは、イギリスの植民地になってからである。(37・66) イギリスは茶の供給元を確保したかったのだ。

これらすべての新しい出来事は、当時のイデオロギーに大きな影響を与えた。すなわち、これらの出来事により、自国にはない外国からの輸入品の価値が高まったのである。一九世紀には、その影響が顕在化することになる。

第四章
フランスの食の栄光と飢饉
（一七世紀中ごろから一八世紀まで）

一七世紀中ごろ、世界の人口は五億五〇〇〇万人に達した。このころから、フランスがヨーロッパの美食の規律を決めるようになった。フランスはこれをまず、農場のある農村部と城のある都市部において、自国の農業モデル、農産物、食習慣を遵守しながら進め、続いて、計測、均衡、多様性、品質という自国のアイデンティティをなぞる形で、美食術の原則を理論化していった。

フランスの常として、最初に規律を定めたのは君主だった。

フランス的特異性の原型は太陽王の食卓

「太陽王」ルイ一四世は、一六四三年にフランス国王に即位して以来、とくに一六六〇年以降、食事を儀式化した。食事に関する儀式をこれほどたくさんつくった君主は、彼をおいて他にいないだろう。

太陽王によると、自身の威厳は、あらゆる領域において、秩序、明瞭さ、左右対称、透明性に基づくという。したがって、太陽王の考えでは、食卓は自身の価値観と栄華の表れだった。

ヴェルサイユ宮殿に滞在するようになった太陽王は、宗教的な要請やそれまでの王の習慣とはかけ離れた、絢爛豪華な料理の発展も促した。太陽王は、自身がつくり上げたフランスのアイデンティティの興隆を、フランス国民ならびに世界に知らしめたのである。

フランスを含むすべての文明のそれまでの君主とルイ一四世との違いは、ルイ一四世は会食を、国民との対話の場ではなく、自身に対する服従の見せ場にしたことである(4)。

ルイ一四世はヴェルサイユ宮殿の食卓を神聖なる場に変え、自身がキリストの役割を担い、プロテスタント教会やジャンセニスム、さらにはカトリック教会や有力者らに異議を唱えた。

ルイ一四世の一日の食事は次の通りだ。朝九時にハーブティーと野菜スープという軽めの朝食、一三時に独りで、あるいは側近（弟のフィリップなど）と「小膳」、一六時くらいに間食、そして二二時に「大膳」である。四旬節の食事は、夜の礼拝後の一日一食だった。

大膳が始まる前、宮廷人たちは王が使うナプキンの入った、船の形をした容器に敬意を表さなければならなかった。王の調度品さえもが礼拝の対象となったのだ。王がいないときでも、王の食卓を横切る際には、男性は脱帽し、女性はうやうやしくお辞儀をしなければならなかった。

食事は王または王妃の広間で行なわれた。この食卓で料理を食べられるのは、「フランスの息子」、「フランスの娘」、「フランスの孫息子」、「フランスの孫娘」だけだった〔いずれもフランス国王の嫡出の人物に与えられた称号〕。ドーファン〔フランス国王の法定推定相続人〕たちは着席し、孫たちは（公爵だけが座ることの許される）「小さな椅子」に腰掛けることができた。王は皿の左側にフォークが置いてあるのにもかかわらず、手づかみで食べた。公爵と王子は、自分たちのナプキン入れやナイフ置きをもっていた。

大膳の参加者は最大で三〇〇人だった。沈黙して直立不動の貴族たちは、自身の過ちをなじられるという煉獄状態に置かれた。大膳は、シャーベット、ジャム、リキュールなど、甘いもので始まった（現在では、甘いものを食べると、食欲が減退することがわかっている）。そして季節外れの果物に続き、肉料理が出された。肉料理のソースは給仕する直前に加えられた。肉はしっかりと焼かれた。魚料理には、仏蘭戦争〔一六七二年から一六七八年〕のときに発明されたオランダ風ソース〔オランデーズソース：現在では、卵黄、バター、レモン果汁を乳化させ、塩、黒コショウ、カイエンペッパーで風味付けしてつくる〕が使われるようになった。

大きな変化としては、香辛料による味付けは「偽物」と見なされるようになり、香辛料があまり使われなくなったことだ。

農学者で王室の菜園をつくったジャン＝バティスト・ド・ラ・カンティニは、宮殿の料理に野菜をもち込んだ。カリフラワー、エンドウマメ、アスパラガスは、それまでおもに庶民が食べるシチューやスープに使われていたが、これらの野菜が宮殿の食卓にも上るようになったのだ。ラ・カンティニは、三月にはイチゴ、六月にはイチジクを栽培し、メロンとイチジクをパリの気候風土に順化させ、オレンジを栽培するための温室をつくった。宮殿の料理人たちは、野菜の炒め物や揚げ物など、新たな料理を開発した。

ルイ一四世は、毎晩のように会食者を驚嘆させ、宮廷人を辱める一方で、ヴェルサイユ宮殿の貴族には一緒に食べることを禁じた。その理由は、彼らの家族が結託して謀反を企むのを防ぐためだった。

大膳での様子を聞いた人々は、ルイ一四世を批判した。ヴァチカン〔教皇庁〕は、四旬節の戒律が遵守されていないことに驚いた。プロテスタントや英国国教会信者は、ルイ一四世のことを、がつがつ食べ、無教養な女性をはべらせ、自国民を虐げる輩だと諷刺した。中産階級はルイ一四世の放漫な態度に不平を漏らし、大衆は空腹に苦しんだ。

しかしながら、一部の貴族はルイ一四世と張り合い、贅沢な会食を見せびらかそうとした。事態は悪化したのである。

一六六一年八月一七日、枢機卿ジュール・マザランの死後から数ヵ月後、ルイ一四世が権力の頂点に上り詰めると、大蔵卿ニコラ・フーケは、自身が建てたヴォー＝ル＝ヴィコント城に若いルイ一四世（二三歳）を招き、料理人フランソワ・ヴァテールによる四品コースの絢爛豪華な会食を催した。一つめは、温かいパテ、冷たい腸詰め、魚と肉のパイなど、四〇種類ほどの前菜。二つめは、（家禽や狩猟肉を含む）焼き肉の盛り合わせ。三つめは、野菜の盛り合わせ（アスパラガス、エンドウマメ、トリュフなどのキノコ）。四つめは、「果物」だった。だが、食物以上にルイ一四世を激怒させたのは、豪華な庭園、そしてモリエール〔俳優、劇作家〕の戯曲『はた迷惑な人たち』〔フーケの命令によりつくられた〕の上演とリュリ〔バロック音楽の作曲家〕の作品の演奏だった。

その一ヵ月後、ルイ一四世はフーケを逮捕させた。コルベール〔財務総監〕が後に調査したところ、フーケはルイ一四世を脅かすほどの権力を手に入れようとしていたことがわかった。終身刑に処せられたフーケは、逮捕から二〇年後に失意のうちに世を去った。

その一〇年後の一六七一年四月二四日金曜日、コンデ公〔ルイ二世〕は自身のシャンティイ城の落成式のために三日間にわたる大祝宴を企画した。ルイ一四世ならびにすべての宮廷人が招待された。この城の主人であるコンデ公は、フロンドの乱〔貴族の反乱〕に関与したため、王と和解したかったのだ。フーケと同じ運命を辿る心配はなさそうだった。というのは、王は絶大な権力をもつようになり、貴族を以前よりも叱責しなくなったからだった。

祝宴の準備は、かつてフーケに仕え、その後にコンデ公の執事かつ料理長になったフランソワ・ヴァテールが取り仕切った。初日の晩餐では、（二五卓のうち）二卓で肉料理が不足した。完璧主義者のヴァテールは、面子を失い、疲れ果てた様子だった（「フーケのサロンに出入りしていた」セヴィニエ侯爵夫人によると、ヴァテールは祝宴の一二日前から眠れなかったという）。コンデ公自らが、意気消沈したヴァテールのいる調理場へ赴いて慰めた。翌日の朝四時、ヴァテールはその日の晩餐の食材を受け取った。そのとき、〔複数回ある予定の〕魚の搬送が二回しかなく、朝八時になっても残りの便は到着しなかった。ヴァテールは腹心のグルヴィルに「取り返しのつかない事態になってしまった。もう駄目だ」とつぶやいた。グルヴィルはこの発言を気に留めなかったが、ヴァテールは自室に戻り、剣を扉に固定して三回自身を突き刺して自殺した。ちょうどこのとき、注文してあった魚が次々と搬入されてきた……。ヴァテールは、自殺者に対する教会の不名誉な扱いを受けることなく密葬された(150・469)。

一六九〇年になると、安全上の理由や冬の寒さが以前よりも厳しくなったことから、ヴェルサイユ宮殿の雰囲気は重苦しく信心深いものになった。王の食事の評判は落ちた。宮廷人たちはヴェルサイユ宮殿を離れ、パリ、サン＝ジェルマン＝アン＝レー〔パリの西部〕、マレ地区のホテルで楽しむようになった。

一七一〇年になると、ルイ一四世は病弱になり、痩せ細った。王を批判する人々が、彼を肥満だと呼ぶことはできなくなった。諷刺画は、「王は自身の貪食を償う」というものに変化した。

フランス革命を告げる「中産階級の料理」

摂政時代、そしてルイ一五世の統治の下、ヴェルサイユ宮殿では贅沢が再び繰り広げられた。しかし、王が独りで食べることはなくなった。一七四七年二月九日にフランスの宮殿で行なわれた、ポーランド王アウグスト三世の娘で王太子になるマリー＝ジョゼフ・ド・サクスの歓迎会はその新たな例証である。フランスはこの結婚によってハプスブルク家の勢力に抵抗するための同盟関係を構築した。およそ二〇〇種類の料理が供された。一〇種類の大皿の前菜、一二種類のテリーヌ、四八種類の前菜、二四種類の中皿のアントルメ〔口直しやデザート〕、二四種類の肉料理（子羊、ヤマウズラ、ガチョウ、羊、牛、キジ、子ウサギ、子牛）、二四種類のサラダ、四八種類の小皿のアントルメだ[470]。

パリでは、貴族は新しい王〔ルイ一五世〕を再び批判したが、報復を恐れることなく王の贅沢を真似た。貴族の館には、大きな食堂があったのである。最も裕福な貴族は、給仕長と料理長を雇い、料理長はヴェルサイユ宮殿の料理法を改良および完成させようとした。フランス風の給仕が定型化した。最初に出されるのは前菜とスープ、二番目はサラダあるいはアントルメを添えた肉料理、食事の最後はデザートだ。会食者は、まだ各自の食べる分を大皿からとり合っていた。

ヴェルサイユ宮殿など貴族の館では、中世の医師の処方に従う者はもはやいなかった。食事は食欲だけでなく美食を満たすためのものだった。味付けの分類方針は、酸味と香辛料風味に代わって、甘味と塩味になった。家禽と狩猟肉が好まれたためにあまり注目されていなかった「肉屋の肉」〔牛、豚などの肉〕が、再び脚光を浴びるようになった。野菜と果物の人気は高まった。オリーブ、トリュフ、アーティチョークは、かつて果物と見なされて食後に出されていたが、野菜の扱いになった。

ヴェルサイユ宮殿と同じように、中産階級の田舎家や貴族の館には果樹園がつくられた。季節を問わず、洋梨が食べられるようになった。それまで気味悪く思われていたトリュフなどのキノコが人気の食材になった。

逆に、こうした常軌を逸した美食に異議を唱える社会層も現れた。その先駆けが、一七四六年に出版された、当時のパリの偉大な料理人ムノンの『ブルジョワの女料理人』という著書における「中産階級の料理」という考えだ。簡素な味付けと安価な食材の利用を推奨するこの本はベストセラーになった。この本は、一七四六年から一八世紀末にかけて六〇回も重版された。中産階級は、自分たち自身の料理、味覚、価値観、食べ物、読み物、話題を確立したのである[28]。

一方、大衆の食生活はきわめて簡素だった。主食はパンであり、パンの原料は、穀物、マカラス麦、混合麦、ソバ、ごくわずかの上質の小麦だった。一八世紀のヨーロッパで消費される穀物の四〇%はまだライ麦だった。ジャガイモの登場が大衆の暮らしを変革するのは、まだ先の話だった。大衆は、野菜スープ、穀物粥、ごく稀に少量の塩漬けの牛肉も食べた。

大衆の食事時間は変わらなかったが、裕福な人々は遅い時間帯に食事をするようになった。パリでは中産階級の夕食時間は遅くなり、一八時になった。イギリスの夕食時間は、一七世紀では一一時だったが、一八世紀後半になると一四時になった。

北および東ヨーロッパ諸国では、裕福な者たちの食事は、古代ギリシアの饗宴と同様に、二部構成だった(食事の時間と飲む時間)。とくにイギリスでは、男性に二杯目の飲み物が注がれると、女性は退席した。

アルコールの代わりにソーダ水を飲む

アラビア伝来のレモネードとともに、当時のヨーロッパではノンアルコール飲料の生産と商品化が進んだ。

一六七六年、ルイ一六世は「レモネード製造業者組合」を結成させ、この組合にレモネード販売の専売権を与えた。組合員たちは、背中に商品のレモネードを背負ってパリの路上を闊歩した。(240)

古代より消化を助けることで知られていた炭酸水の人為的な製造が始まった。炭酸水の製造は、水をガス化させる炭酸ガスの発見および制御と密接な関わりがある。このガスの名前が一七八〇年にラヴォアジエ〔フランスの一八世紀の化学者〕の学術用語である「炭酸ガス」に定着するまで、化学者たちはこのガスを「野蛮な気性」〔ヤン・ファン・ヘルモント〔ベルギーの医化学者〕〕、「弾力的な空気」〔ガブリエル・フランソワ・ヴェネル〔フランスの化学者〕〕、「動かない空気」〔ジョゼフ・ブラック〔スコットランドの化学者〕〕などと呼んでいた。

一七六七年、イギリスの化学者ジョゼフ・プリーストリーは、リーズ〔イングランド北部の都市〕のビール工場において、ビール樽の上に真水のボウルをぶら下げておくと、麦芽の発酵から生じる炭酸ガスがこの水に溶け、炭酸水になることに気づいた。一七七二年、プリーストリーはこの偶然の発見をヒントにして、石灰の塊に「濃硫酸」を注ぐという炭酸ガスの製造法をロンドン王立協会において発表した(241)。

一七八三年、ドイツの金銀細工師ヨハン・ヤコブ・シュヴェッペは、プリーストリーの考案した炭酸水の製造法を機械化するために、ジュネーヴの薬剤師アンリ＝アルベール・ゴス〔スイス自然科学会（現在のスイス自然科学アカデミー）の設立者の一人〕とスイスの技術者ニコラ・ポールの助けを借りて、ジュネーヴにシュウェップス社を創業した。一七九二年には、この会社はロンドンに移転した。ハーブ、香辛料、香料が添加されたシュウェップス社の炭酸水は、腎臓、膀胱、消化不良、痛風に効くとして薬局で処方された(240・242・243)。ソーダ水の誕生である。

そのときアジアでは：饗宴と飢饉

中国では、薬食同源が実践された。栄養不足が原因の病気を食餌療法によって治療できることを明記したのは、元朝の時代の一四世紀に活躍したモンゴル帝国の栄養学者、忽思慧が最初である。忽思慧は一三三〇年に出版された『飲膳正要』において、就寝前に食べすぎないようにと注意を促し、妊婦が避けるべき食品を列挙した。「食によって病を治す」というタイトルの章では、九五種類の薬膳料理が紹介されている。(33) 食物は変わらず、米、麺、野菜、魚、昆虫、少量の肉というものであった。飢饉の発生は稀だった。

一七世紀末、政治的安定期に入った中国では、それまでの穀物農産物（小麦、大麦、キビ、米）だけでなく、ヨーロッパの商人がもってきた新たな作物（サツマイモ、モロコシ、トウモロコシ）の生産量も増加した。年中収穫が可能になり、より穏やかな心持ちで冬を迎えられるようになった。豚や家禽の飼育が盛んになった。中国で紀元前五世紀に発明された魚の養殖が灌漑地域で拡大したため、農民の食糧事情は改善した。

清王朝（一六四四年から一九一二年）の時代、王族の日々の食卓には、およそ五〇種類の料理が並んだ。一七二〇年、満州族と漢民族の同盟を祝う饗宴では、オランウータンの唇、象の鼻、アザラシ、クジャクなど、両民族のきわめて珍しい料理が数百種類も用意された。一七六一年、乾隆帝の五〇歳の誕生日会では、八〇〇卓のテーブルが用意された。[262]

一六世紀になると、日本人はスペインやポルトガルの宣教師たちを通じてヨーロッパと接触をもつようになった。ヨーロッパ人は新たな料理を開発するための調理技術を日本人に伝授した。たとえば、海の幸や野菜の揚げ物である天ぷらは、食物を揚げるという、ヨーロッパの宣教師が伝授した調理技術によって誕生した。

江戸時代（一六〇三年から一八六七年）には、米に海産物を添える料理の黄金時代だった。この時代の東京（江戸）に誕生したのが寿司だ。だが、当時の寿司は道端の露店から買う軽食であり、メインディッシュではなかった。

朝鮮半島では、一三九二年から日本に侵略される一九一〇年まで続いた李氏朝鮮の時代に食文化が発展した。王宮では一日五食だった。三回の食事と二回の軽食である。料理には、季節感が求められた。料理の色彩と調理法には、ある種のバランスが必要とされた。調理の際には、五つの異なる技術を用いて、食材（果物、野菜、肉、魚、貝類）の種類ごとに五つの異なる色を使わなければならなかった。王室では、グレーの金属製の箸が使用された。その理由は、料理に毒が混入していると箸の色が変色すると考えられていたからだ。王宮料理には、多くの魚、肉、白米、甘いおこわ、二種類のスープ（チョンゴル〔寄せ鍋〕とシンソルロ〔「神仙炉」。卓上でつくる鍋料理〕）、そして不動の地位を占めるキムチを含む少なくとも一二種類の付け合わせが並んだ。

インドでは、ほとんどの農民は栄養価の低い穀物（「ラギ」と呼ばれるシコクビエ）しか食べることができなかった。モンスーンが穀物を栽培するのに必要な降水量をもたらさなければ、このつかの間の均衡を飢饉が一掃した。たとえば、一七六九年から一七七〇年にかけて、ベンガル〔インドの東部とバングラデシュを占めるデルタ地域〕では人口の三分の一に相当する一五〇〇万人が餓死した。(66)

イギリス人よりも栄養状態がよかったアメリカの開拓者

ヨーロッパ人がアメリカ大陸に移住したとき、北半球で暮らすアメリカ先住民のさまざまな部族は、インゲンマメ、トウモロコシ、カボチャ、大型の野獣（燻製や干し肉にしたバイソンや鹿）を食べていた。

北アメリカ大陸の南西部〔中米〕の乾燥した地域で暮らす部族は、唐辛子も栽培していた。太平洋沿岸地域で暮らす部族は、ウサギ、サーモン、ハマグリ、コククジラも食べていた。大草原で暮らす部族は、バイソンの群れを断崖絶壁に追い詰めて狩りを行なっていた。大西洋沿岸では、ワタリガニ、サーモン、牡蠣、ロブスターが食されていた。

北アメリカに最初に入植したヨーロッパ人は、自分たちの食習慣と食物をもち込んだ。たとえば、イギリス人は野菜（ニンジン、エンドウマメ、キャベツ、タマネギ）、スウェーデン人はスウェーデンカブ（黄カブ）、オランダ人は、ニシン、ウナギ、後のクッキーとなるビスケット、後のドーナッツとなる丸めた生地をもち込んだ。

当初、これらのヨーロッパ人は、アメリカという新たな環境に適応するのに苦労した。というのは、狩りはヨーロッパでは上流階級の特権だったため、彼らには狩りの経験がなかったからだ。一七世紀末になると、彼らは自分たちの食生活に先住民の食物を取り入れるようになった。たとえば、ニューイングランドの入植者は、スズキ、ニシン、サーモン、モンツキダラ、タラを食べるようになった。

その一世紀後、アメリカの入植者がイギリスに反旗を翻したとき、アメリカの入植者の栄養状態はイギリス人よりもはるかによかった。アメリカの兵士は味方のフランスや敵のイギリスの兵士よりも頑強な体格だったのだ。

一七九三年にフィラデルフィアの医師ジョン・ベルは、初期のアメリカ人は「大食漢だった。というのは、彼らの周りには、豚、牛、野菜、トウモロコシなど、食物が溢れていたからだ」と記している。

一七九三年、ボストンに初のレストランが開店した。このレストランでは、サービスと料理はパリ風だった。

パリにレストランができる：知識人のたまり場

それまでのヨーロッパの食堂では、客は主人の食卓につき、あてがわれる料理を食べていた。ところが、客がメニューから自分の食べたいものを選んで注文する方式が登場すると、こうした食事の場に〔それまでの顧客だった庶民ではなく〕裕福な者たちが足を運ぶようになったのである。

世界の中心都市になったロンドンでは、食堂は格調の高い、しばしば贅沢な場所になった。これとは逆にフランスでは、食堂はまだ庶民が利用する施設だった[28]。そうした事情に変化が訪れた。社会が自由になるにつれて食堂が繁盛したのである。つまり、食堂は民主主義が熟成する表れだったのだ。ヨーロッパにおいてフランスの美食は圧倒的な地位を占めていたが、フランスは金持ちのための食堂をつくるというアイデアをイギリスから取り入れたのである。

これが「レストラン」だ。

ラテン語の「安定的に位置付ける、強くする、強固にする」という意味の「staurare」に接頭辞の「re(再び)」を付けると、「restaurer」という動詞になる。その現在分詞が「restaurant：レストラン」だ。ちなみに、ラテン語「staurare」の語源は、「不変の、ゆるぎない、力強い」を意味するサンスクリット語の「sthura」だ[229・230]。

一八世紀、「レストラン」という言葉は当初、疲労回復〔レストランの語源である「再び強くする」〕という医学的な効能をもつ、栄養価に富むスープを意味した。一七六五年になると、パリのプーリ通りにあるカフェの店主ブーランジェが、こうしたスープを提供し始めた。そしてこうしたスープを提供する場がレストランと呼ばれるようになったのである。

最古の「レストラン」の一つである「ル・プロコープ」〔第三章を参照〕は、ディドロやダランベールなどの知識豊かな哲学者のたまり場になった。モンテスキューは書簡のなかでこのレストランに言及している。ベンジャミン・フランクリン〔在仏アメリカ全権公使だった〕はこのレストランの常連だった。このレストランで交わされる会話の話題の一つに生気論があった。生気論とは、物質的な法則には「生命力」が加わるという理由から、生者は物理的および化学的に単純な法則に還元できない生命をもつ物体であるとする説である。生気論によると、有害な食物などのさまざまな要因により、生命の活力が損なわれる恐れがあるという。[312]後ほど紹介するように、この「生気論」は、現代の食生活に多大な影響をおよぼしている。

ホテルの経営もレストランと同時に拡大した。ディドロ、ダランベールらの『百科全書』では、一八世紀中ごろのホテルを「旅行者、つまり、街に数日滞在する人々が宿泊および飲食のために必要とする部屋、馬小屋、中庭などの諸施設を備えた建物」と定義している。

一八世紀末、パリのレストランの数は増えた。レストランには貴族や中産階級が訪れるようになり（庶民は減った）、彼らは食べながら自由に語り合った。レストランのテーブルクロスが掛けられた小さなテーブルには、洗練された料理が出された。客には値段の書かれたメニューが渡された。有名な料理人のなかには、職場の宮殿を離れて自分のレストランを開く者も現れた。

たとえば、一七八二年には、コンデ公とプロヴァンス伯の料理長を務めたアントワーヌ・ボーヴィリエが、パリに「グランド・タヴェルヌ・ド・ロンドル（ロンドンの偉大な居酒屋）」を創業した。このレストランの謳い文句は、「ヴェルサイユ宮殿で出される料理が食べられる」だった。ボーヴィリエの著書『料理人の技術』は、すぐにフランスの料理本の定番になった。

一七八六年に人気のあったレストランとしては、パリのエルヴェシウス通り（現在のサン＝タンヌ通り）〔オペラ座の近く〕にある「トロワ・フレール〔三人兄弟〕」というレストランだ。人気のメニューは、タラ料理とブイヤベースだった。一七八九年、パリには一〇〇軒以上のレストランがあった[28]。

同時期のイギリスでは、第四代サンドウィッチ伯爵のジョン・モンタギューが、外交官やビジネスマンが「アシエット・アングレーズ」（ハムやサラミなどの盛り合わせ。「イギリス風の皿」の意味）で食べていた加工肉を二枚のパンで挟んだという。サンドウィッチの登場は、食事中の会話に大きな変化をもたらした。だが、これがわかるのは後になってからである。

飢饉、反乱、フランス革命

食生活がまたしても歴史と地政学に影響をおよぼした。そしてまたしても、貧者の食糧難、そして権力者の食卓での会話が革命を引き起こした。

一七〇九年、フランスでは大寒波による飢饉により、当時の人口の三%に相当する六〇万人が死んだ。この飢饉により、パンの価格は一〇倍に急騰し、フランス全土で暴動が起きた。一七二五年（この年は、とくにフランス北部で降水量が異常に多かった）、大衆は、この飢饉の原因を天候不順でなく、「買い占め」や「悪巧み」だと非難した。すなわち、パン屋、王政の役人（収税吏）、王本人の陰謀だと解釈したのである。

さらには、王はヴェルサイユ宮殿に大量の穀物を隠しているという噂が流れた。（スペイン王国のブルボン家君主とフランス王国との間で締結された「家族協約」を揶揄して）「飢饉協約」と題された諷刺画が出回った。一七四五年には、ルイ一五世は自身の若返りやハンセン病を患った息子の治療のために、誘拐した幼い子供たちをヴェルサイユ宮殿の地下で殺害してその血を飲み、死体を食べているという噂まで出回った。

一八世紀末、天候不順、社会的混乱、富の偏在などの理由から、ヨーロッパの大衆層の栄養状態は悪化した。肉はほとんど食べられなくなった。潰される家畜の数は減った。ナポリでは、一六世紀には人口二〇万人に対して三万頭の牛が処理されていたのが、一七七〇年は人口四〇万人に対して二万一八〇〇頭の割合になった。

さらに、関税障壁と脆弱な輸送システムによって市場が分断化されていたため、穀物価格の推移はきわめて不安定であり、穀物の不足が生じた。

一七七〇年代、ジャガイモはまだ食用として普及していなかったが、薬剤師で農学者のアントワーヌ＝オーギュスタン・パルマンティエは、ジャガイモを栄養価の高い食物だと確信し、パリ周辺部でジャガイモを栽培することをルイ一六世に提唱した。

ジャガイモの普及策として、ジャガイモ畑を昼間だけ監視させ、人目のない夜間に近隣住民がこっそりとジャガイモを盗むように仕向けた。ジャガイモのおいしさを知ってもらおうという作戦である。このようにしてジャガイモは、労働者と農民の食物の仲間入りを果たした。しかしながら、ジャガイモの普及だけでは飢餓を減らせなかった[214]。

一七七四年、財務総監のテュルゴーは政策の転換を図った。穀物の生産量を引き上げるために穀物価格を自由化したのである。しかし、翌年の冬は一八世紀後半で最も寒く、穀物価格は大凶作のために急騰し、またしても暴動が起きた〔「小麦粉戦争」と呼ばれる〕。

一七八七年もフランスは豪雨と洪水に見舞われた。その翌年、雹《ひょう》が降った後に日照りが続いたため、収穫量は激減した。こうしてパンの価格はさらに高騰した（一七八七年から一七八九年にかけて七五％の上昇）。この高騰により、その一〇年前と同様、フランスの農村部でまたしても暴動が起きた。

一七八九年六月、小麦の価格が最高値を更新すると、農民の怒りに火がついた。フランスの人口の三分の二を占める農民は、体制の権力者に反発する中産階級と結託した。フランス革命の始まりである。

飢饉は、バスティーユ襲撃後も続いた。革命期の食糧不足により、フランスの食糧事情はまたしても大きく変化した。キャベツ、カブ、ソラマメ、ベーコンの皮、羊や牛の胃などを食べるようになったのである。ジャン＝ポール・マラー〔フランス革命の指導者の一人〕は、パリの緑地帯でジャガイモを普及させるため、チュイルリー庭園〔ルーブル宮殿の西側に隣接する〕を含め、ジャガイモを栽培させた。マクシミリアン・ロベスピエール〔フランス革命の指導者の一人〕は、ジャガイモには毒があるという理由からマラーの計画に反対し、ジャガイモ畑を破壊させた[273]。

一七九二年、サン＝ドマング〔イスパニョーラ島の一部。現在のハイチ共和国〕（当時、この島における砂糖の生産量は、世界の半分以上を占めていた）での奴隷の暴動により、ヨーロッパへの砂糖の供給が滞った。パリでは、砂糖の価格は一ヵ月で五〇％上昇した。価格高騰の原因は砂糖商人の談合だと糾弾された。こうして小麦だけでなく砂糖も供給量が不足したのである。一月二三日、ゴブラン区〔フランス革命期のパリ行政区〕は、国民議会で「貪欲な投機筋の仕業で、在庫は豊富にあるのに市民は餓死寸前だ」と糾弾した。パリ市民は「買い占め」に異議を唱え、食料品店を襲撃した[42・71・249・250]。

革命と中産階級の会食

食は相変わらず権力の象徴だった。

一七八〇年から一七九〇年にかけて世界人口が七億人に達したとき、オランダではオラニエ公家に対する暴動が会食を開く機会になった。会食では、中産階級のエリート層は州総督に反対し、共和国に賛成した。オレンジを食べる行為は、オラニエ〔オランダ語でオレンジ〕公家に反旗を翻すことを意味した[115]。

フランスの「中産階級」は、革命を語り合うオランダの会食から着想を得て、自分たちも同じような会食を開いた。一七八九年七月一八日、ヴィレット侯爵は『パリ時評』にこう書いている。「パリの中産階級は公然と食卓を整え、自宅の前で食事をとるように。金持ちと貧者は結託し、すべての社会層が一致団結する。（中略）国全体が会食を催すのだ[99]」。一七八九年七月二六日、バスティーユ牢獄の廃墟では、大衆の会食が催された。牢獄奪取を祝し、シャン・ド・マルス公園での祝賀行事に加え、ミュエット公園〔ともにパリの公園〕では数千人の人々が会食した[251]。

しかしながら、〔革命派の〕権力構造がまだ不安定だったため、これらの会食はすぐに制御不能な暴動へと変容した。作家のルイ＝セバスチャン・メルシエは、これらの「大衆の夕食」を、社会的な不平等をごまかそうとする試みだと看破した。「疑いの目で見られる、または平等の敵だと見なされたくなければ、誰もが自分たちの嫌いな、あるいは軽蔑する人間の隣で、家族揃って食事をしなければならない。金持ちは自分たちの食卓を豪華にできても貧しく振る舞う一方、貧者は自身の貧困を隠すために散財する。嫉妬がうごめくなかで大饗宴が催され、友愛を謳うこれらの夕食会は単なる馬鹿騒ぎに変わる。このようにして、人々の間に不満が蔓延するのだ[4]」。一七九四年一月、ロベスピエールは大衆の夕食会が自分への反対運動になる恐れがあるとして、大衆が夕食会を開くことを禁止した。彼が失脚する直前のことであった[251]。

恐怖政治が終わり、パリの金持ちに人気だったレストランは再開した。「カフェ・リッチェ」や「カフェ・アングレ」などの高級レストランは貴族料理のノウハウを取り入れた。パリのレストランの数は、一七八九年の一〇〇軒から一八〇〇年には六〇〇軒になった。リヨンのベルクール広場、そしてボルドーのトゥルニー通りにもレストランが登場した[28]。

美食外交

「ガストロノミー〔美食術〕」という言葉は、ジョセフ・ベルシュー〔詩人、歴史家、社会学者」という人物が、一八〇一年に著書『ガストロノミー、あるいは、田園で暮らす人の食卓』の中で使った造語だと思われる。

ナポレオンは食卓に長居するのが嫌いで、食事にかける時間はせいぜい一五分だった。ナポレオンにとって、食に費やす時間はある種の「権力の持ち腐れ」だった。ナポレオンの好みの料理は、スープ、鶏肉、ジャガイモ、レンズマメ、チーズをかけたパスタなど、簡素なものだった。飲み物は、ほとんどの場合、シャンベルタン〔ブルゴーニュ産の赤ワイン〕の水割りしか飲まなかった。

外交舞台の晩餐会の食事に関しては、皇帝ナポレオンは外交官タレーラン（そして、タレーランの料理長だったカレーム）に任せていた。カレームのつくる洗練された料理は、他のヨーロッパ諸国の料理よりも香辛料が少なく、あっさりしたソースを用いていた。コック帽をつくったのもカレームである。第二統領のカンバセレスが、外国の外交官や指導者の接待で豪華な食事を食べなければならなかったとき、ナポレオンはカンバセレスに「フランスのために、がんばってこい」と励ましたという(524)。

なんとも皮肉なことに、このナポレオンと同じ励ましの言葉が、一八一五年のワーテルローの戦いの後、フランスの敗北を確固たるものにしたウィーン会議の場で、ルイ一八世からタレーランにかけられた。ルイ一八世は戦勝国に対して自身の代理としてタレーランを送り込んだのだ。タレーランは次のように述べた。「陛下、私に必要なのはご指示よりも、もっとたくさんの鍋です[282]」

ウィーン会議の間、イギリス人は勝ち誇っていたが、フランスの料理長は自国料理の全容を披露した。一〇〇種類以上の冷菜と温菜、各種スープ、海の幸（牡蠣、ロブスター）、あらゆる種類の肉料理、アントルメ、菓子（城の形をしたデコレーションケーキなど）、チーズである。タレーランは、ヨーロッパ最高のチーズを決めるコンテストも企画した。ちなみに、このコンテストでは、フランスのブリーチーズ〔柔らかい白カビチーズの一種〕が優勝した。美食術はフランス式でも、給仕法はロシア式だった。フランス式ではすべての料理が同時に出されたが、〔帝政ロシアで行なわれていたように〕一品ずつ料理が給仕されるようになったのである[282]。

フランス料理はヨーロッパの美食術の頂点にあった。一九世紀の支配者がイギリスだとしても、イギリス料理は自国の植民地に軽微な影響をおよぼしたくらいで、世界にはほとんど何の痕跡も残していない。

第五章 超高級ホテルの美食術と加工食品

（一九世紀）

これまでに紹介したように、ノマドの食欲を満たすためにさまざまな道具や武器が開発された。食事の際には、権力、困窮、支配、怒りが語られた。会話を交わし、社会組織を管理する作業は、少なくとも火が利用されるようになってからはおもに食事中になされ、最初は宗教が定める戒律、次に君主が課す定めに従いながら行なわれた。人類が定住化すると、食の製造条件を改善するためのさまざまなイノベーションが登場した。たとえば、鋤（幅の広い刃に柄を取り付けた櫂状《かいじょう》の農具）、犂、風車、船尾舵などだ。人々は太陽や星の動きに合わせて決まった時間に食べるようになった。

一八世紀末になると、ヨーロッパ全土において、中産階級であっても貴族や金持ちと似たような食事を味わえるようになった。レストランが君主の食卓に取って代わったのである。レストランでは自由に会話ができるので、そこでは多くのアイデアが生まれた。

大衆層は工場で働き始めたため、故郷を離れて暮らす人々が増えた。これは食のノマディズムと連帯感の喪失を引き起こした。つまり、食事は次第に会話の場ではなくなったのである。

増え続ける消費者のために、農産物だけでなく食品も工業生産されるようになった。地主は相変わらず圧倒的な力をもっていたが、本当の権力者は工業資本を握る人物になった。

世界経済の中心地になりつつあったアメリカは、大衆層が賃金の大半を食費以外の消費財に費やすように仕向けるために、食の工業化を進めながら食品のコスト削減に励んだ。その結果、食事および食事中の会話の内容は根本的に変化した。このようにして、会話によって構築される社会そのものが一変したのである。

食によって始まった工業化

これまでと同様、欲求が高まれば高まるほど、そうした欲求を満たすためのテクノロジーの開発が促された。

一九世紀初頭、世界人口が初の一〇億人台に達したとき、ヨーロッパでの人口増加、軍事活動の活発化、工業の発展、農産物の生産性向上などにより、大量の人々が都市部へと移住した。彼らは外食を強いられた。そのため、食糧を事前に調理し、調理済みの食糧を貯蔵するための手段を開発する必要が生じた。こうした動きは次第に世界中に広がった。農村部を離れた人々の食糧事情は悪化し、農業の生産性向上のために農村部の汚染は加速した。人類の一部は再びノマド化した。

このような動きはいくつかの理論的な発明によって始まった。これらの発明は実験に数十年が費やされ、実用化されるまでには長い歳月を要した。

一八〇二年、ロシアの医師オシプ・クリチェフスキーは、熱源に牛乳を霧状に吹き付けることによって粉末化する方法を考案した[57]。

同年、ドイツの化学者ツァケウス・ヴィンツェラーは、ガスレンジの原型を開発した[69]。その三年後、アメリカのフィラデルフィアにおいて、靴修理と車大工の息子だったオリヴァー・エヴァンスは、水蒸気ピストンによるエチルエーテルの膨張を利用する蒸気圧縮冷凍機の仕組みを発案した[26]。

これらの発明が実用化され、世界中の食文化を一変させるまでには、ほぼ一〇〇年の歳月を要した。

食の大きな変化には、ヨーロッパの軍事的な欲求も寄与した。軍隊は新たな狩猟法を考案するだけでなく（戦闘用の銃は、まだ狩猟用の銃の性能向上による恩恵を受けていた）、戦地の兵士を素早く効果的に食べさせる新たな方法を見出したのである。

一八〇四年、砂糖菓子製造業者のニコラ・アペールは、食品の保存法を考案した。食品を瓶詰めにして熱し、密閉することにより、酸素と微生物が入らないようにしたのである。ナポレオンは、この発明は自国軍隊を養うのに役立つと考え、アペールに一万二〇〇〇フランの賞金を与えた[388・389]。アペールは、国の要請を受け、この保存法を著書『全家庭のための本　あらゆる動物性、植物性食品を数年間保存するための技術』の中で詳述した。一八一〇年、フランス出身のイギリス人ピーター・デュランドが〔缶詰による〕食品保存法の特許をとった。だが、ナポレオンがロシア遠征中のフランス軍を養うためにこうした保存食を利用することはなかった。

その翌年、イギリスの通商禁止措置により、フランスはまたしてもアンティル諸島からのサトウキビを輸入できなくなった。ナポレオンは一〇〇万フランの補助金を準備させると同時に、フランス国内で大量の砂糖を生産する方法を考案した者には四年間税金を免除すると宣言した[239]。

実業家バンジャマン・ドゥルセールと化学者ジャン＝バティスト・ケルーエルは、化学者（デローネ、フィギエ、バリュエル、パルシー、ドイツのマルクグラーフ〔テンサイ糖の発見者〕やアシャール〔フランス系ドイツ人。マルクグラーフに師事〕）、実業家〔クレスペルとデリッセ〔クレスペルの義兄弟、パルシーの従兄弟〕）、農学者（パルマンティエ）などの業績に基づき、それまで家畜の飼料としてしか利用されていなかったテンサイから砂糖を生産する効率のよい方法の開発を試みた。

すべては急展開した。一八一二年一月二日、最初の実験に立ち会ったナポレオンは大いに満足した。一八一二年一月一五日の勅令により、皇帝直轄による五つの砂糖工場の設立と、テンサイの作付面積を三倍に拡大することが決まった。

だが、テンサイの根から砂糖がとれることに懐疑的な見方や、アンティル諸島の圧力団体の活動によって、テンサイ糖の生産は伸び悩み、一八一四年には四〇〇〇トンしか生産されなかった。その後しばらくして、テンサイの栽培を禁止しようという法案も国民議会に提出されたが、この法案は僅差で否決された(97)。これが食品産業の圧力団体が政治に影響力をおよぼした最初の事例の一つであり、その後もそうした事例は枚挙にいとまがない。

一八一七年、食品の保存法を考案した先述のニコラ・アペールは、ブリキ製の保存缶を発案し(388)、今度は特許を取得した。

一八二六年、イギリスのジェームズ・シャープは、ガスレンジの特許を取得した（一八〇二年に〔原型を開発した〕ドイツのヴィンツェラーは特許を取得していなかった）。ガスレンジが大量生産されるようになったのは、遥か後の一八五一年のロンドン万国博覧会以降だった(69)。

次に、工業的に製造された最初の食品が登場した。一八三六年、セーヌ＝エ＝マルヌ県〔パリ近郊〕のノワジエルでは、アントワーヌ・メニエという人物が製粉所だったところを工場に変え、そこで初の固形のチョコレート（黄色の包装紙に包まれた、かまぼこ形の六本入り）を製造した。

一八四七年、イギリスの実業家フランシス・フライは、このチョコレートを今日われわれが知る板状にした(245)。

同年、ジャン＝ロマン・ルフェーヴルと彼の妻ポリーヌ＝イザベル・ユティルは、ナンシー〔フランス北部の都市〕にLUという会社を設立し、ナント〔フランス西部の都市〕に移り、そこでビスケットを製造した(316)。

これも同年、ドイツの化学者ユストゥス・フォン・リービッヒは、「貧困層の食糧事情を改善する」ために肉のエキスを抽出した。リービッヒは、肉のエキスを大量生産するためにウルグアイの工場を買収した(246)。

一八四八年、アメリカのメイン州では、森林作業員のジョン・カーティスが、アメリカ先住民がトウヒ〔マツ科の常緑針葉樹〕の樹脂で歯を磨いていることにヒントを得て、トウヒの樹脂からチューインガムをつくった(471)。

肥料と低温殺菌法

一九世紀中ごろ、世界人口は一二億人に達した。そのとき、先述のようなイノベーションはまだ一般化しておらず、農村部の人口を養う役割を果たしていなかった。農村部から都市部への人口移動が進んだ。農村部に残った人々は、食用農産物の生産量の減少〔染料など、利益率の高い作物の栽培と競合したため）、都市部への食糧輸送の問題、物価上昇に直面した。

この時期から都市部の労働者を養うためにジャガイモが主食になった。ジャガイモはアルコールの原料にもなり、剥いた皮は豚の飼料として使えた。しかし、べと病（露菌病）という寄生菌の発生によって栽培が壊滅したため、一八四五年から一八五二年にかけて、アイルランドではおよそ一〇〇万人が餓死した。そのため、数百万人のアイルランド人がアメリカやオーストラリアへ移住しなければならなかった[201・202・203]。

この時期から肥料としてリン酸が利用されるようになった。ヨーロッパでは一八三八年にヴァランシエンヌ〔フランス北部のノール県〕に窒素とカリの肥料工場がつくられた。ヨーロッパでは、これらの化学肥料のおかげで、穀物の生産量だけでなく消費量も増加した。フランスでは、年間一人当たりの穀物の消費量は、一八三五年の八〇キログラムから一九〇五年には二倍の一六〇キログラムになった。

一八三〇年の時点では、ヨーロッパで消費される穀物の四〇％は、ライ麦、混合麦〔ライ麦と小麦の混合〕、ソバだったが、次第に小麦が使われるようになり、二〇世紀になると、小麦が主力になった。

一八五〇年、〔オランダの〕生理学者ヤーコプ・モレスホットは、著書『市民のための食物学』〔井上剛輔訳、創英社／三省堂書店、二〇一一年〕において、「人間が摂取する食物は、思考に決定的な影響をおよぼす。食は、人間の身体の発達、意識、思考を司る」と説いた。

とくに、モレスホットは人間の隷属化を促すとして、ジャガイモをやり玉に挙げた。ジャガイモは筋肉だけでなく心にも栄養を供給しないため、身体を虚弱にし、脳の働きを弱め、意志をも薄弱にすると力説したのである。[16]

同年の一八五〇年、〔ドイツの〕哲学者フォイエルバッハは、著書『自然科学と革命』〔舩山信一訳、フォイエルバッハ全集　第三巻、福村出版、一九七四年〕においてモレスホットの主張を繰り返した。食は、身体と魂の関係を形成し、健全で力強い精神をつくり、教育、つまり、人間の精神性の基盤になると訴えた。「人間の食は、文化および人間の精神状態の土台であり（中略）人間の本質は食べるものによって決まる」。一八四八年革命〔ヨーロッパ諸国でのナショナリズムの台頭〕という失敗は、ジャガイモを主食としたからだと説いた。[29]

モレスホットとフォイエルバッハによると、社会、文化、政治は、食の改善を通じて発展するという。[16・29]

カール・マルクスはこうした論理を少し変形させて受け継いだ。すなわち、人間は食をエネルギーとする熱力学に基づく機械のような存在だと説いたのである。

その後も、イノベーションは次々と登場した。

一八五九年、アメリカのジョージ・B・シンプソンは白金コイルと蓄電池による〔調理用、暖房用の〕電熱板を考案して特許を取得した。[314]

一八六三年、ナポレオン三世は、化学者ルイ・パスツールに対し、ワインに酢酸菌が増殖することの解決策を見つけるようにと命じた。パスツールは、ワインを五七℃にまで熱すると、ワインは変質しなくなると回答した。ワイン醸造者はこの方策にあまり関心を示さなかったが、この方策によって牛乳の低温殺菌（食品を六五℃から一〇〇℃の温度で加熱してから急速に冷やす）という技術が開発された[235]。

この時期、複数のアングロ・サクソン系の昆虫学者が昆虫食の効用を説いた。その試みは無駄に終わったものの、彼らはきっと、アメリカ、アフリカ、アジアにあるイギリスの植民地で昆虫が食されていることをよく知っていたのだろう。

「ミズーリ州初の昆虫学者」であるアメリカのチャールズ・ヴァレンタイン・ライリーは、ロッキー山脈の作物を壊滅させるバッタの大量発生を防ぐために、バッタを食べるように指導した。

一八八五年、イギリスの昆虫学者ヴィンセント・M・ホールトは、著書『昆虫食はいかが？』〔友成純一訳、青土社、一九九六年〕を出版した。ホールトは、昆虫は貧者の補完食になると論じ、植民地の食事情に言及した。「それらの人々の大半は文明化されていない。しかし、彼らは食に関してわれわれよりも気を使っている。われわれは、彼らのバッタや幼虫を食べる習慣に眉をひそめる。だが、それらは適宜に料理されているのだ。彼らのほうこそ、われわれが豚などの不潔な動物や生牡蠣を食べることに驚愕している[172]」

一八五八年〔一八三五年とも〕、数学者、統計学者であり、近代統計学ならびに差異心理学

（個性の違いは正規分布すると仮定する学問）の創始者の一人であるベルギーのアドルフ・ケトレーは、体重と身長の関係から算出される、ヒトの肥満度を表すボディマス指数（BMI）の基礎を考案した。

イギリスは、自国の軍隊を養うためにアイルランドで「コンビーフ」（塩漬けにした牛肉の缶詰）を開発した。コンビーフが大量生産されると、奴隷貿易に従事するイギリス船、そしてボーア戦争やクリミア戦争に従軍する部隊は、保存可能な食糧を携帯できるようになった。(116)

一八六〇年、ジョセフ・マリンという人物が、フィッシュ・アンド・チップスだけを出すレストランをロンドンで開店した。(244) これがフィッシュ・アンド・チップス初のレストランだ。このレストランは、先述のようにスペインとポルトガル出身のユダヤ移民がロンドンにもち込んだ、パン粉をまぶした魚を使う料理、フィッシュ・アンド・チップスを提供して大成功を収めた。

労働者は休憩時間にこのレストランにやってきて、工場の外で食べられる分量のフィッシュ・アンド・チップスを購入したり、また仕事前にこのレストランにバスケットを預けておき、もち帰り用のフィッシュ・アンド・チップスをそこに入れておいてもらい、仕事が終わってからバスケットを受け取って、それを自宅で食べたりした。(74)

イギリス中に似たようなレストランが開店した。イギリスには（輸送する間に魚が腐ってしまう恐れがあるため）「海の見えないところで魚を食べてはいけない」という格言があるが、イギリス人は鉄道の発達と保存技術の進歩により、イギリス王国のどこでも魚を食べられるようになったのである(244)。

蒸気船の登場により、生鮮食料品の輸送は容易になり、そのコストは激減した。魚類、肉類、バナナ、オレンジなどが、海上輸送できるようになったのである(28)。

一八六一年、フランスの技術者フランソワ・ニコルは、オーストラリアに肉の冷凍工場をつくった。

一八七六年、初の冷蔵船「フリゴリフィック号」は、アルゼンチンからル・アーヴル〔フランス北西部の大西洋に面する港湾都市〕まで、牛肉、羊肉、鶏肉を輸送した。

一八三四年までイギリスの茶葉貿易を独占したイギリス東インド会社は、中国の茶の苗と栽培技術を盗み、インドに茶の加工所をつくった。

一八七〇年、大英帝国への茶の供給元の五〇％は中国だったが、一九〇〇年にはインドが九〇％になった。

このころから、油、砂糖、バター、コーヒー、茶、チーズは、工業生産されるようになった。

子供を養う

一八六〇年、乳幼児の栄養失調を防ぐための粉ミルクが開発され、乳幼児専用の食品市場の誕生、拡大へとつながった。新生児向けの食品が工業生産されるようになったのである。

一八六六年、スイスの薬剤師アンリ・ネスレは（母乳養育が受けられない）新生児のために粉ミルクを開発した。ネスレは自身が設立した会社に自分の名前をつけた。この会社では、その翌年にチョコレートも製造するようになった[356]。

フランスでは、一九世紀中ごろに、親と教師の要望によって給食が登場した。彼らの要望に対し、地方自治体が支援することはあったが、国はまだ関与しなかった。

フランスで最初に給食が始まったのは、ランニオン〔ブルターニュ地域圏の地方自治体〕だ。この地方自治体の責任者の政策により、サル・ダジール（保育所。後に「保育学校」として公教育に組み入れられる）の子供たちに必要な食事を給付するようになったのである。

一八六三年、給食は四五〇ヵ所以上の保育所で提供されるようになった。

一八六九年、公教育大臣ヴィクトル・デュリュイは、「保育所が受け入れた子供の大半は恵まれない家庭に属しており、彼らの身なりはしばしば貧しく、栄養不足の状態にある」と述べ、各県の知事に対して、保育所における給食を実施するようにと指示した[151]。

それから一〇年後の一八七九年、イギリスでもマンチェスター〔イングランド北西部〕においで給食が始まった。
その直後、ロンドンの初等教育評議会と慈善団体が小学校において安価ないし無料の食事を提供し始めた。[354]
フランスでは、ジュール・フェリー法によって初等教育の無償化、脱宗教化、義務化（一八八一年から一八八二年）が実施されると、多くの生徒は昼食のために自宅に戻ることができないため、学校給食は必要不可欠になった。[353・354]

ソーダ水と自動販売機がアメリカに上陸

アルコールの消費量はヨーロッパ全土で増加した。フランスではフランス革命直後〔一七九九年〕から第二帝政の終わり〔一八七〇年〕までの間に、大人一人当たりのワインの年間生産量および消費量は、九一リットルから一六二リットルになった。また、ワインのアルコール度数は強くなった。大人一人当たりのビールの年間消費量は、イギリスでは一八六〇年に二五ガロンだったものが一八七六年には三四ガロンになった〔一ガロンはおよそ四・六リットル〕。ドイツでは、一八五〇年に四〇リットルだったものが一九〇〇年には一一三リットルになった。[28]

こうしたアルコール消費量の増加傾向に対し、とくにアングロ・サクソンの世界では禁酒運動が起きた。禁酒運動により、アルコールに代わって、コーヒーと紅茶、次にレモネードやソーダ水などの工業生産飲料の消費が促された。それらの飲料の開発を担ったのは、(シュウェップスの場合と同様に)薬剤師だった。

しかしながら、すべては大西洋を越えてアメリカに渡る前に、パリで始まったのである。パリでは若い調剤師助手のアンジェロ・フランソワ・マリアーニが医師ピエール・フォーヴェルの助けを借りて、ボルドーのワインにペルーのコカの葉を漬けた調合薬を開発した。医学界は、「マリアーニ・ワイン」の名前で商品化されたこのエリキシル剤(甘味のある内服用アルコール液剤)の効能を認め、インフルエンザ、神経過敏、貧血、不眠症、衰弱、憂鬱、消化不良に効くとして、積極的に処方した[103]。ヴィクトリア(イギリス女王)、レオ一三世(ローマ教皇)、ピウス一〇世(ローマ教皇)の食卓には、このワインがあった。作家のエミール・ゾラはこのワインの愛飲者だった。オーギュスト・バルトルディは自由の女神像の彫刻を仕上げた後に、次のように断言した。「人間のあらゆる能力はコカによって高まる。もし私がコカに二〇年前に出会っていたのなら、自由の女神像の高さは一〇〇メートルに達していたはずだ(実際は台座を含めて九〇メートルほど[269])」

一八七六年、医学専門誌『内外科療法総説(Revue de thérapeutique médico-chirurgicale)』には、「フランスではコカ・ワインが頻繁に用いられている。強壮剤として、コカ・ワインはキナ酒の座を奪いつつある。コカ・ワインは、胃での滞留時間が長く、口当たりもよい。マリアーニ氏は見事な調合薬を開発することによって、コカの普及に貢献した(528)」と記してあった。

アメリカでは南北戦争が終わると、工業化が急ピッチで進んだ。この時期、心身ともに極度の疲労に襲われる「神経衰弱」という新たな病気が登場した。すぐにその治療薬になったのがこのワインである。「神経衰弱」を治すと謳う、怪しげな薬物学に基づく（売薬あるいはインチキ薬と呼ばれる）「奇跡の治療薬」が出回り、西部を馬車で巡回する医師が現れた。それらの薬のおもな成分は、アルコール、モルヒネ、阿片、コカインだった。

一八八五年、アトランタ州でアルコールが禁止されたとき、南部連合軍の元軍人でこの街の薬剤師ジョン・ペンバートンは、鎮痛剤として処方されたモルヒネによる中毒に苦しんでいた。そこでペンバートンは、アメリカで人気商品になっていたマリアーニ・ワインに着想を得て、ノンアルコールの「ペンバートンのフレンチ・ワイン・コーラ」を開発した。この飲料にはコカの葉だけでなくコーラの実（コーラ・ナッツ。西および中央アフリカで栽培されている植物「コラノキ」の種子）も含まれていた。ペンバートンは、自身が開発したコカ飲料は神経衰弱や胃酸過多（アメリカ社会では、人々は肉やでんぷん質の野菜を大量に食べるため、これらの症状がよく見られる）をはじめとする、さまざまな病気に効くと主張した。

その一年後の一八八六年、ペンバートンはコカ飲料の調合法を少し変え、これを「コカ・コーラ」という名前で商品化した。この飲料はすぐに裕福な白人層のお気に入りになった。

一九〇四年、成分表示からコカインの名前が消えた[56]。コカ・コーラの成分は、今日でも公表されていない。同年、カナダの薬剤師ジョン・マクラフリンは、生姜の香りがする炭酸飲料「カナダ・ドライ」を開発した（ジンジャーエール）。

一八八七年、ドイツの技術者マックス・ジーラフは、硬貨を投入すれば温かい料理や飲み物を購入できる自動販売機を考案し、ベルリン当局に特許を申請した。ジーラフは、ドイツの食品会社ゲブリューダー・シュトルヴェルク社と提携し、一八九〇年にはドイツ国内に一万台以上の自動販売機を設置した[228]。自動販売機は、食物と会話の新たな場である工場や事務所に設置されるようになった。

一八九五年、同じベルリンで世界初の給仕のいないレストラン「キジサーナ」が登場した。ここでは、自動販売機の背後で数人のスタッフが在庫を管理していた。一九〇二年、ジョセフ・ホーンとフランク・ハダートは、ドイツで「オートマット（Automat）」と呼ばれたこの業態のレストランを、アメリカのフィラデルフィアに開店した。これらのレストランは、後に訪れるレストランの工業化の先駆けだったが、商業的には成功しなかった[68]。

一八八九年六月、〔イタリアのナポリの〕料理人ラファエレ・エスポジトが、ナポリを訪れたサヴォイア家のマルゲリータ王妃を迎えるために、イタリア国旗の色に合わせて、トマト〔赤〕、モッツァレッラ〔白〕、バジル〔緑〕を載せたピザを焼いたという有名な逸話がある。これがピザ・マルゲリータの誕生だとされる。

一八九〇年、ニュージーランドのデイヴィッド・ストラングが現在のインスタントコーヒーを開発した。一九〇一年、日本出身の化学者、カトウ・サトリがアメリカのシカゴで可溶性のコーヒー粉末の製法を考案した。[472]

リッツとエスコフィエによる高級ホテル

裕福なヨーロッパ人やアメリカ人は、誕生したばかりのガストロノミーに新たな洗練性を求めた。彼らは自分たちの仲間と喜びを分かち合い、会話を交わす新たな場を探求したのである。

ヨーロッパの中産階級には、美味しいものを食べる経済的な余裕はあったが、自宅に料理人を雇うほどの資力はなかった。彼らは繁華街で営業するようになった高級レストランに通い始めた。レストランに現れ、おしゃべりし、権力を築き、同盟関係を結んだのである。すなわち、ビジネスランチ、同盟関係を結ぶディナー、結婚式の食事である。

もう一つの新たな傾向は、これらの裕福な人々が観光旅行に出かけるようになったことだ。一七世紀ごろから、イギリスの貴族を筆頭にヨーロッパ中の貴族が行なっていた観光旅行は、一九世紀中ごろからは「グランドツアー」（「ツーリズム」という言葉の語源）と呼ばれるようになった〔子女の教育の仕上げとして、ヨーロッパ諸国を周遊させ見聞を深めさせた〕。彼らは、スイス、フランス、イタリアのリヴィエラ〔地中海沿岸部の保養地〕で長期休暇をすごした。滞在先では、豪華な家を借りて料理人を雇った。貧民だけでなく金持ちもノマディズムを実践するようになったのだ。

一九世紀末、こうした裕福なヨーロッパ人はますます増えた（だが、彼らには自宅や地中海の沿岸部の別荘で料理人を雇うほどの資力はなかった）。スイス、イタリア、フランスでは、彼らの需要を満たすためにレストランと高級ホテルが開店した。これらの業態はヨーロッパ中に広がった。

一九世紀末には、究極の贅沢を提供する「パレス〔超高級ホテル〕」が誕生した。ちなみに、パレスという言葉の語源は君主の「パレ〔宮殿〕」である。パレスの創案者はセザール・リッツだ。彼の波乱万丈の人生は超高級ホテルの歩みでもある。

一八五〇年にスイスで生まれたリッツは、一四歳のときにソムリエの見習いとして、スイスのヴァレー州にあるブリーク〔基礎自治体〕の「オテル・ド・ラ・クロンヌ・エ・ド・ラ・ポスト」に就職した後、一八六七年のパリ万国博覧会の際に給仕としてパリにやってきた。その後、パリ中心部のサントノーレ通りに位置するレストラン「ヴォワザン」のソムリエ兼給仕長として働いた。当時、このレストランにはアレクサンドル・ショロンという有名なシェフがいた。このレストランでパリの名士たちと接する機会をもったリッツは、彼らを人間的な魅力と社交術で魅了した。その後一〇年間ほど、オーストリア、スイス、モンテカルロのホテルを渡り歩き、修業を積みながら蓄財した。

一八八〇年に、彼は一八六六年にトゥールヴィルに建設されたホテル「オテル・デ・ロッシュ・ノワール」を買収した(マルグリット・デュラス〔フランスの小説家〕は老後、死ぬまでこのホテルに滞在した)が、この買収は失敗した。このときリッツは、高級ホテルの経営を成功させるには腕のよいシェフと組む必要があると悟った。

一八八一年、モンテカルロの「グラン・オテル」の支配人になったリッツに決定的な出会いが訪れた。メス〔フランス北東部の都市〕のライン方面軍の司令部の料理長だったオーギュスト・エスコフィエ(洋梨のベル・エレーヌ、クレープ・シュゼット、ピーチ・メルバなどを考案した偉大なシェフ)との出会いである。

一八八八年、リッツはバーデン＝バーデン〔ドイツ南部の都市〕にある「ホテル・ミネルヴァ」、そしてカンヌにある「オテル・ド・プロヴァンス」を買収した。パリに超高級ホテルを建てるという計画もエスコフィエとの二人三脚だった。

同年、リッツは二人の富豪(リッツが名付け親になった「グラン・マルニエ」というヒット商品〔オレンジリキュール〕の開発者である、実業家アレクサンドル＝ルイ・マルニエ・ラポストールと、当時、世界一の金持ちと噂されたイギリスのダイヤモンド業界の親玉アルフレッド・ベイト)の支援を取り付けて大事業に着手した。リッツは借金して、パリ・ヴァンドーム広場一五番地にあるグラモン公爵邸を購入したのである。

幼少期のルイ一五世など、フランスで最上位の貴族の家族が宿泊したグラモン公爵邸は、購入時はまだ個人宅であり、一般客が泊まるホテルではなかった。リッツはグラモン公爵邸を洗練された超高級ホテルに変える際に、ヴェルサイユ宮殿とフォンテーヌブロー宮殿を参考にした。エレベーターが据え付けられ、一五九室ある各部屋には、電灯、洗面所、電話、浴室が配備された。リッツは、客室とレストランの装飾を当時最も有名だった装飾店（クリストフル、バカラ、フル）に発注した。五〇〇人の会食者のための料理の切り盛りは、エスコフィエが受けもった。

一八八九年、旧グラモン公爵邸の改築工事が始まった。その間、リッツは、あるオペラ主催者がロンドンに新設した「サヴォイ・ホテル」の支配人になった。エスコフィエも同行した。リッツとエスコフィエは、ロンドンで学んだことから着想を得ながらパリのホテルの改修作業を注意深く見守った。

サヴォイ・ホテルの一八九三年一〇月三〇日の夕食メニュー（エスコフィエのメニューはフランス語でしか書かれない）からは、エスコフィエの料理観が窺える。「チキンポトフのコンソメスープ、マディラ諸島産海亀のコンソメスープ、ユイットル・ファヴォリト〔牡蠣のベシャメルソース焼きチーズがけ〕、リシュリュー風ウズラ煮、ラム肉の香草焼き、ズアオホオジロ〔ヨーロッパ産のホオジロ〕の串焼き、シュプレーム・ド・ヴォライユ・ジャネット〔鶏胸肉をシュプレームソース（鶏出汁、マッシュルーム、生クリーム）で覆った料理。一八八一年にシベリア沖で遭難したアメリカ船「ジャネット号」にちなんだ命名〕、フォアグラのパルフェ、サラダ・ミニョン〔トリュフやマヨネーズをかけたサラダ〕、アメリカザリガニのタンバル、新アスパラガス、アイシングクッキー、ベネディクティン〔ブランデーベースのハーブリキュール〕・ロゼ、砂糖菓子、果物」[270]

同年、ローザンヌの「オテル・ボー＝ヴィラージュ・パレス」の支配人で、スイス・ホテル協会会長のジャック・チュミは、ローザンヌに初のホテル学校を設立した。

一八九八年、一〇年近くにおよんだ改修作業が完了し、リッツはついに自身のホテルを開業した。この史上初の超高級ホテルには自分の名前をつけた〔オテル・リッツ〕。

一八九八年六月一日の落成パーティーには、ヨーロッパやアメリカの社交界の面々が参加した。彼らはこのパーティーに参加するためだけにパリにやってきたのだ。当時のウェールズ公〔後のエドワード七世〕は「リッツがいるところに、私も行く」と語ったという。このホテルは満室状態が続いた。「リッツィー」は、「粋で上品」を意味する形容詞になった。夕食の大広間には、それまで自宅のアパルトマンで夕食をとっていた女性たちの姿があった。超高級ホテルは社交界の人気の場になった。そこでは、女性は身なりを競い合い、男性は自身の財力を誇示し、新たな事業計画について話し合った。一九〇四年、新聞『フィガロ』には次のような文句があった。「パリの《季節》はリッツに始まり、リッツで終わる」[473]

リッツはパリの超高級ホテルだけでは満足しなかった。一九〇五年、彼はロンドンにも超高級ホテルを開業した。リッツの名前をつけたこのホテルは、かつて彼が支配人を務めたサヴォイ・ホテルの競争相手になった。さらには、マドリッド、カイロ、ヨハネスブルグ、モントリオール、ニューヨークと、超高級ホテルを次々とオープンさせた(12・43)。

しばらくすると、パリには、オテル・ド・クリヨン(一九〇九年)、オテル・ルテシア(一九一〇年)、プラッツァ(一九一三年)、ル・ブリストル(一九二五年)などの超高級ホテルも誕生した。

ヨーロッパの大衆食、パンとジャガイモ

大衆の食は、パン、ジャガイモ、そしてわずかな肉だった。ヨーロッパの農村部では、相変わらず鍋でつくるスープと粥が主食だった。これに豚の脂肪を加えたり、野菜(キャベツ、タマネギ、スイバ、インゲンマメ)を添えたりした。パン(原料が大麦、ライ麦、トウモロコシの、灰褐色あるいは黒色のパン、または小麦のパン)も主食だった。バターは保存できなかったのであまり使われなかったが、牛乳はたくさん消費された。魚は、沿岸部以外ではほとんど食されなかった。大衆が果物を食べるのはきわめて稀で、食べるとしても、おもにリンゴと洋梨だった。ブドウが食されるのは栽培地域においてだけだった。日曜日に塩漬けの豚肉が食されることはあったが、鶏肉はきわめて稀だった。洗練された食品(チョコレート、コ

ーヒー、砂糖、パテ）は、特別な場合にだけ食された。ジュラやボークリューズ〔ともにフランスの県〕では、子供の誕生祝いに一ポンド〔約五〇〇グラム〕の砂糖を送る風習があった[104]。

食事の回数や場所は、農作業の都合によって決まった。フランスでは通常、夏場は、日の出の前に朝食、一一時に最初の間食、一三時に昼食、一六時に二回目の間食、二一時に夕食だった。冬場は二回の間食がなく、夕食の時間はもう少し早かった。食器は匙と陶器の小鉢だった。全員がポケットに自分専用のナイフをもっていた[104]。

農民が工場の労働者になると、彼らは妻が用意した弁当を持参した。弁当の中身はそれまで食べていたものと同じだった。彼らは工場の昼休みに独りでせわしなく弁当を食べた。昼食はおしゃべりの場ではなくなったのである。

穀物とジャガイモの消費量がピークに達したのは、イギリスでは一八八〇年ごろ、フランスでは一八九四年、ドイツでは一九〇三年だ[28]。その後、穀物とジャガイモの消費量は減少し、代わりに動物性タンパク質と乳製品の消費量が増えた。

アイルランドの農民と畜産業者は、貿易で徴用されない食材である、羊、ジャガイモ、パセリ、タマネギを使う料理を開発した。これがアイリッシュシチューだ。一九世紀末、アイルランドでカブやニンジンなど栽培作物の種類が増えると、アイリッシュシチューの具は増えた。

一九世紀末、無機化学の進歩にともない、植物衛生学に基づく最初の製品が登場した。ボルドー液である。硫酸銅と消石灰の混合溶液であるボルドー液は、当初、ブドウの葉をべと病から守るために利用された[474]。

ヨーロッパにおいて、フランスの食モデルは特異だった。というのは、フランスでは農民の人口割合が高く、一八八〇年では、人口の七〇％以上が農民だったからだ。そうはいっても、フランス経済における農業の寄与度は、工業よりも低かった。フランス人は、他のヨーロッパ人よりも多くの果物と野菜を食べた。たとえば、一八〇〇年の一人当たりの年間消費量は五〇キログラムだったが、一八九四年は一〇二キログラムだった。また、テンサイのおかげで、フランスの砂糖の消費量はドイツよりもわずかに多かった[97]。

世界各地の固有の食文化

このころロシアの農村部では、茹でたジャガイモ、煮たり干したりした魚、カーシャ（ソバの実のひき割りを牛乳と脂肪で煮た粥）を食べた[35]。

中国の農民は、米、大麦、燕麦の粥、ピーナッツ、麺、野菜、豆腐、揚げパン、蒸しパン、キャベツの入った豚汁やホルモン汁を食べた。鶏肉や海の幸はほとんど食べなかった。他のアジア諸国と同じく、昆虫を食べた。おもな調味料は酢と醤油だった[33・262]。

徳川幕府（一八六七年に終焉を迎える）の時代の日本では、農民は雑穀（キビなど）、汁物、豆腐、野菜（大根、カブ、キノコ、ナス）、一七世紀にオランダ人がもち込んだジャガイモを食べた。魚は生で食べた。米は贅沢品であり、農民はそれを自家消費するのではなく商取引のために蓄えた。(38・259・260・261) 仏教の戒律に反する、豚肉、馬肉、牛肉を食べる習慣が広まったが、肉食が不浄の象徴であることには変わりがなかった。

明治時代に入ると（明治元年は一八六八年）、日本社会では西洋を手本とした近代化を推進しようという機運が高まり、社会全体の習慣や風習を揺るがした。こうした変化は食生活にも多大な影響をおよぼした。一八六九年、日本政府は牛肉を販売する「牛馬会社」を設立した。一八七二年には、明治天皇自らが公の場で牛肉を堪能した。同年、文部省は、江戸時代には牛肉だけでなく牛乳もときどき消費されていたと説明する本をつくらせて出版させた。日本の当局は、健康のために牛乳を飲むようにと国民に通達した。日本では乳製品の消費はあまり拡大しなかったが、バターと匂いのきつくないチーズの消費量は増えた。

豚肉のカツレツが登場した。イギリス経由でインドのカレーが輸入されるようになると、肉や魚介類の入ったカレーに米を添えた料理が流行した。この歴史ある料理はカレーライスと呼ばれている。

インドでは、ヒンドゥー教徒の農民は、キビ、シコクビエ、小麦を原料にする「チャパティ」と呼ばれるパンを食べた。肉食は禁じられていた。グジャラート州〔ムンバイの北〕では、実に多くの種類の野菜を食べた。パンジャーブ州〔ニューデリーの北〕の料理は、後日、イギリス人が真似た。イスラーム教徒は、香辛料で味付けされた牛肉と鶏肉（タンドリー、カレーなど）を食べた。インドでは日本と同様に、米を食べられるのは富裕層だけだった。一八五八年になると、カレーなどの香辛料や一部のインド料理がイギリスで大人気になった[257・258]。アフリカでは、モロコシとアワがおもな食材であり、これらをガレットやポレンタをつくるための粉にした。おもな野菜は、バンバラマメとササゲだった。木から取ったバオバブの実なども食した。肉類はブッシュハンティングによって野生動物（アンテロープ〔レイヨウ〕、猿、リス、ホロホロチョウ）から得た。家畜はほとんどいなかった。アフリカのほとんどの地域では、昆虫が食されていた。ヨーロッパによる植民地化の影響から「ヨーロッパ風の食事」[333]が徐々に浸透した。植民地開拓者がアフリカ人にヨーロッパの食文化を押し付けたのである。

こうして二〇世紀は、人口爆発による最悪の飢饉とともに始まるのだった。

第六章 食産業を支える栄養学
（二〇世紀）

一九世紀末、世界人口は一六億人に達し、世界の政治経済の中心地はヨーロッパからアメリカへと移行し始めた。そのとき、アメリカの資本主義は、食に関する新たなモデルを全世界に押し付けた。アメリカの資本主義とともに、食の新たな形式、つまり、会話の新たな形式が登場したのである。というよりも、後ほど紹介するように、会話しない形式と言ったほうがよいのかもしれない。さらなる消費のために、さらに孤独になるのだ。人々は黙って買い物をするようになったのである。

アメリカは食物そのものだけでなく、食べるという行為、つまり、食事中の話題を含め、人々の食べ方に大きな影響をおよぼし、世界の文化、社会、政治を一変させた。人々は、食事にかける時間を短縮し、体に悪い（工業化の進んだ）食品を食べ、可処分所得に占める食費の割合を削減した。

こうした傾向に抵抗する人々もいた。フランスの場合では、アメリカ型の食文化から逃れられる資力をもつ者たちであり、フランス以外の多くの地域では、そうした食文化を享受する資力をもたない者たちだった。

栄養学というアメリカ資本主義の策略

一九世紀末、アメリカ人の食生活はまだヨーロッパ人と似たようなものであり、むしろアメリカ人のほうが充分に栄養をとっていることも多かった。アメリカに到着する移民は、祖国の料理を自分たちの方法で調理し、自分たちの宗教および家族行事を行ない、自分たちの礼儀作法に基づいて食卓を囲んだ。食卓に女性を同席させない者たちがいた一方で、女性に全権を与え、子供にもしゃべらせる者たちがいた。

アメリカで初めて出版された料理本のなかには、イギリス料理、フランス料理、ドイツ料理、アイルランド料理、ポーランド料理、スペイン料理、ユダヤ料理、さらには中華料理の本まであった。ピザ、アイリッシュシチュー、グヤーシュ〔ハンガリー起源のスープ〕、コイの詰め物〔フランス北東部の名物料理〕、パエリアなどは、アメリカ社会に受け入れられた。アメリカ大陸にやってきた移民は、祖国では見たことのない品質のよい野菜や肉に出会い、これらの食材を自分たちの料理に取り入れた。

これらの食材は、伝統あるヨーロッパ料理を豊かにし、「グレートプレーンズ」（アメリカ中西部）のカウボーイ、北東部の農場主、テキサス、ルイジアナなどの習慣から生まれた、アメリカ独自の料理法と融合した。だが、これらは次第に収斂し、似通った貧相なものへと変わっていった。

アメリカ西海岸に入植者が進出したことで、工業界には新たな市場が生まれた。この市場は、当時の技術革新の恩恵を受けた。たとえば、冷蔵車の開発により、肉類の長距離輸送が可能になり、北アメリカの食糧市場は統合された。

消費者は、住居、衣服、交通、娯楽などの費用のために、食費を減らさなければならなかった。だからこそ、食は簡素化されて似通ったものになり、食の存在価値は弱まったのである。

食べることは会話のテーマではなくなった。押し黙って食べるには、うんざりするようなモノを食べなければならない。さらに効率よく暮らしたければ、そうしたモノを仕事中に独りで食べることになる。そのためには、労働者とその家族の食欲を安価に満たすための工業生産による食品が必要になった。

高品質な食糧が豊富にあると思われたアメリカにおいて、なぜうんざりするようなモノを食べなければならないのか。たとえば、スペインからやってきた人々は、アメリカではようやく満足な量の食事ができると期待していたというのに。

アメリカの資本主義は、大衆を納得させるために婉曲な方法をとった。「アメリカには新鮮で、多様で、豊富な食品がある。だが、それらは健康によくない。より質素で人工的な食品が必要なのだ」と大衆に吹聴したのである。こうしてアメリカの大衆は、工業的な管理に基づく食品のほうが健康によいと信じた。さらには、「食卓で無駄な時間をすごすべきではない。食べる時間は退屈なものだ。食のことなどなるべく考えるな」と大衆を説得したのである。

なんとも信じがたい策略である。食に対する大衆層の欲求を減らすために怪しげな栄養学をもち出し、味のことは二の次にするために健康上の理由を掲げ、衛生的だとされる安価な工業生産の食品を購入するように仕向けたのである。自分たちの所得のかなりの部分を割いて健康によいものを食べるよりも、独りで素早く食べるほうが効率的だという考えだ。このようにして、家族の絆や、文化的、美食的な連帯感は消え失せた。

アメリカの国益のために、粗食が提供されるようになっていったのである。

アメリカでのこうした食習慣の変化には、過去の出来事が影響している。この変化は一九世紀初めごろから始まった。エドワード・ヒッチコック・ジュニア〔医学者、保健体育教師〕とウィリアム・タルコットという人物は、肉、香辛料、調味料、コーヒー、紅茶、アルコール、タバコ、そして自慰を含むあらゆる性行為を避けるよう説いた。また、彼らは、野菜、果物、スポーツを推奨した。彼らは、これらが「前向き」な心のもち方に関連すると主張した[69]。

それからしばらく後の一八六〇年ごろ、先述の一八世紀のフランスの生気論に感化されたフィラデルフィアの牧師シルヴェスター・グラハムも、アルコール、肉、香辛料、性行為は健康によくないと説いた。グラハムによると、これらは神経系を過剰に刺激し、死に至る病を引き起こす恐れがあるという[28]。グラハムは、化学肥料を利用して栽培された穀物は食べるべきではないと講釈した（先述のように、そのような穀物が市場に出回り始めていた）。グラハムにとって、食の質の基準は味ではなかった。健康によい食品、つまり、味気のない食品を食べるのが正しい食生活だったのだ。

グラハムはアメリカ人への「伝道」を始めた。耳を傾ける人には「菜食主義になりなさい。白パンをつくるときに化学物質（とくに、ビール酵母）を混ぜてはならない」と訴えた。グラハムは、小麦粉の色を白くするために石膏や水酸化カリウムの粉を混ぜるパン屋を糾弾した。アメリカの多くの都市には、グラハムの賛同者がいた。「グラハマイト」と呼ばれるグラハムの信奉者のなかには、雑誌『グラハム健康長寿ジャーナル』を出版する者たちがいた。また、アメリカ東部で開校したばかりのいくつかの大学のキャンパスには、「グラハマイト党」を結成する者たちがいた。さらには、グラハム粉（製粉中にふるいに掛けられない粗びきの小麦）やグラハムクラッカー（グラハム粉でできた蜂蜜風味の薄地の長いビスケット）を製造する者たちがいた[68]。有機肥料も使わない無肥料の、いわゆる「健全な土壌」で栽培される穀物の粉がグラハム粉だ。

また、グラハムが推奨する食品の販売店を開く者たちもいた。

一八七〇年ごろ、化学をはじめとする科学の諸分野は、グラハムら宣教師の考えと同じ方向に進んだ。すなわち、味を品質にとって副次的な要素と見なしたのである。当時のアメリカの栄養学者は、炭水化物、脂質、タンパク質の重要な役割を強調し、グラハムの見解と同様に、充分な栄養を安価にとるには、味に関係なくある程度のタンパク質を飲み下せばよいと説いたのである。工業生産される食品へと移行するお膳立てがすべて揃い、これと同時に、食卓を囲む食事も終わりを告げた。

カロリーとコーンフレーク

一八八〇年ごろ、グラハムの弟子で化学者のウィルバー・オリン・アトウォーターは食の栄養価を量的に検証するために、(その五〇年ほど前に、フランスのニコラ・クレマンが熱量に対して用いた定義である)「カロリー」という概念を食物に当てはめた。

アトウォーターのカロリーの定義は、食物が「燃焼」する際に放出される熱量だった。彼の定義した一カロリー(大カロリー。現在の一キロカロリーに相当)は、一トンの物体を一・五三フィートの高さまでもち上げるのに必要なエネルギー量であり、これはおよそ四二〇〇ジュールに相当する（後日、摂取したカロリーのうち、消費されない分はさまざまな形で体内に蓄積されることや、大人は何もしていなくても〔現在の定義で〕毎秒一八カロリーを消費することがわかった）。

この概念によって、食の価値は、味、香り、食感、素材、調理法、また食卓を囲む会話の質などではなく、抽象的に表現されるカロリーという数字だけになった。食の価値を示すおもな指標はカロリーになり[117]、味は二の次になったのである。

アメリカで人気商品になったグラハムクラッカーのさらなる販売促進のために、このクラッカーを販売する二つのパン屋の販売網（判事で投資家になったウィリアム・ヘンリー・ムーアと、弁護士で実業家になったアドルファス・グリーンの販売網）が合併し、一八九八年にナショナル・ビスケット社が誕生した（後日、この会社はナビスコ社になった。現在、ナビスコ社はモンデリーズ・インターナショナル社の子会社[336]）。

皮肉なことだが、今日のグラハムクラッカーの成分（砂糖、漂白された小麦、保存剤など）をシルヴェスター・グラハムが知ったなら、彼は自分の名前を冠したこのクラッカーを糾弾したに違いない。

このようにして、栄養学と宗教を経由して食品産業が始まったのである。

食品産業を推進したのはグラハムだけではない。同年の一八九八年、ミシガン州バトル・クリークのサナトリウムを経営していた医学博士ジョン・ハーヴェイ・ケロッグも、肉食、香辛料、アルコール、自慰を禁じた。（ケロッグもグラハムの信奉者だった）。

ケロッグは患者に対し、「魂の安楽のために」菜食主義になって味気のない食物を摂取するように命じた。ケロッグは、自然、健康、道徳を尊重して暮らすという、自身が提唱する「生物としての暮らし」の原則に従うようにと呼びかけたのだ[75]。

ケロッグは弟のウィル・キースとともに、バトル・クリーク・サナトリウム・ヘルス・フード社を設立し、自身の考えに合致する食物を生産し、自分の患者に配った。ケロッグ兄弟はパンの代用品を開発しようとして、干からびた小麦の種を二本のローラーで引き延ばして薄い生地をつくり、これを焼いたのである〔その後、トウモロコシを使うようになった〕。こうして誕生したのがコーンフレーク（シリアル）だ。

医学博士ケロッグは、コーンフレークは自分の患者の消化不良の治療と性欲を減退させるための薬になると確信した。治療効果があると紹介されると、彼の患者でコーンフレークの味に不満を述べる者はいなかった。サナトリウムでの成功を受け、弟のウィル・キース・ケロッグは、コーンフレークを市販した。一九〇六年、彼はバトル・クリーク・トースティッド・コーンフレーク社を設立した。一九二二年、この会社はケロッグ社になった[57・238]。

今日、コーンフレークの消費者のうち、コーンフレークが性欲を減退させるために開発された食品であることを知る者はほとんどいない。

資本主義の加速によって減る食事の機会

一九世紀末のアメリカでは、味は二の次で、味気のないモノを素早く食べて満腹になるためのあらゆる手段が講じられた。食卓ですごす時間は減った。工場だけでなく家庭でも食事にかける時間は削減された。アメリカ社会は孤立した個人が並列して存在する構造になり、アメリカ人は独りで食べるか、職場の見知らぬ人と食事をするようになった。個人の家から食堂が姿を消し、代わりに「リビングルーム」が登場した。食堂がなくなったことでアメリカ人の生産性は向上した。アメリカ経済の急成長の舞台裏には、それなりの理由があったのだ。

それと並行して、劣悪な品質の食品の生産量は急増した。こうした傾向に対し、一八八三年に創刊された女性誌『レディース・ホーム・ジャーナル』の読者や、アメリカ全土に点在する女性クラブに所属するおよそ一〇万人をまとめ上げた「婦人クラブ連合」のメンバーたちが、消費者運動を起こした[335]。しかし、彼女たちの抗議もむなしく、食品産業界は強力な政治力を手に入れた。その証拠に、アメリカ議会は一八九〇年から一九〇五年までの一五年間に、食品および薬品の品質管理を強化するための法案を二〇本も否決した。上院と下院との暗黙の協定により、一方が他方の提出する法案を拒否するという作為が繰り返されたのでである。

一九〇六年、政治力をもつようになった食品業界は、自分たちの利益に見合う独自の規格基準を押し付けるようになった。食品業界はアメリカ議会に圧力をかけ、いわゆる「消費者保護」を掲げる純正食品医薬品法を可決させた。この法案の本当の目的は、アメリカ全土で効力をもつ規格基準を定めることにより、政治力のある大手食品会社がアメリカ全土で自社製品を販売できるようにするためであり、また、これらの規格基準に違反する者、すなわち、彼らのライバルを罰するためだった。同時期、食肉検査法により、食肉製品の変造や偽造は犯罪になった。また、(アメリカ国内での)食肉処理の手順が定められ、食品と医薬品に関する衛生管理基準がつくられた[128]。

味は二の次

食品医薬品法が公布されると、この法案の旗振り役だったドイツ移民の息子ヘンリー・ジョン・ハインツ(ハインツは、この法律が制定される三〇年前、息子と親類とともにH・J・ハインツ社を設立した。この会社には八角形の瓶に入った「ハインツ・トマト・ケチャップ®」という主力商品がすでにあった。このケチャップは、現在でもハインツ社の象徴になっている)は、自社の食品を大量生産する過程を機械化し、アメリカ全土に向けて販路を拡大した。

一七世紀末のアジア料理のレシピをヒントにしたケチャップの成分は、トマト、塩、コショウ、香辛料（クローブ、シナモン、オールスパイス）、セロリ、キノコ、エシャロット、砂糖、そして防腐剤である。(96・237) ケチャップという何にでも使える万能ソースは、ハインツ自身が画策した食品医薬品法に適合した。こうして、ケチャップはどのような料理であっても味を消すために使われるようになり、とくにまずい料理にはうってつけのソースになった。

この時点で、アメリカでは食品業界がすでに最大の産業だった。アメリカの料理本は、料理の味でなくエネルギー量を明記する点で、ヨーロッパの料理本と異なっていた。

カロリー表示とともにビタミンという新たな概念も登場した。このビタミンによっても、味は二の次になった。ビタミンの発見は、オランダの医師クリスティアーン・エイクマンと、ポーランドの生化学者カシミール・フンクの業績と関わりがある。彼らが抽出した化合物には「アミン（amine）」の性質があり（アミンはアンモニアの水素原子を炭化水素残基で置換した化合物の総称）、これは生命（vita）に不可欠な成分だった。よって、フンクはこれをビタミン〔vita-mine：重要な生命活動を司るアミン〕と命名したのである。

シカゴの食肉処理場で始まった流れ作業

火、槍、弓、車輪、船尾舵などのイノベーションが登場したときと同様に、食に関するイノベーションによって、すべての産業の生産体制は様変わりした。そしてこのイノベーションが加速すると、会話の場としての食卓は消滅した。

一九世紀末、アメリカで消費される食肉の八〇％（とくに豚肉）は、シカゴの食肉処理場で処理されていた。よって、一部のアメリカ人はシカゴを「豚肉の都」と呼んでいた。一八五〇年になると、シカゴでは革新的なイノベーションが労働組織に導入され始めた。横一列に立ち並ぶ労働者は、滑車につりさげられた枝肉が次々と通過する間に、各自に割り当てられた解体作業を黙々とこなすようになったのである。電気が導入されると、流れ作業は自動化され、生産性は飛躍的に向上した。一日当たり四〇〇〇頭の牛を処理できるようになったのだ。一頭を処理するのに要する時間は、牛は九秒、豚は五秒だった。これらの食肉を利用する保存食メーカーは莫大な利益を上げた。

こうした生産方法を最初に真似たのはアメリカン・タバコ・カンパニーだ。次に一九〇八年、若き自動車製造業者ヘンリー・フォードも、それまで家内工業的につくられていた自動車を、流れ作業によって製造することを思いついた。フォードは自動車の製造に流れ作業を導入するために、食肉処理にはない自動車製造特有の問題を解決する必要があった。すなわち、労働者がそれぞれの持ち場で同時に作業することである。自動車製造の流れ作業は継続的かつ円滑に進行させなければならないのだ。ヘンリー・フォードは度重なる失敗を克服した後、一九一三年に世界初の自動車組み立てラインを開発し、この生産方式に適合する自動車を生産し始めた。その生産コストは、当時、世界市場で販売されていたどの自動車よりも圧倒的に安かった。これがT型フォードだ。

フォードの大成功は、自動車業界のみならず世界の産業全体を揺り動かした。フォードは一九二二年に出版した回顧録『我が一生と事業』〔加藤三郎訳、文興院、一九二六年〕において、「自動車の製造にライン生産方式を導入するというアイデアは、シカゴの保存食肉製造現場の高架移動滑車から拝借した(129)」と述懐している。

食の大量生産

食の製造イノベーションにより、食品は安くなった。次に、自動車の価格も下がった。自動車は、食費を削減できたおかげで中産階級の購入意欲がかき立てられた最初の消費財だった。

同時期、試作機による一〇〇年ほどの実験期間を経て、一般家庭にもキッチン作業を効率化する機器（オーブン、ガスレンジ、冷蔵庫、食器洗い機）が普及し始めた。自動車に次いでこれらの機器も徐々に大衆の消費財になったため、女性は家事から解放されて就労するようになった。世帯の可処分所得の使い道が変化したのである。

アメリカのアパートや一軒家では、スペースの問題がなくても、台所と応接間は一体になっている。くつろぐ場所と食べる場所が混ざり合っているのだ。

一八九二年、カナダのトーマス・アハーンは「電気オーブン」の特許を取得し、一八九三年のシカゴ万国博覧会においてこのオーブンを一般公開した。だが、これがすぐに普及することはなかった[232]。

一九〇五年、オーストラリアのデイヴィッド・カール・スミスは、上部に電熱板を配置した今日のものに近い構造のオーブンを開発した[314]。高い電気代、配電設備の不備、電熱板の耐久性の悪さ、電気という新たなエネルギーに対する不信感などから、アメリカでは電気オーブンはあまり普及しなかった。

一九〇〇年、パリ万国博覧会が開催されたのを機に、アンドレとエドゥアールのミシュラン兄弟は、クレルモン＝フェラン〔フランス中央高原に位置する都市〕においてミシュラン・ガイドを創刊した。美食と道案内の情報を載せた史上初のこのガイドブックは、当初、タイヤを購入した客に無料で配布された[130]。

新たな食品会社が次々と誕生した。一九〇一年に設立されたモンサント社は、サッカリン、次にアスピリンを製造した。一九〇二年に設立されたペプシ・コーラ社は、コカ・コーラとは異なる独自の製法でコーラをつくった（今日でもなお、双方の成分とも企業秘密になっている）。一九〇三年にシカゴでチーズを販売するジェームズ・クラフトが創業した「J・L・クラフト兄弟商会」は世界最大の食品会社の一つになった(236)。

ヨーロッパでもアメリカのモデルを真似て食品会社が設立された。

一九〇六年、ジョゼフ・レオン・ジャックメールは、人工ミルクを拒む新生児の離乳食として、シリアル粥の「ブレディン」を開発した。

一九〇八年、スイスのモーリス・ギゴスが粉ミルクを開発した(357)。

一九〇六年、フランスの医師で物理学者のジャック＝アルセーヌ・ダルソンヴァールは、海洋温度差発電の原理を発案しただけでなく、食品を低温で急速に凍結させてから減圧して乾燥させるフリーズドライも考案した。このようにして、事前に調理された料理の製造および保存は、きわめて容易になった(475)。

一九一三年、アメリカで家庭用の冷蔵庫の販売が始まった(30)。同年、ドイツの化学者フリッツ・ハーバーとカール・ボッシュが開発したハーバー・ボッシュ法により、空気中の窒素を固定できるようになった。すなわち、窒素肥料を大量生産できるようになったのである。世界中の農業は次第に様変わりし始めた(361)。

第一次世界大戦中、食品の工業化が加速した。コンビーフは、イギリス、アメリカ、オーストラリア、ニュージーランドの兵士の基本食になった。コンビーフは、アルゼンチンで生産されるようになり、アルゼンチンは世界最大の食肉加工国になった[116]。

調理済みの食事は、会社、鉄道、船、そして新たに登場した飛行機など、いたるところに忍び込んだ。

一九一九年、ハンドレイ・ペイジ・トランスポート社というイギリスの会社は、ロンドン—パリ間の定期国際航空便において、三シリングで機内食を提供した。これが史上初の機内食である。空港のレストランで調理される機内食は、乗客に提供されるまでの間、機内の保冷箱で保管された[268]。

素早く食べる、ファストフード

第一次世界大戦が終わってから数十年の間に、人々の食に対する考えが変化すると同時に物質面の準備が完了すると、注文してからすぐに食べられる手軽な料理を提供するファストフード店が登場するための条件がすべて整った。

それはもはや、家庭やレストランで独自の料理を食べる、あるいは学校や会社の食堂で食事をするという話ではなかった。自宅では料理ができず、食堂にも通えない大衆消費者たちが増え続ける中で、彼らの腹を安価に満たすのだ。店では、大量生産の手法によって標準化された調理法が採用された。

顧客を待たせるのは論外だった。そこは会話の場ではなかった。

こうした食物が「ファストフード」と呼ばれるようになったのは、かなり後のことである。ファストフード店で提供される食物は、過去のアメリカの栄養学者が定義した原則を遵守するものではなく、脂肪分、塩分、糖分が高い。顧客が安い値段で食欲を満たせるように、冴えない食材を利用する。だが、顧客はファストフードの虜になる。味の価値が低下したため、従来のレストランからファストフード店への移行が加速したのである。

ファストフード店では、もち帰りもできるようになった。一八世紀末の再来と言えるサンドウィッチ型の食物により、消費者のノマディズムが促され、食事を介しての社交は終わりを告げた。

一九二一年、カンザス州のウィチタでは、料理人のウォルター・アンダーソンと不動産仲介業者のビリー・イングラムがホワイト・キャッスルを創業した。ホワイト・キャッスルは世界初のファストフード・レストランのチェーン店になった。このレストランは、二切れのパンに四角いひき肉が挟まったハンバーガーを安価で提供し、大成功した。その後、ホワイト・キャッスルは店舗数を増やし、一〇年後にはアメリカの一一の州で営業した。一九三三年、イングラムはアンダーソンの持ち株を買い取り、事業を大幅に拡大した。今日、ホワイト・キャッスルの店舗は、中西部、ケンタッキー州、テネシー州を中心に、アメリカ全土に四二〇軒ほどある[436]。

一九二九年、ロンドン北部にテスコ社が創業した。乾物屋として出発したテスコ社は、食品倉庫業を営み、その後、世界最大の小売業者になった[414]。

一九三〇年、〔オランダの〕マーガリン・ユニ社（油脂製品の製造業者）と〔イギリスの〕リーバ・ブラザーズ社（石鹸の製造販売に特化した同族会社）が経営統合してユニリーバ社が誕生した。一九三〇年代、ユニリーバ社は冷凍食品と調理食品の市場で急成長した。一九三八年、同社がビタミンの豊富なマーガリン（バターに似せてつくった植物性油脂を原料とする加工食品）を売り出すと、マーガリンの売り上げは急回復した。一九四三年、ユニリーバ社は冷凍野菜を扱うバチェラーズ社を買収し、世界の冷凍食品市場の主要企業になった[358]。

一九三〇年代、「カーネル・サンダース」（サンダース大佐。ケンタッキー州知事が授与した名誉称号）として知られるハーランド・デイヴィッド・サンダースは、ケンタッキー州コービンにある自分のレストランで、一一種類の香辛料と香料を使うフライドチキンの調理法を開発した[359]。これがケンタッキー・フライドチキン（ＫＦＣ）である。「サンダース・カフェ」は繁盛し、全国展開した。一九三六年に出版された料理評論家のダンカン・ハインズのグルメ・ガイド『美食探訪（Adventures in Good Eating）』の第一巻（アメリカ全国にある四七五軒の美味しい店が掲載されている）には、サンダースの店が掲載された[40]。それからしばらく経った一九五二年、サンダース自身がユタ州に「ケンタッキー・フライドチキン」という名前で最初のフランチャイズ店をつくり、フライドチキンを安いコストで大量生産する技術を開発した。今日、KFCは世界中に二万店舗以上ある[54]。

一九三七年、カリフォルニアでモーリスとリチャードのマクドナルド兄弟（父のパトリックとの説も）は、所有していた映画館を売却し、カリフォルニア州のモンロヴィア空港近くの国道六六号線沿いに「ジ・エアドローム（飛行場）」という名前のレストランを開いた。当初はホットドッグ屋だったが、ハンバーガーを一個一〇セントで出すようになった。一九四〇年、マクドナルド兄弟はこの店を、急速に発展するロスアンゼルス郊外のサンバーナーディーノに移した。ドライブイン形式の「マクドナルズ・バーベキュー」という名前の新店舗では、制服姿の従業員が自動車で来る顧客に対し、ハンバーガーを窓越しに手渡した[222]。熱に浮かされた栄養学が怪物を生み出したのである。人々は常に安く、素早くモノを食べるようになった。これは先述のグラハムが望んだことだったのかもしれないが、そこで出される食品自体は、グラハムが夢見たようなものではなかった。

一方、フランスでは、一九二〇年にミシュラン・ガイドが有料になった。一九二六年には美味しいレストランを格付けする一つ星制度が始まり、一九三〇年には二つ星、三つ星の格付けも登場した。

世界各地に出現するアメリカ料理

第二次世界大戦中、戦場のアメリカ兵は、大量の甘いもの（チューインガム、ミルクチョコレート、コカ・コーラ、インスタントコーヒー）を口にするようになった。糖分は兵士の士気を高めると思われていたのだ。ナチスがフランス国内の道路標識を破壊したため、アメリカ兵は運転する際にミシュラン・ガイドを利用した。

〔戦後、〕ベルリンと東京に進駐したアメリカ兵は、アメリカ食品業界の最高の販売促進係だった。アメリカの食品は自由と近代性の象徴になった。

同時期、（二〇世紀初めからインドの影響が色濃く感じられた）ロンドンでは、教師ドナルド・ワトソンが、肉類を食べない菜食主義者と、動物製品を一切利用しない絶対菜食主義を区別するために、後者を指す「ヴィーガン」という用語を考案した[366]。

一九四六年、アメリカのファストフード店は一般家庭とともに、新たに登場した大型イノベーションの恩恵を受けた。それは電子レンジである。

当時、世界には平和が戻ったため、アメリカの軍事産業は軍事用途として開発されたテクノロジーを民生利用しようとしていた。レイセオン社〔軍需製品メーカー〕の技術者パーシー・スペンサーは、作動中のマグネトロン（戦時中、短距離レーダーに使用するためのマイクロ波を発生させるために利用された）の前に立っていると、ポケットの中のチョコレートバーが溶けていることに気づいた。スペンサーは食品を加熱するためにマイクロ波を利用するというアイデアで特許を取得し、史上初の電子レンジ「レイダレンジ」を発売した。

この電子レンジは、高さが一・八メートル、重さが三四〇キログラムだった。その二〇年後、日本のシャープ社は、電子レンジを小型化し、その中に回転台を据え付けた。電子レンジの価格と大きさは手ごろになった。この新たな家庭用機器が登場した台所は、調理済みの料理を温める場でしかなくなった[233,234]。

一九四八年、マクドナルド兄弟はまたしても店舗を移転してセルフサービスの店を開き、ハンバーガーのライン生産システムを導入した。その二年後、マクドナルド兄弟は自分たちの店で「年間一〇〇万個のハンバーガーと一六〇トンのフライドポテトを販売する」と豪語した。

一九五四年、ピアニストからミルクシェーク製造機の販売会社の社長になった野心家のレイ・クロックは、マクドナルド兄弟にフランチャイズ化を打診した。クロックのアイデアは、フランチャイズ化によって、分量、包装、原料、調理時間、サービスなど、すべてを標準化することだった。クロックは、「われわれはハンバーガー・ビジネスに他の誰よりも真剣に取り組む」と熱弁した。

一九五五年三月二日、マクドナルド兄弟とレイ・クロックは、マクドナルズシステム社を設立した。同年、イリノイ州デスプレーンズに最初のフランチャイズ店をつくった。一九五九年には一〇〇軒目が開店した。

一九六一年、マクドナルド兄弟から商権を二七〇万ドルで買い取って経営権を手に入れたクロックは、マクドナルド兄弟に一号店を閉めるようにとさえ命じた（商権を手放したマクドナルド兄弟はチェーン店の名称「マクドナルド」を使う権利を失った後、一号店を「ザ・ビッグ・M」と改名して営業した）。クロックはマクドナルド兄弟の一号店のすぐそばにもマクドナルドを出店した。(46・67・222・223)

レイ・クロックは、時代遅れにならないためにはイノベーションが必要だと理解していた。クロックの語録を紹介する。「成熟していなければ成長する。だが、成熟した途端、腐り始める(46)」。また、「契約は恋心のようなものだ。それらは破れるようにできている」。

クロックは一九八四年に死去するまで冷酷な経営者であり続けた。無駄なコストを徹底して省き、すべてを標準化し、店舗の設計には人間工学を取り入れた。マクドナルドは大成功したため、低品質の食材を大量に安く仕入れることができた。働く店員は技能のない若者が多く、人件費も安かった。

一九六七年、マクドナルドは大きな一歩を踏み出した。アメリカ以外の国に進出したのである。一九六七年はカナダ、一九七〇年はコスタリカ、一九七一年は、日本、オランダ、ドイツ、一九七二年はフランス、一九九〇年は〔旧ソ連と〕中国、一九九二年はモロッコ、一九九六年はインドに出店した。二〇一九年時点で、マクドナルドの店舗は一〇〇ヵ国以上に三万六〇〇〇軒ある。マクドナルドはローカルな味を提供しながらもアメリカン・ウェイ・オブ・ライフの世界的な象徴になった。

マクドナルドは圧倒的な知名度を誇った。二〇〇〇年代初頭に実施した調査によると、アメリカの小学生の九六％は、マクドナルドのシンボルである道化師のロナルド（日本名はドナルド）を知っていた（創業者のマクドナルド兄弟の名前ではない）。ちなみに、ロナルドの知名度を超えたのはサンタクロースだけだった[266]。

こうした知名度は懸念材料でもあった。というのは、別の調査では、小学校の一五〇メートル以内にファストフード店があると、子供の肥満率は五・二％上昇するという結果があるからだ[118]。

二〇世紀の飢饉と地政学

政治的、地政学的な数々の影響から、二〇世紀になっても飢饉はいたるところで発生した。

帝政ロシアでは、一八九一年から一八九二年にかけて、およそ四〇万人が餓死する飢饉が発生した。レーニンは、この飢饉をきっかけにロシア農民が団結し始めたのを見て喜んだ。飢饉は「敵の頭をぶん殴る」のに役立ち、一九一七年にレーニンは権力を掌握した。

ドイツでは、一次産品の価格下落（そして一九二三年のハイパーインフレ）のために借金を背負った小地主たちが、一九二九年の危機〔世界恐慌〕の煽りをまともに食らった。ドイツ農民の抗議運動（例：キリスト教国家農民および農村住民党）は、しばしば暴力をともなったが次第に組織化され、大衆の支持を取り付けた。国家社会主義ドイツ労働者党（NSDAP）〔ナチス。当時の第一議長はアドルフ・ヒトラー〕はこの勢力を利用し、一九三二年の国民選挙で小規模農民の支持を取り付け、権力を掌握した。(138・139・140)

中国では、一九五八年に人民公社が組織された。地方の自給自足を目指す組織である人民公社は、不合理かつ有害な農業改革を断行した。科学的知見を無視してイデオロギーを重視したのである。たとえば、一九五八年に展開した「四害駆除運動」の目的は、ネズミ、蠅、蚊、農作物を食い荒らすスズメを駆除することだった。しかし、スズメを駆除したことによってイナゴなどの害虫が大量発生したため、農作物は壊滅した。さらに、毛沢東は、同じ種類の種を密集して植えると、「〔同じ種類の植物なので〕仲良く成長する」ため生産量が増加すると主張した。だが、密植した結果、苗は窒息状態になり、土壌は著しく痩せてしまった。農業生産は崩壊し、飢饉が蔓延した。三〇〇〇万人から四五〇〇万人の中国人が餓死した。劉少奇（中華人民共和国主席）と鄧小平（中国共産党書記長）はこれらの改革の失敗を認めざるを得ず、一九六〇年以降、農民が狭い私有地で耕作し、地域市場の一部を再建するための緊急措置を打ち出したが、毛沢東が指導権を奪回し、一九六六年には文化大革命が始まった。(24・76・404・405)

ナイジェリアでは、一九六七年五月に東部州〔ナイジェリアの東南部〕が独立を宣言したため、内戦〔ビアフラ戦争〕が勃発し、海路と陸路が閉鎖された。その結果、一九六八年から一九七〇年までの間に、五〇万人から二〇〇万人が餓死した(406)。

カンボジアでは一九七五年に、中央委員会（共産党の「上部機構」）は、すべての食糧は共産党のものだと宣言した。米は貨幣の役割を果たし、国民には一家族当たり一日二五〇グラムから五〇〇グラムの米しか配給されなかった。その結果、飢餓、病気、強制労働、裁判なしの処刑により、一五〇万人から三〇〇万人のカンボジア人が命を落とした(142)。

一九九〇年、ソビエト連邦では集団農場の失敗により（集団農場の収穫率は私有地よりも圧倒的に悪かった。ソビエトの農地全体に占める私有地の割合は一・四％だったが、私有地の収穫量はソビエトの収穫量全体の五％だった）、帝国の分断プロセスは加速した。その指揮を務めたのは、ソビエト連邦共産党農業担当書記を務めた後、最高会議議長に就任したミハイル・ゴルバチョフであった(92)。

飢餓の撲滅

二〇世紀の後半、世界人口の急増（一九〇〇年は一六億人、一九三〇年は二〇億人、一九五九年は三〇億人、一九七四年は四〇億人、二〇一九年は七〇億人以上）により、大量の人々を養うための抜本的な解決策が必要になった。

第一に、農業の生産量をなんとかして引き上げる必要があった。一九四四年、アメリカの農学者ノーマン・ボーローグは、病気に強くて収量の高い小麦品種の開発に取り組んだ。一九五〇年代末、メキシコにおいて開発されたそれらの品種は、インドや南東アジアに導入され、一九六二年にはいくつかの村で試験的に栽培された。三年間の旱魃が続いた後の一九六六年、ビハール州〔インド北東部〕やウッタル・プラデーシュ州〔インド北部〕など、インド各地では飢餓が発生し、暴動が多発した。同年、インド農業研究所の所長モンコンブ・サンバシバン・スワミナサン〔農学者〕の影響を受け、インド政府はボーローグが開発したような高収量品種の種子を一万八〇〇〇トン輸入した。既存の品種は高収量品種に容赦なく取って代えられた。この「緑の革命」は、少なくとも二〇年間は大量増産という大成功を収めた(410)。

「緑の革命」にも問題はあった。というのは、大量の水が必要であるため、水需要が高まり、水源の奪い合いが生じるからだ。ようするに、この革命は灌漑が容易な地域でしか機能しないのだ。パンジャーブ〔インド北西部からパキスタン北東部にまたがる地域〕で一九八六年から一九八九年にかけて(つまり、この地域で緑の革命が始まってから二〇年後に)実施された調査によると、これらの高収量品種の利用により、〔作物の〕遺伝的な多様性は破壊され、土壌は痩せ、化学肥料の大量投入により、地下水は汚染され、土壌の質は悪くなったという。

そうした環境破壊だけでなく、緑の革命への統合は農民にとって高くついた。最貧民はこの革命から締め出されるか、過剰債務に喘いだ。インドでは、一九九五年から二〇一〇年までの間に、二七万人以上の農民が自殺した[411]。

もちろん、トラクター、窒素肥料（窒素ガスを原料にした化合物）、植物の消毒薬（原料は石油）、リン酸、水酸化カリウム〔苛性カリ〕などの「革命」のおかげで、生産量が飛躍的に増加したのは事実だ。

ヨーロッパでも、大改革によって農産物の生産量は急増した。一九五七年に調印されたローマ条約で謳われたように、一九六二年にEUは食糧を自給自足するために、共通農業政策（CAP）を実施した。この目的を達成するために、EUは穀物栽培農家、次に牛乳の生産者に対して追加価格を支給した。彼らの受け取る金額が当時非常に安かった国際価格よりも高くなるようにして、EUの農民が増産するように誘導したのだ。

この政策は一時的に成功したが、過剰生産を引き起こし、修正が必要になった。一九八四年には牛乳に生産量枠が設けられ、次に、穀物と採油植物に「最大保証数量」が定められた。EUの貿易相手国の保護主義だとの批判に対し、EUは一九九二年のマクシャリー改革の際に保証価格を大幅に引き下げ、引き下げた分は農家への直接支給によって補償した。保証価格は一九九九年にまたしても引き下げられ、二〇〇三年の改革の際に廃止された[363]。ちなみに、補助金は果物と野菜の生産者には支給されなかった。

一九七三年、ハーバート・ボイヤーとスタンリー・コーエン〔ともにアメリカの遺伝学者〕

は、ある生物から一つの遺伝子を取り出し、それを別の生物のゲノムに挿入する方法〔遺伝子導入〕を開発した[415]。彼らの発明により、世界の農業生産を一変させる遺伝子組み換え作物（GMO）が誕生することになった。

一九八三年、遺伝子を組み換えることによって、抗生物質のカナマイシン、次に害虫、さらには農薬に耐性をもつタバコの苗木がつくられた。タバコの苗木に用いられた技術は、大豆やトウモロコシなどの植物にも応用された。

一九九四年、アメリカでは遺伝子組み換えトマトが商品化された[416]。一九九六年、モンサント社は強力な除草剤グリホサートに耐性のある遺伝子組み換え大豆を開発した。

人類史上初めてのこととして、これらの遺伝子組み換え植物の種子には特許が認められ、繰り返しの使用はできないことになった。その結果、農民はモンサント社をはじめとする会社からの種子の供給に依存しなければならなかった（現在、モンサント社はライバルだったドイツのバイエル社と合併した[384]）。

また、研究者や他の企業が新たな品種を開発するために特許取得済みの種子を他の品種の種子と交配させることもできなくなった。つまり、新たな品種の開発が困難になったのだ。

結果として、これらのイノベーションにより、一九六〇年から二〇一八年にかけて世界の年間生産量は、小麦と米は三倍、トウモロコシは五倍に増加し、砂糖の生産量は一九〇〇年の九〇〇〇万トンが二〇一七年の一億八五〇〇万トンになった。

一九六〇年から二〇一九年にかけて、世界では、一人一日当たりの平均摂取カロリーは二一九〇キロカロリーから二八七〇キロカロリーに増加した。先進国では、一八四〇年は二〇〇〇キロカロリーだったが、現在は三三〇〇キロカロリーくらいだ。一方、途上国では、いまだに二〇〇〇キロカロリーを下回っている。しかしながら、世界では栄養失調の状態にある人口の割合は、一九九〇年の一八・六％から二〇一八年の一二・五％に低下した。

リン酸肥料の年間消費量は、一九五〇年は五〇〇万トン、二〇〇〇年は一〇〇〇万トン、二〇一三年は四三八〇万トンだった。しかし、撒かれるリン酸肥料のうち植物に届くのはたったの三〇％であり、残りの七〇％は土壌に堆積するか、河川に流れ込んでしまう。

農業による有機物質の喪失や浸食作用が原因で、一〇〇年間に一〇億ヘクタールの農地が耕作不能になった。

スペインの遺伝学者ホセ・エスキナス＝アルカサルの推定によると、二〇世紀初頭以降、生産量を増加させる農業が原因で、植物の多様性の七五％が失われたという。とくに、二〇世紀初頭のアメリカには八〇〇〇種類のジャガイモがあったが、現在ではそのわずか五％くらいしか残っていない(384)。

多様性の喪失とともに農民の数も激減した。世界では大規模農家が優位に立ち、小規模農家の数は減り続けた。一九五〇年から二〇一〇年にかけて、人口に占める農民の割合は、先進国では三五％から四・二％、途上国では八一％から四八・二％にまで下がった。

一人当たりの農民が養う人口は、アメリカでは一五五人、ドイツでは一三三人だ。ちなみに、一九〇〇年のドイツではたったの四人だった。フランスの農民の数は、第二次世界大戦終了時の七〇〇万人から二〇一九年の九〇万人（農民一人当たり七五人を養う）へと減少した。フランスでは、人口が二〇〇〇万人増加する一方で、農場の数は七八・八％も減った。

勢力を増す世界の食品業界

世界の食品業界は、一九四五年以降、経済、政治、イデオロギーの面で巨大な勢力になった。主要企業は相変わらずアメリカ系かヨーロッパ系だ。二〇一七年、食品業界全体の売上高は四兆九〇〇〇億ユーロであり、これは自動車業界の二倍以上に相当した[170]。

食品業界において、ヨーロッパ企業はライバルのアメリカ企業と同じ方針を掲げ、似たような製品を揃えて上位を占めた。

食品業界上位一〇社のうち、五社はアメリカ企業だ。ペプシコ（五五〇億ユーロ）、コカ・コーラ（三一〇億ユーロ）、マース（三〇〇億ユーロ）、クラフト・ハインツ（二三〇億ユーロ）、モンデリーズ（二三〇億ユーロ）だ。そして残りの五社はヨーロッパ企業だ。世界第一位のネスレ（七九〇億ユーロ）を筆頭に、ユニリーバ（五四〇億ユーロ）、アンハイザー・ブッシュ・インベブ（四九〇億ユーロ）、ダノン（二五〇億ユーロ）、ハイネケン（二二〇億ユーロ）

と続く。中国やインドの企業の姿はない[285]。

歴代のアメリカ大統領はしばしば食品業界に便宜を図ってきた。たとえば、一九五九年に副大統領ニクソンは、ペプシコ社がソビエト市場を独占するための交渉役を買って出た。

これらの企業は、学校、会社、サッカー・スタジアム、駐車場、ビーチなどで自社製品を販売する権利をめぐって競合した。一九六〇年代、ペプシコ社は食堂ではなく居間で、食事時以外にちびちびと口にできる食品の販売を強化するため、大々的なキャンペーンを展開した。

危ない砂糖

そしてさらにひどいことに、勢力を増し続ける食品業界は、自分たちの利益を増やすために使用する甘味料を変えた。これは消費者にとってきわめて不幸なことだった。

一九六〇年代までは、食品業界はおもにテンサイとサトウキビから得られるスクロース（ショ糖）を利用していた。ちなみに、アメリカではテンサイもサトウキビも栽培されていない。一九七〇年以降、食品業界はアメリカのトウモロコシから得られるフルクトースのシロップ（高フルクトース・コーンシロップ：ＨＦＣＳ〔果糖ブドウ糖液糖〕）を使うようになったのだ。

ＨＦＣＳは輸入されるスクロースよりもはるかに安価であり、液体であるため食品の加工に利用しやすい。ところが、スクロースから摂取されるグルコースとは違い、コーンシロップから摂取されるフルクトースの血中濃度はインスリンによって制御されない。そのため、血中のコレステロールなどの脂質が増える。さらには、コーンシロップのフルクトースは果物のフルクトースとは異なり、他の栄養分と一緒に体内に入ってくるわけではないため、フルクトースそのものの有害な影響が補われることはない。ようするに、ＨＦＣＳは嘆かわしい甘味料なのである。

それにもかかわらず、一九七〇年以降には調理済み料理、炭酸飲料、ケーキ、ヨーグルト、アイスクリーム、デザートなど、食品会社の数多くの食品にＨＦＣＳが利用されるようになった。アメリカでのＨＦＣＳの一人当たりの年間消費量は、一九七〇年の〇・二三キログラムから一九九七年の二八・四キログラムへと急増した(95・225・226)。毒がばらまかれたのである。

食品業界は、大手スーパーで流通するようになった自社の食品に対する消費者の依存度を高めるためにＨＦＣＳを利用した。

一九六二年、〔アメリカで〕ウォルマート〔大型スーパーマーケット〕一号店が開店した。一九七六年、コストコ〔会員制の倉庫型販売店〕の一号店がプライス・クラブという名称で開店した。同時期、〔フランスの〕実業家アントワーヌ・リブーは、ガラス皿と瓶を製造していたリヨンの中小企業を、一九七二年から一九七三年にかけてエビアンやダノンなどの商標を買い取ることによって世界的な食品会社に変身させた。

粗悪品の過食

このころ、グローバリゼーションにより、西洋の富裕層の食卓にはヨーロッパやアメリカの美食だけでなく、途上国の伝統的な料理も並ぶようになった。

富裕層向けのレストランも、アジア、アフリカ、南アメリカの調理法を混ぜ合わせた料理をメニューに取り入れた。一九七九年にニューヨークで創刊されたガイドブック『ザガットサーベイ』は、これらのレストランを取り上げた。

航空会社のファーストクラスの食事メニューも美食を競い合うようになった。パンアメリカン航空は、マキシム〔パリの有名レストラン〕と提携した。コンコルドは、キャビア、ロブスター、フォアグラ（これらはまだ富裕層の料理の象徴だった）を提供した。[267]

途上国の富裕層にとって、ヨーロッパ料理は成功の象徴だった。ヨーロッパ料理に憧れる彼らは、調理法、食器、料理の順番、食事の時間までヨーロッパを真似た。

そうした富裕層の美食を、今度は上位中産階級が真似た。この傾向を後押ししたのが大物シェフの著書だった。一九六〇年代以降、大物シェフの書いた料理本は世界中でベストセラーになった。

西洋の中産階級と貧困層の食事スタイルは、食べられるときに食べるというアメリカ風になった。というのは、アメリカンスタイルは安上がりだったからであり、また、彼らはアメリカ文化に憧れていたからだ。

しかも、彼らは食卓での食事をやめて、ちびちび食べるようになった。大手食品会社が工業的につくる食品を食事の時間に食べるのではなく、独りで、あるいは仲間と、時間に関係なく、孤独を癒やすためにファストフード店に通うようになったのである。

途上国の貧者はおもに古来の調理法による伝統的な食品（野菜、肉、魚、香辛料、昆虫など）を食べたが、お金に余裕のあるときは、彼らも食品業界が工業生産する食品やファストフードを食べた。インドのマサラ〔混合スパイス〕やセネガルのヤーサプレ〔鶏肉のタマネギソースがけ〕などの古来の国民的料理は大衆の食事であり続けた。彼らは家族や友人たちと豊かな食生活をすごしていたが、そうした豊かさも食の近代性にのみ込まれた。

砂糖に対する消費者の不毛な戦い

飲むこと、食べることによる砂糖の消費量は世界中で増加し、食の異常事態は悪化した。世界規模では、一九七五年から二〇一一年にかけて肥満人口が三倍に増加し、栄養失調の人口を上回るようになった(224)。

消費者団体が存在する国であっても、消費者に対する食品業界の執拗な宣伝攻撃にはなすすべがなかった。政治家たちも、しばしば自分たちの敗北を認めた。たとえば、二〇一三年、ニューヨーク州では、条例によってレストランで使用する炭酸飲料の容器の大きさを制限しようとしたが、二〇一四年にニューヨークの連邦最高裁判所はこの申し立てを棄却した。

ヨーロッパの例も紹介する。アメリカの食品業界と同様に圧倒的な勢力を誇るヨーロッパの食品業界は、「栄養スコア」ラベルの表示義務化の反対に成功した。これは色分けされた文字に応じて食品の栄養価がわかるシステムであり、フランス政府は二〇一七年末からこのシステムを任意ではあるが導入していた[379]〔栄養価の高い順に、Aは緑、Bは黄緑、Cは黄、DはオレンジＥは赤〕。

栄養スコアの評価が低い食品にはオレンジや赤といった目立つ色のラベルが貼られるので、食品業界はこのシステムを嫌った。ロビー活動監視団体（CEO）の報告書によると、食品業界は、ヨーロッパの規制当局がこのラベルを課すことがないように一〇億ドル近くの政治献金を行なったという[315]。

アメリカでも大手スーパーをはじめとする小売店には、「低脂肪」、「脂肪ゼロ」、「コレステロールフリー」を謳う食品が溢れているが、これらの食品が現実に肥満症対策に寄与していることを示すデータは一切ない。逆に、牛肉や乳製品の消費が減っても、ポテトチップスや塩分の高いビスケットの消費量は増えた。

これらの工業生産食品のなかには、消費者の健康を改善すると見なされるもの（健康食品[263]）もあった。だが、人工的に栄養（オメガ3脂肪酸、「活性ビフィズス菌」、プロバイオティクスなど）を強化された食品は、実際には健康にまったく好影響をもたらしていない。

ヨーロッパとアメリカの規制当局は、食品業界からの政治圧力にさらされているため、食品会社が自社製品のパッケージで健康増進効果を謳うことを禁止しなかった。たとえば、フランスの食品製造業者は、自社のヨーグルトに「カルシウムは骨粗鬆症を予防する」とは明記できなくても、「カルシウムは骨を強化する」と訴えることはできた[265]。

「自社の食品は消費者の健康を守る」と断言する食品会社や、自分たちの事業規模からすればわずかな資金を、実際にはほとんど活動していない環境団体の事業計画に提供することによって「自社の食品は環境を守る」と主張する企業も存在した。

このような食品を提供するファストフード店は増えると同時に多様化した。たとえば、一九六五年に創業し、二〇一〇年にマクドナルドの世界での店舗数を抜いたファストフードチェーン店のサブウェイ（一〇〇ヵ国以上に四万五〇〇〇軒を超える店舗数〔原著執筆時点〕）は、大々的な広告キャンペーンによって自社のサンドウィッチの栄養価を誇示し、二〇一四年にはミシェル・オバマの肥満症撲滅キャンペーン「レッツ・ムーブ！」に資金援助し、「アメリカ人の健康パートナー」として名乗りを上げた。ところが、ソースをかけてチーズを挟んだサブウェイのサンドウィッチは、他のファストフードと同様、過剰カロリーの時限爆弾という代物なのだ(445)。

減る会食、増す食欲

食卓は、権力や会話を象徴する場ではなくなった。とくにアメリカでは、大統領官邸での晩餐会は過去の栄華を保っているとしても、アメリカ企業の大物たちは、華やかな料理や会食のひと時、ようするに、美食学に興味をもたない。こうした傾向はアメリカ以外の地域でも見られる。もちろん、豪華な会食によって自身の権力を誇示できると信じ続ける、あるいはそう信じさせたいと思う指導者もいるが、そのような指導者は、以前にも増して少数派になった。

物事が決定される場は、会食の席からビスケットやキャンディを口にしながらの会議室へと移行した。アメリカ、北ヨーロッパ、イギリス、日本ではとくに、食事は権力の象徴ではなくなった。

今日でもビジネスでの会食という風習は存在するが、それは美食を楽しむ場ではなくなりつつあり（ごく稀だが、フランスなどの地域は例外だ。これについては後述する）、会議室での機内食スタイルの食事になった。

家族全員が揃って食事する機会は減った。二〇世紀後半、二人きりのディナーは愛を告白する重要な場面だったが、そうしたディナーも減った。男女はディナーでなく別の場面で相手を誘惑するようになったのだ。会食、すなわち、議論の場がなくなったため、共通の認識を培うことがきわめて難しくなった。孤独は食べる量を増やす。人々は手当たり次第、何でも食べ、どんな食物でも購入するようになった。消費社会にとって、食卓で食事をしなくなったことは好都合だったのである。

一九八〇年代末以降、権力の場において重要な決断が下される際、権力者が豪華な料理や健康によい食物を食べることはほとんどなくなった。

たとえば、一九九〇年八月にイラクのクウェート侵攻に対してアメリカ大統領ジョージ・ブッシュ（父）が行動を起こす数時間前、大統領官邸は出来合いのピザを五五枚注文した。ちなみに、当時の大統領官邸が一日に発注するピザの枚数は平均五枚であり、このとき、アメリカ国防総省のピザの発注枚数は、通常の三枚から一〇一枚になったという[28]。

アメリカ映画における食事の場面は、西洋社会の食文化の変遷を浮き彫りにする。一九一二年にオスカー・アプフェルがエジソン社から依頼を受けて監督した『パッサー・バイ』は、テーブルに着いた正装姿の有力者たちが社交ディナーに興じる姿を映し出している。次に、バスター・キートンの『キートンの案山子（スケアクロウ）』（一九二〇年）は、食糧を工業化する技術者の策略家としての姿を描いている。また、チャップリンの『モダン・タイムス』

（一九三六年）は、機械が人間を食べるという不条理を予見している。

二つの世界大戦の後、ハリウッド映画の『グリース』（一九七八年）や『恋人たちの予感』（一九八九年）では、大勢ではなくカップルで食べる場面がある。次に、『サタデー・ナイト・フィーバー』（一九七七年）の冒頭シーンのジョン・トラボルタのように、若者は路上で宅配ピザを独りで食べるようになる。一九九四年のタランティーノ監督の『パルプ・フィクション』にある「クォーターパウンダー」（肉の量が多いマクドナルドのハンバーガー）を食べる場面からは、ファストフードの種類が増えたことが実感できる。

昔からの家族団らんの食卓は徐々に変調をきたす。『ローズ家の戦争』（一九八九年）での言い争い、『アメリカン・ビューティー』（一九九九年）の重苦しさ、『リトル・ミス・サンシャイン』（二〇〇六年）の哀感にそれが表れている。

孤軍奮闘するフランス：「ヌーヴェル・キュイジーヌ（新しい料理）」

フランス、そしてイタリア、ラテンアメリカ、アジアなどのごく一部の地域は、固有の食文化を守り続けている。

フランス人は他の地域の人々よりも自宅で長い時間をかけて家族で食事をする。フランスのビジネス上の会食という風習は存続しており、会食では重大な決定が下される。

フランスの美食学は解釈し直した栄養学を考慮に入れ、見せかけの健康志向といえるアメリカ型の食の工業化と一線を画している。

一九七三年、美食ガイド『ゴ・エ・ミヨ』の五四号は、一部のフランスの料理人（ジョエル・ロブション、ミッシェル・ゲラール、トロワグロ兄弟、アラン・サンドランスなど）のあっさりとした健康的な料理を評して「ヌーヴェル・キュイジーヌ・フランセーズ（フランスの新しい料理）」という言葉を用いた。

これらの大物シェフは、それまでの覇権主義的な美食学の考え（オーギュスト・エスコフィエの流れを受け継ぎ、ポール・ボキューズに代表される）に異議を唱えた。彼らは、あっさりとしたソース、少ない分量、高品質の食材、短時間で的確な調理などの繊細な料理法を重んじた。一九七三年に『ゴ・エ・ミヨ』は彼らの教訓を次のようにまとめた。

1. 調理しすぎないこと
2. 新鮮かつ高品質の食材を使うこと
3. 軽いメニューにすること
4. 流行をむやみに追わないこと
5. しかしながら、新たな技術がもたらす可能性を探ること
6. マリネ、熟成、発酵などは使わないこと

7. 味の濃いソースは使わないこと
8. 栄養学を無視しないこと
9. 料理をごまかして紹介しないこと
10. 独創的であること

世界的な大物シェフだけでなく、これらのシェフの著書を熱心に読んだ料理愛好家ら普通の料理人も、これらの原則を適用するようになった。(131) しかし、ポール・ボキューズのように多様性に満ちたリヨン風の豊かな料理を称賛する人々は、これらの原則を批判した。

驚くべきことに、フランス料理の不変性を語る最良の映画の一つは、一九八七年に公開されたガブリエル・アクセル監督のデンマーク映画『バベットの晩餐会』だ。これはカレン・ブリクセン〔デンマークの小説家〕の同名小説の映画化作品である。

食卓での会話によって家族が崩壊する様子を見事に描くのもデンマーク映画だ。それは一九九八年に公開されたトマス・ヴィンターベア監督の『セレブレーション』だ。

ようするに、二〇世紀に世界のほとんどの地域の食文化は、アングロ・サクソン型に収斂したのである。アングロ・サクソン型の食文化は、今後も君臨し続けるのだろうか。

第七章　富裕層、貧困層、世界の飢餓
（現在）

農業と食品業界の状況

二〇一九年、世界人口は七六億人[499]に達した。一四九億ヘクタールの土地のうちの三八％しか農地（草原や森林は除く）として利用されていない[500・501]。また、世界の農地全体のうち、大豆やトウモロコシなどの遺伝子組み換え作物の栽培が占める割合は三％だ（アメリカの農地全体に占める割合は一七％）[174]。世界の農地全体に牧畜が占める割合は三〇・四％だ。農民およびその家族の人口は一三億人であり、世界人口に占める比率は五・五人に一人だ[502]。毎年五〇〇〇万人の農民が農村部から都市部へと移住している。

世界最大の牧場は、中国の牡丹江農場〔黒竜江省南東部〕だ。九〇〇万ヘクタールの農地には一〇万頭の牛がいる。第二位も中国で、安徽省〔華東東北部〕で中国現代牧業ホールディングスが四五〇万ヘクタールの牧場を運営する。続く第三位から第一〇位まではオーストラリアだ。世界で最も農地の所有面積が大きいのは、東方希望社の創業者であり社長の劉永行（中国人）だ。世界で最も裕福な一〇人とされる中国人の一人である劉永行の推定保有資産額は六六億ドルであり、経済誌『フォーブス』の世界長者番付一〇〇位以内にも入っている。弟の劉永言も農業界の富豪だ[437]。

アメリカにおよそ二万六〇〇〇ヘクタールの農地をもつスチュワートとリンダ・レズニック夫妻の推定保有資産額は四〇億ドルを超える。レズニック夫妻の事業は、ピスタチオとアーモンドの生産に特化している。ブラジルの大手大豆生産者アンドレ・マッジの息子ブライロ・マッジも巨額な農業資産を保有する。ブライロ・マッジは、マットグロッソ州〔ブラジル中西部〕選出の上院議員であり、二〇一六年五月から二〇一九年一月までブラジルの農業大臣を務めた。

農場の平均面積は、アメリカが一七六ヘクタール、フランスが六三ヘクタール、インドが一・一六ヘクタールだ。自作農の割合は、ペルーは二〇%、ハイチは四%にすぎない[21・179]。

二〇一七年の世界の生産量は、サトウキビが一八億四一〇〇万トン、トウモロコシが一一億三五〇〇万トン、米が八億トン、小麦が七億七一〇〇万トン、ジャガイモが二億八八〇〇万トンだ[446]。今日、アフリカの草本植物であるモロコシは、トウモロコシ、米、小麦、塊根類

（キャッサバやジャガイモなど）、大豆に次ぐ六つめの植物性カロリー源だ。(286・287) 大麦、キビ、燕麦、トウモロコシの半分以上は、家畜の飼料として利用されている。

国際アグリバイオ事業団（ＩＳＡＡＡ）の調査によると、二〇一六年、世界二六ヵ国で一八〇〇万人の農民が一億八五〇〇万ヘクタールの農地において遺伝子組み換え作物を栽培したという。遺伝子組み換え作物の作付面積が多い上位五ヵ国は、アメリカ（七二九〇万ヘクタール）、ブラジル（四九〇〇万ヘクタール）、アルゼンチン（二四〇〇万ヘクタール）、カナダ（一一六〇万ヘクタール）、インド（一〇八〇万ヘクタール）だ。四つの主要な遺伝子組み換え作物は、大豆、トウモロコシ、綿花、セイヨウアブラナだ。世界で栽培されている大豆の九〇％以上は、遺伝子組み換え大豆である(174)。

ヨーロッパでは、有機栽培の作付面積は二〇一七年から二〇一八年にかけて五〇万ヘクタール以上も増えた。農地全体に占める有機栽培の割合は、フランスは六％だが、オーストリアは二〇％を超えている。性別で見ると、ヨーロッパで有機栽培を行なう農民の二四％は女性だが、ラトビアでは四一％である。

牧畜が世界の農業生産額に占める割合は四〇％だ。毎年、処理される家畜の数は、およそ六〇〇億頭であり、重量にして七億二〇〇〇万トンだ。世界の牛肉の半分以上は、市場ではひき肉として流通している。二〇一七年における牛肉生産の上位五ヵ国は、アメリカ（一二〇〇万トン）、ブラジル（九五〇万トン）、ＥＵ（七八〇万トン）、中国（七〇〇万トン）、インド

（四二五万トン）だ。ちなみに、アルゼンチンは二七五万トンで第六位にすぎない〔牛肉の一大産地として知られていたが、不況や口蹄疫の影響で輸出が伸び悩んだ〕[360]。

世界の豚肉の年間消費量はおよそ一億二〇〇〇万トンであり、そのうちの半数は中国で消費される。豚は生後六ヵ月で出荷される。豚の九九％は、生後直後から出荷八週間前まで抗生物質を投与される。したがって、ほとんどの豚肉には抗生物質が残留していることになる。

二〇一八年の世界の鶏肉の年間消費量は、およそ一億二三〇〇万トンだ。

世界では、多くの国では禁止されているのにもかかわらず、二五〇〇万トン以上の犬肉が食されているようだ。犬肉のおもな消費国は、中国、韓国、インドネシアだ[438]。

今日、魚類と甲殻類のための養殖用飼料の三〇％近くは安価な魚粉（カタクチイワシ、サバ、イワシ）が使われており、世界の漁業生産量の一〇％は魚粉の生産に用いられている。

世界の昆虫の消費量を正確に把握することは難しい。というのは、昆虫は自給自足で暮らす人々の食であり、彼らは自身の生活環境から昆虫を自分たちで採集しているからだ。いずれにせよ、二〇億人以上の人々がおよそ二〇〇〇種類の昆虫を日常的に食している。国際連合食糧農業機関（ＦＡＯ）の推定によると、アフリカの一部の地域では、昆虫食はタンパク質の年間摂取量の三〇％を占めるという。たとえば、中央アフリカ共和国の森林地帯で暮らす人口の九五％は、昆虫だけからタンパク質を摂取している。アフリカ南部、南アメリカ、東南アジアでは、昆虫は農村部の市場や都市部の露店で販売されている（あるいは物々交換されている)[172]。

世界中には一〇万種以上〔諸説ある〕の藻類があるが、食されているのはごく一部(一四五種)にすぎない。一般的に、藻類は低カロリーだが、ビタミン、ミネラル、タンパク質が豊富である。しかし、ヨウ素が大量に含まれているため、藻類の摂りすぎには注意が必要だ。

藻類の種類のなかで最も消費されているのは、紅藻(海苔、ダルス)、緑藻(アオサ)、褐藻(ワカメ、昆布)、微細藻類(スピルリナ)である。世界で最も食されている藻類はワカメ(フランス語では「海のシダ」と呼ばれている)である。ワカメは牛乳よりもカルシウムの含有量が多く、ビタミン(B1、B2、B9、B12、C、K)が豊富だ。海苔はタンパク質が豊富(およそ四〇%)であるため、菜食主義者に推奨されている藻類だ。昆布は食物繊維が豊富だ[199・367]。

各国の農産物はほとんど国内で消費されている。世界の小麦生産のうち、外国に輸出される割合はわずか二〇%だ。EUの農産加工物のうち、圏外に輸出される割合は三二%だ。アメリカの農業生産のうち、外国に輸出される割合はおよそ二〇%だ(クルミの七九%、アーモンドの六七%、ピスタチオの六二%、大豆の五〇%、米の五五%、小麦の四六%。一方、鶏肉は一六%、牛肉は一〇%と少ない[476])。

中国はその極端な例である。中国は、世界の耕作可能な土地の九%と淡水資源の六%だけで、世界人口の二〇%に相当する国民を養わなければならない。およそ四億人の中国人農民は、平均して〇・五ヘクタールの耕作地を保有している。中国のGDPに占める農業の割合は一〇%にすぎない。中国は、米、小麦、ジャガイモの生産量で世界第一位、トウモロコシの生産量で世界第二位である。中国の豚肉の生産量は世界第一位であり、鶏肉は世界第二位だ。豚の二匹に一匹は中国産だ[477]。中国のすべての農業生産は国内向けである。

さらに、中国は農産物加工品の純輸入国である。中国はおもにアメリカとブラジルから八〇〇〇万トン以上の大豆を[478]、そして金額にして四〇億ドルの離乳食と三四億ドルのパーム油を輸入している[479]。二〇一七年の時点で中国は、オーストラリア、東南アジア、アフリカなどの外国に、一〇〇〇万ヘクタール以上の農地を保有していた[480]。これらの農地では、中国市場向けの作物が栽培されている。

富裕層さえも食卓から離れる

食に関する社会的な格差は、富裕層と貧困層との間だけでなく、中間層と貧困層との間でも相変わらず著しい。こうした格差は拡大さえしている。

今日、フランスやごく一部の地域を除き、健全な食生活は権力の象徴ではなくなった。また、食卓は影響力を誇示する場でもなくなった。超富裕層は、邸宅、自動車、船舶、美術品を所有することのほうに関心がある。彼らのおもな娯楽は、旅行、スポーツ、情事、ときには麻薬であり、有名レストランに行くとしても、それは高級ワインを注文するなど散財するためである。

二〇一八年から二〇一九年にかけての世界の美味しいレストラン一〇〇〇軒のリストには、スペイン、アメリカ、イギリスにあるレストランの数が増え、韓国と中国にあるレストランが四〇軒ほど加わった。(526) このリストからは、ロシアとアフリカなどの新興国にも有名なレストランがあることがわかる。

世界的な高級レストランは、富裕層の関心を引くため、高級な食材を使った実験的で奇抜な料理を売り物にしている。

たとえば、ラスベガスのマンダレイ・ベイ・ホテルにあるレストラン「フルール」の「フルールバーガー」だ。和牛ハンバーグ、鴨のフォアグラ、黒トリュフに、一九九五年のシャトー・ペトリュス〔ボルドー産の超高級ワイン〕のボトルがついて五〇〇〇ドルだ。

アンドニ・ルイス・アドゥリスがシェフを務めるスペインのレストラン「ムガリッツ」は、「パタタス・カオリン（ジャガイモ陶土）」という「だまし絵的な料理」を提供する。これは灰色の粘土（カオリン）で覆われた、小石のように見えるジャガイモを並べた料理である。

また、アルザス地方のアンマーシュヴィアに自らの名を冠したレストランをもつ有名シェフ、ジュリアン・ビンツは、二〇一八年に、果物、野菜、肉、魚を〔そのまま〕使うのではなく、従来の食材を分画〔混合物を成分ごとに分けること〕することで得られる、タンパク質、脂質、ビタミンといった主要成分を組み合わせてつくるコース料理を提供した。ビンツが呼ぶところの「つながる料理」[188]は美食を謳っているが、実は栄養学に基づいている。

これらの料理人は自分たちのことを職人ではなく芸術家だと思っている。実際、彼らは芸術家だ。先駆者たちのものと同様に儚い彼らの作品は、転売したり、保管したり、貸したりできず、大勢の人々に向けて流通させることもできない。彼らの作品を堪能できるのは、それを食すことで破壊する客だけだ。他の芸術作品と同様に、これらの芸術家のなかには自分たちの作品を法外な値段で売る者や、世界的に有名な者がいる。彼らのレストランには、こうした創造物を平らげるために世界中から客が訪れる。彼らのなかには、イタリア・ルネサンス期の偉大な画家が自身のアトリエで弟子や追随者を働かせていたように、自身は調理場に立つのをやめ、料理法を考案して弟子たちが使う食材の質に口出しするだけの者もいる。このようにして彼らは、ポール・ボキューズやジョエル・ロブション〔二人とも二〇一八年没〕のように死後も生きながらえるのだ。

中間層の食文化は混合型

先進国都市部の中間層は、標準化された食生活を送るようになってきた。彼らは、精白パン、野菜、鶏肉や牛肉、魚、パテ、果物、チョコレート、ジャガイモ、砂糖、香辛料、そして食品業界が生産する加工品やファストフードを食べ、炭酸飲料、ビール、コーヒーなどを飲んでいる。

新興国の中間層は独自の伝統食を食べ続けながらも、先進国都市部の中間層の消費水準と生活様式に憧れている。したがって、食文化の混合は双方向に進む。すなわち、アジア料理がヨーロッパを席巻すると同時に、ヨーロッパ料理がアジアを席巻しているのだ。その証拠にフランスでは、中華料理や日本食のレストランの店舗数は、アメリカ系のファストフード店よりも多い。

よって、食のグローバル化は、西側諸国の食文化を中心に統一されているのではなく混合的に進んでおり、各地の特色を基盤にして地域差を保っている。各地域は、特定の地域に由来する料理（ピザ、アイリッシュシチュー、ボルシチ、クスクス、春巻き、トルティーヤ）に、自分たちの食文化に応じて自由に変化を加えているのである。

たとえば、世界では毎年、さまざまな種類のピザがおよそ三〇〇億枚食されている。[481]世界最大のピザの消費国は、年間三〇億枚のアメリカだ。[482]第二位はフランス（二〇一六年は七億四五〇〇万枚）[483]、そして第三位はイタリアだ。

中国人の食生活は地域によって大きく異なる。小麦粉を練った生地を使うラビオリのような餃子は中国全土で食されている。

寿司をはじめとする日本食は世界中に瞬く間に広まった。日本食は簡素な健康食だと見なされているのだ。一九九〇年代、日本食はじわじわと国外へと輸出されるようになった。当初、日本食に人気が集まったおもな理由は、健康食が求められていたからだった。なぜなら、日本食はヨーロッパやアメリカの料理と比べると、油や脂肪食品の使用量が少ないという評判だったからだ。二〇一五年の調査では、日本料理のレストランの数は世界中で九万軒以上だった。

二〇一三年、日本の伝統的な料理「和食」は、ユネスコ無形文化遺産に登録された。和食は、豊かな食材をもたらす自然を尊ぶという伝統、独特の調理法、そして調理する際の世代間の叡智の伝承という役割を兼ね備えている。さらには、食を分かち合うこと、家庭での躾、家族全員が集まる必要性も、和食が強調する点である。

和食と同様に、韓国料理も洋食よりも健康的だと見なされている。野菜が豊富であり、魚介類や白身の肉〔鶏肉など〕をふんだんに使う一方で、赤肉〔哺乳動物の肉〕はあまり使わない。その証拠に、経済協力開発機構（ＯＥＣＤ）の統計によると、人口に占める太り気味および肥満の人々の割合は、韓国の三三％に対し、アメリカとメキシコでは七〇％だ。

インドネシアの国民食は、今もナシゴレンだ。これは醤油と香辛料（エシャロットやニンニクなど）で味付けした焼き飯である。インドには、パンジャーブ州のタンドリーやダール〔ひき割り豆〕、そしてグジャラート州の伝統ある菜食料理など、州ごとに郷土料理がある。エチオピアの国民料理はワットだ。ワットは、とくにベルベレと呼ばれるエチオピア特有の調味料（カルダモンや唐辛子などの香辛料を混ぜ合わせたもの）で味付けされた肉の煮込み料理であり、テフ（アフリカの角〔アフリカ大陸東端〕で栽培される、種子の小さな穀物）の粉からつくられるクレープ状に焼き上げられたインジェラとともに、エチオピアのほぼ全域で食されている。ブラジルの国民食は、豚肉とインゲンマメからなるフェジョアーダだ。ペルーの国民食は、マリネされた鶏の蒸し焼きポジョ・ア・ラ・ブラサだ。アルゼンチンの国民食は、パン生地に肉を包んだエンパナーダだ。ニジェールの国民食は、牛肉の煮込み料理のオファダだ。

　料理人が実際に、あるいはヴァーチャルに旅行することによって、これらの料理は混じり合う。

　同じに見えても非常に異なっていることもある。たとえば、コーヒーだ。コーヒーは淹れ方によって、トルコ風、イギリス風、イタリア風、アメリカ風、フランス風と様変わりする。同様に、コカ・コーラは国によって一五種類ある。[503] ビッグマックもほぼ同じだ。

　とはいえ、インドには米と小麦のどちらを食べるかの違いが今なお残っている。西ベンガル地方など、稲作に大きく依存している東部の州と、ラージャスターン州など、米をほとんど食べない北西部の州との間に境界線がある。[484・485] 中国とロシアにまで達するこの境界線は、二〇〇〇年前から移動していない。

最貧層は、飢餓あるいは体に悪い食物により命を落とす

二〇一七年の時点でも、毎年九一〇万人が栄養失調で命を落としている。これらの犠牲者のおよそ三分の一に相当する三一〇万人は、五歳未満の子供だ。八億一五〇〇万人が空腹に苦しんでいる。[157] 二〇億人の人々が微量栄養素〔ビタミンやミネラル〕の不足に悩んでいる。およそ一億五五〇〇万人の子供は、栄養失調のために発育不全の状態にある。[187]

サブサハラ・アフリカ〔サハラ砂漠以南の地域〕では、四人に一人が栄養失調だ。この地域には福祉制度がないため、世帯の半数以上は、一日当たり一・二五ドル未満の収入で生活する極貧層だ。これらの世帯がローンを組んだり、収入を生み出す農業を始めたりすることは不可能である。人件費を払うことができないため、農作業は家族だけで行なう。そのため、子供は学校に通えず、家族は医療サービスを受けられない。こうして極貧状態は世代を超えて受け継がれる。

さらに、家計費に占める食費の割合は、中間層よりも最貧層のほうが圧倒的に高い。この割合は、西側諸国で暮らす中間層のおよそ一五％に対して、コンゴ国民では六〇％以上である。[486]

先進国における最貧層は、家計費に占める食費の割合をさらに削減するために、食品業界

が工業的につくる非常に安価な食品を食べている。これらの食品が登場した経緯は、先ほど述べた通りだ。今日、食品業界は消費者を虜にして売り上げを伸ばすために、これらすべての食品に、保存料、着色料、甘味料、風味強化剤〔食品の味や香りを強化する物質〕をこれまで以上に多く添加している。[295] 先進国の最貧層は、新鮮な果物ジュースの代わりに人工甘味料の入った飲料を飲んでいる。

「パン・ド・ミ」という名前で売られているパン〔日本でいう食パン〕は、酢、パーム油、乳化剤、砂糖、そして保存料を含んでいるため、三ヵ月から四ヵ月は保存が効く。[504] ハムは砂糖と硝酸塩を大量に含んでいる。乳を一滴も含まないチーズが存在する。たとえば、安物のピザに使用されているモッツァレッラもどきのチーズは、実際には、でんぷん、ゲル化剤、増粘剤を利用してつくったまがい物である場合が多い。[447]

最貧層は、果物、野菜、新鮮な肉や魚をまったく食べなくなった。たとえば、貧しいアメリカ人は、赤肉〔牛肉と豚肉〕（必要量の二〇倍）と鶏肉（一〇倍）を過剰に食べる一方で、野菜（半分）と果物（半分以下）をあまり食べない。貧しいフランス人も赤肉（一一倍）と鶏肉（二・五倍）を過剰に食べ、果物と野菜は必要とされる量の半分も食べない。こうした傾向はEU全域において確認できる。貧しいアフリカ人の場合はさらにひどく、彼らはでんぷん質の野菜を必要量の七倍も食べている。全員が木の実やマメ科植物の摂取不足である。[161] また、最貧層向けの超加工品〔すぐに食べられる加工度の高い食品〕が存在する。

世界中のこうした惨憺たる食生活は、悲惨な結果をもたらしている。

・ワシントン大学の調査によると。アメリカでは二〇一七年の時点で年間四〇万人（おもに最貧層）が食生活を原因とする心臓病で亡くなっているという[487]。

・『ブリティッシュ・メディカル・ジャーナル』〔イギリスの医学誌〕によると、イギリス人一〇万五〇〇〇人を対象に実施したコホート調査〔同じ属性をもつ人々を対象とする比較追跡調査〕の結果からは、超加工品の摂取割合が高いと発がんリスクが高まることがわかったという[152]。

・フランス国立保健医学研究機構（ＩＮＳＥＲＭ）によると、フランスでも同様に「食生活において超加工品の割合が一〇％高まると、乳がんをはじめとする各種がんの発症リスクが一〇％高まることが明らかになった[440]」という。さらに、二〇一八年にフランスの公的医療機関が発表した調査によると、フランスでは二〇〇八年から二〇一三年にかけて一五〇万件の食中毒が発生し、年間一万七〇〇〇人が入院し、二〇〇人が死亡しているという。これらの死因の二五％はサルモネラ属菌だ（肉に火が通っていなかったり、生鮮食料品の保存状態が悪かったりすると発生する[153]）。

家族で食卓を囲む機会の喪失

今日、世界各地の中間層は、アメリカ型の暮らしぶりを模倣している。多くの場合、彼らは、オープンキッチンの台所、そして居間と食堂が一体化したリビングルームという構造の集合住宅で暮らしている。したがって、食事や会話のための場は消え失せた。朝食もセルフサービス化され、親も子供もテーブルにつこうとしない。さらには、最近の狭いアパートには台所さえない。

最貧層は中間層と同様に、昼食を社員食堂あるいは仕事場で素早く済ます。昼食にかける時間は、ヨーロッパのオフィスワーカーでさえおよそ二二分だ。

食卓につく一日当たりの平均時間は、アメリカ人は一時間二分、中国人は一時間三六分、インド人は一時間一九分だ。北ヨーロッパ諸国の人々が食卓ですごす時間は南ヨーロッパ諸国の人々の半分だ（スウェーデン人は一時間一三分、エストニア人は一時間一六分、フィンランド人は一時間二一分に対し、スペイン人、ギリシア人、イタリア人は、二時間二分から二時間五分[448]）。

前菜とデザートの数は明らかに減った。サンドウィッチ、寿司、ピザ、トルティーヤ、串焼きなど、食卓で食べるときであっても、もち運び可能で素早く食べられるものが好まれるようになった。こうした傾向にうまく適合するのは、テーブルの中央に料理を置いて分け合って食べるアジア料理だ。

自ら料理をする者たちはまだいるが、彼らは宅配されてくる半調理済みの食品を利用することが多い。このような業者はたくさんあり、料理に時間をかける人は激減した。

二〇一三年、デリバルー社（ウィル・シュー〔台湾系アメリカ人の金融アナリスト、実業家〕が創業したイギリスの会社）とテイク・イート・イージー社（ベルギー）が設立された〔いずれも、提携レストランから個人客への料理配送を請け負う〕。

二〇一四年、インターネット企業ロケット・インターネット社の支援を受けてドイツにフードラ社が誕生した。

二〇一六年、テイク・イート・イージー社は競争に敗れて消滅した。

ウーバー社は二〇一四年から、スクーター、自転車、自動車で宅配するウーバーイーツというサービスを提供している。

夕食も姿を消す傾向にある。食堂の消滅とともに、食卓で食べる機会は減りつつある。家族が食卓についても、各自が別々の食物を、テレビを見ながら食べるようになった。食事の消滅と家族の崩壊は相関しているのだ。

食生活は、他の活動や娯楽の付属的な行為になり、食事という形式は風化しつつある。スマートフォンの画面を常時眺めながら、だらだら少しずつ食べるようになったのである。食べながらスマートフォンを操作するための専用フォルダーも商品化されている。

西側諸国では、日曜日の家族揃っての昼食という伝統も消滅しつつある。アメリカでは、日曜日に食卓を囲む習慣が薄れるに伴い、感謝祭の食事会が以前にも増して大切な家族行事になった。まるで、家族で食事する機会が年に一度しかないかのように。

しかしながら、料理本の売れ行きは好調である。ソーシャル・ネットワーキング・サービス（SNS）では、食が新たなテーマになった。料理の写真を共有し、コメントや評価を書きこめば、食を分かち合ったような気分を味わえ、社会的な満足感を得られるようだ。二〇一七年四月の「フィナンシャル・タイムズ」紙によると、インスタグラムに投稿された写真のうち二億八〇〇〇万枚に「#food」というハッシュタグが付けられていたという。二〇一七年一〇月、イギリス人の五人に一人が、自分が食べたものの写真をインターネット上で共有した(189)。

韓国では、ヴァーチャルな会食という極端な形式さえ登場した。これがソーシャル・イーティングと呼ばれる形式だ。自身の食事中の姿をウェブカメラで撮影し、他人に見せびらかすのである。毎日、数万人の人々がインターネット上で韓国人女性パク・ソヨンの食べる姿を眺めている。

ベビーフード

世界保健機関（ＷＨＯ）では、母乳には抗体が豊富に含まれているので、生後六ヵ月までは完全母乳で乳児を育て、離乳食を始めてからも二歳までは授乳することを推奨している[365]。こうした勧告は、所得の比較的低い国では一般的に受け入れられているが、先進国では無視されている。

医学誌『ランセット』に掲載された二〇一六年の調査によると、生後六ヵ月まで母乳で育つ乳児は、途上国ではほぼ一〇〇％であるのに対し、先進国では五人に一人にすぎないという[121]。もし、先進国においてこれが実行されれば（就労中の女性の場合、きわめて難しい）、世界中で毎年およそ八〇万人の子供の命が助かり、多くの病気（下痢と肺炎）を防げるだろう[365]。女性の労働市場への参入を見直すことは論外でありながら、充分な産休期間を設けることもできないため、問題はまったく解決されていない。

その結果、ベビーフード市場の内訳は、ヨーロッパと北アメリカが四〇％、アジアが五〇％を占めることとなり、残りのおよそ一〇％が、アフリカ、中東、ラテンアメリカの合計である。

リサーチ・アンド・マーケット社〔アメリカの調査会社〕が実施した調査によると、ベビーフードの世界市場は、二〇一七年に五〇〇億ドルに達したという。ヨーロッパ系企業のダノン社とネスレ社の二社だけでベビーフードの世界市場の八〇％を占める(364)。

学校の給食

今日、ほとんどの国の就学中の子供は学校で給食を食べる。一日の食事が給食だけの子供もいる。

フランスでは、六〇〇万人の小学生と中学生が毎日給食を食べている。「推奨される献立の多様性と構成、摂取量、水、パン、塩分、糖分の提供量」に関して、政令で学校給食からの摂取基準が定められている。給食一回ごとに四種類から五種類の料理を提供しなければならない（前菜とデザート、もしくはそのいずれか、高タンパク質食、付け合わせ野菜、乳製品）。献立は多様でなければならない（献立の多様性は、それまでの二〇回分の献立の脂質、糖分、塩分などの栄養価に応じて勘案される）。摂取量は定められている。献立は文書で三ヵ月間保存する必要がある。

二〇一三年にフランスの消費者団体「ク・ショワジール（何を選ぶか）」が実施した調査によると、でんぷん質の野菜、その他の野菜、乳製品の摂取量は基準を満たしているが、献立には肉と魚がほとんどなく、あったとしても栄養価の低い献立（魚フライやカツレツなど）

だったという(177)。

アメリカの学校（小学校、中学校、高校）の給食の献立にはほとんど規則がなく、毎回フライドポテトが添えられていた。だが、二〇一一年に厳しい摂取基準が定められ、野菜が加わって全体的にバランスのとれた献立になった。しかし変革当初、多くのアメリカ人の生徒は、野菜だけをゴミ箱に捨てる、あるいは食べないなど、新たな献立を受け入れなかった(340)。校内に据え付けられている食品の自動販売機は、子供の栄養状態に悲惨な影響をもたらしている。

二〇一四年以降、そしてアメリカでのミシェル・オバマの肥満撲滅キャンペーン「レッツ・ムーブ」がきっかけとなって、これらの自動販売機は、チョコレートバーや非常に甘い炭酸飲料に代わって、無脂肪乳や無添加ジュースを販売するようになった。しかしながら、こうした変化に対してアメリカの多くの若者たちは、とくにツイッター上において「#BringBackOurSnacks（私たちのスナックを返せ）」というハッシュタグを付けたツイートで不満を爆発させた(340)。

職場での食

昼食は、自宅や近くの店からサンドウィッチやサラダをもち込んで仕事場で食べるものになった[276]。

とくにアメリカ人とイギリス人には、パソコンを眺めながらサンドウィッチを食べる者がいる。アメリカでは職場で立ったまま食べることもよくある。アメリカの就労層のうち、いつも職場で昼休みをすごす割合は六二%である。彼らの半数は独りで昼食をとる[296・297]。アメリカの昼休みの平均時間は、二〇一四年の四三分から二〇一八年の三〇分未満へと短くなった。

さらには、社会的な圧力が就労層を締め付けている。たとえば、アメリカの経営者の四分の一は、いつも昼休みをとる従業員の生産性を低いと見なしている。また、従業員の一三%は、昼休みをとると、同僚たちに怠け者と見なされるのではないかと心配している[299]。

東南アジアでは、従業員の二人に一人は少なくとも週に二回、仕事場で座って食べる。就業時間の長い中国では、昼休みは一時間半から二時間と長い。従業員はしばしば昼食後に三〇分間昼寝する[300・301・302・303]。

インドでは（とくにムンバイ）、ほとんどのオフィスワーカーは昼食に自宅で調理した弁当を食べるが、その弁当を自ら持参することはない。ダッバーワーラーと呼ばれる弁当配達人が、家族が調理した弁当を個別に集め、オフィスワーカーの勤務先に届けるのである。このシステムには、弁当を集める場所、弁当を回収する場所、正確な届け先を示す弁当箱に付ける札の色分けなど、詳細な決まりがあり、ダッバーワーラーは回収した空の弁当箱を家族に戻すサービスも提供する。毎日、ムンバイではおよそ五〇〇〇人のダッバーワーラーが二〇万個の弁当箱を配達している。ちなみに、誤配率は一〇〇万個に三、四個の割合だという(505)。スペインの昼食時間は一四時ごろと遅い。昼食後に昼寝することがあるため、二一時まで働く場合がある。

例外の国フランスでは、昼休み時間は短縮されたとはいえ（二〇年前の一時間半に対して、現在は五〇分）維持されている。一一五人以上の従業員が会社の一室で昼食を食べたいと望む場合、会社は従業員のために、椅子、テーブル、オーブン、冷蔵庫、飲料水用の水道を供えた食事部屋を確保しなければならない(275)。今日、フランスの会社のほとんどの社員食堂にはテイクアウトのコーナーもあり、そこではいつでも一休みしながら食事ができる。自宅でつくった弁当を職場にもってくるのは、従業員の一五％から二〇％だ。

世界中の多くの企業では、社員食堂のテーブルに代わってコーヒーの自販機が会話の場になった。コーヒー自販機の前で、しばしば偶然に顔を合わせ、ほんの少し言葉を交わすのだ。こうした人間関係は一般的に表面的かつ儚い。

世界中に広がるヴィーガニズム〔完全菜食主義〕

国の人口に占める菜食主義者の割合は、イギリスがおよそ一〇％、イタリアとドイツが九％、イスラエルが八・五％、アメリカが七％、カナダが四％だ。フランスは二％だが、世帯の三分の一は「フレキシタリアン」〔普段は菜食主義だが、ときには肉類を食べる緩やかな菜食主義者〕だと自称している。結果として、フランス人の大人は二〇〇三年から二〇一五年にかけて肉類の消費量を一五％減らした。[488]「植物食学会（ＰＢＦＡ）」の調査によると、二〇一七年にヴィーガン食〔卵、牛乳、蜂蜜も含め、動物性素材を一切使わない食事〕のアメリカ市場は、前年比二〇％増の三三億ドルに達したという。[489]またヴィーガン協会によると、二〇一七年に肉類を使わない食品に対する需要は九八七％増加したという。[366]

ヨーロッパの一部の国では、動物のスタニング（食肉処理前の動物に対し、痛みを軽減するために実施する気絶処置）が義務化されているが、これは儀式的な食肉処理の慣行（とくに、ユダヤ教とイスラーム教の儀式）と矛盾することがある。アメリカのカリフォルニア州では、二〇一七年に鴨とガチョウの強制肥育が動物虐待だとして禁止された。

フランスでは、一九九三年のＥＵ指令が一九九七年に法律になり、「積み下ろし、輸送、収容、係留、スタニング、そして食肉処理の際に、動物に不必要な興奮、痛み、苦痛を与えないように配慮すること」が定められた。[494]

さらに、ペットにした動物を食べてはいけないという決まりもある。これは、ウサギやヤギなどのことであり、子羊も該当することがある。

ヴィーガンは、タンパク質が濃縮された豆腐や大豆などの食物をさまざまな料理法で食する。

キヌアは特別に重要な食物だ。ボリビアとペルーが産地のキヌアは、現在、北アメリカ（カナダ、アメリカ）、北ヨーロッパ（デンマーク、スウェーデン）、南ヨーロッパ（イタリア）、アフリカ（ケニア）、アジア（ヒマラヤ、インド）など、七〇ヵ国以上で栽培されている。フランスでは、サントル＝ヴァル・ド・ロワール地域圏〔フランス中部〕などで栽培されている。

キヌアが特別に重要な食物である理由は、体内で合成できず、とくに肉類に含まれる各種アミノ酸をすべて含む一方で、グルテンを含まない植物だからだ。キヌアの脂質は健康を増進する脂肪酸（オメガ3）だ。キヌアは、ミネラル、微量元素（マンガン、鉄、銅、リン、カリウム）、食物繊維、炭水化物（七〇％）、アミノ酸が豊富なタンパク質（一五％）、そしてビタミンBとEを含み、米やパスタの代用として注目されている。二〇一三年、国連の消費推進キャンペーンにより、キヌアの消費量は急増した(402)。

宗教食

インドでは、ほとんどの宗教には食に関する戒律があり、これらの戒律は菜食主義を課している。そうは言っても、アーユルヴェーダ〔インドの伝統医学〕に従う食事法の市場規模は、世界全体で三〇億ドルにすぎない(413)。

イスラーム圏では、食事はハラールという宗教戒律に従う。二〇一六年のハラール食の規模は世界全体で二四五〇億ドルであり、世界市場にハラール食が占める割合は一六％だ。イスラーム教の消費者の半数はアジアで暮らしている（とくに、インドネシア、パキスタン、インド）[167]。フランスで暮らす五七〇万人のイスラーム教徒の八四％は、ハラール肉を常食にしていると回答している。二〇一六年、ハラール肉の市場規模は六〇億ユーロだった。カシュルート〔ユダヤ教の食に関する戒律〕に従った食〔コシェル食〕の市場規模は、世界全体で推定二一〇億ユーロ、ヨーロッパで四五億ユーロ、フランスで三億七七〇〇万ユーロだ[168]。

昆虫食

これまでに述べたように、人類は太古から昆虫を食べてきた。生活様式が画一化された今日でも、昆虫食は健在であり、とくに最貧層の間では拡大さえしている。大海を泳ぐ魚と同様に、昆虫は誰の所有物でもなく、誰もが捕まえることができる。現在、およそ二五億人の人類（とくに、アジア、アフリカ、ラテンアメリカ）は、食用になりうる二〇〇〇種類の昆虫のうちのいくつかを食している。また、一部の昆虫（アメリカミズアブやイエバエの幼虫、ミールワームなど）は、家畜の飼料にもなっている[172]。

昆虫が最も食されているのはアジア大陸であり、一五〇種類から二〇〇種類の昆虫が食されている。

昆虫食の生産および消費の世界第一位はタイだ。タイの都市部と農村部では、バッタ、キリギリス、コオロギなど、およそ二〇〇種類の昆虫が食されている。タイの昆虫食のメニューには、醤油と唐辛子を添えた昆虫の揚げ物、バッタの炒め物、サソリの串焼き、レモン風味の赤蟻の巣のサラダなどがある。

ラオスでは、ココナツミルクで煮た、あるいは蒸し焼きにしたカブトムシの幼虫が食されている。

東南アジア全域では、ヤシオオオサゾウムシはごちそうであり、またタガメと混ぜてソースがつくられる[442]。

中国と日本では、蚕のさなぎの揚げ物やオムレツが食されている。

南アメリカで最も食されている昆虫は、キリギリス（とくに、ベネズエラ）、カメムシ、タガメ（メキシコでは肉料理の添え物）、蟻（コロンビアなどでは前菜）、蝶の幼虫（メキシコ）だ。おもな調理法には、アウアウトレ（タガメの卵をキャビア風にしてトルティーヤで包む）、チャプリネス（味付けしてから揚げたバッタのタコス料理）、メスカル（リュウゼツラン〔単子葉植物〕と蝶の幼虫が原料のメキシコの蒸留酒）などがある[441]。

アフリカでは、おもに狩りと漁業が行なえない雨期に、一九〇〇種類以上の昆虫が食されている。たとえば、甲虫（三一％）、芋虫（一八％）、ミツバチ、蟻、スズメバチ（一四％）、キリギリス、バッタ、コオロギ（一三％）、蝉、カイガラムシ（一〇％）、シロアリ（三％）、トンボ（三％）、蝿（二％）などだ。ボツワナ、ナミビア、ジンバブエ、南アフリカなどでは、モパネワーム〔ガの幼虫〕は豊富なタンパク質源である。

ＦＡＯによると、中央アフリカ共和国の農村部で暮らす人々にとって昆虫は日常食だという。

ボツワナ人の九一％とコンゴ人の七〇％は昆虫を食している。

コンゴ民主共和国では昆虫は常食であり、一世帯当たり週に三〇〇グラムの昆虫が食されている。

中央アフリカ共和国でも（とくにピグミー族）、芋虫は重要な食糧だ。

南アフリカでは、ビル＆メリンダ・ゲイツ財団の支援により、アメリカミズアブなどの昆虫の生産ラインが確立された。

ナイジェリアとアンゴラでも、シロアリは人気の食材であり、蒸し焼きや生で食されている。

マダガスカルでは、ニンニクとパセリを入れてバターで炒めたスズメバチの幼虫が食されている。

アフリカ南部では、毎年およそ一〇〇億匹の（モパネの木につく）モパネワームが収穫される。[172]

これらのアフリカ諸国では、昆虫食は過去の食習慣だと見なされるようになり、現在でも昆虫を食するのは最貧層である。

ヨーロッパでも、昆虫はほとんど無意識のうちに食されている。二〇一〇年、オランダの昆虫学者マルセル・ディックは、ヨーロッパ人は年間五〇〇グラムから一キログラムの昆虫を知らないうちに食べているのではないかと推測した。果物や野菜が原料の食品（ジュース、スープ、缶詰など）に昆虫の痕跡が隠されているというのだ。[171] たとえば、キャンディ、ケーキ、タラマ〔魚卵ペースト〕、コカ・コーラなどの炭酸飲料に使われている食品添加物の着色料Ｅ１２０は、南アメリカのコチニールカイガラムシから抽出されるコチニール色素からつくられているからだ。[171]

二〇一七年七月、ＥＵは七種類の昆虫を養殖魚の飼料として利用することを認可した。アメリカミズアブ（学名 *Hermetia illucens*）、イエバエ（*Musca domestica*）、ミールワーム（*Tenebrio molitor*）、ガイマイゴミムシダマシ（*Alphitobius diaperinus*）、ヨーロッパイエコオロギ（*Acheta domesticus*）、カマドコオロギ（*Gryllodes sigillatus*）、ジャマイカンフィールドコオロギ（*Gryllus assimilis*）だ。[289]

アメリカではヨーロッパに先駆けて（二〇一六年）アメリカミズアブの幼虫の粉末が養殖魚の飼料として利用されている。[449]

二〇一八年一月、ヨーロッパでは昆虫を「新たな食品」と位置付けた。その定義は、「一九九七年五月一五日まで、ＥＵ圏内ではほとんど誰も食べなかった食品[284]」である（昆虫以外にも、遺伝子組み換え作物、藻類、ミネラル強化食品、ナノテクノロジー利用食品など）。

二〇一五年、ヨーロッパ食品安全機関（ＥＦＳＡ）は、昆虫食に関していくつかの注意を促した。生物学、化学、細菌学、アレルギーなどの面に関する危険性について、科学的に充分な研究が行なわれていないと警鐘を鳴らしたのだ。たとえば、化学的な危険性（昆虫自体がつくり出す、あるいは環境がもたらす毒物）、物理的な危険性（外骨格をもつ昆虫の摂取は体内を傷つける恐れがある）、アレルギーを引き起こす危険性、微生物学的な危険性（昆虫がもたらす寄生虫、ウイルス、細菌および菌類）などだ[169]。

一九六三年にＦＡＯとＷＨＯが作成した食の安全に関する規格「コーデックス・アリメンタリウス（食品規格）」では、販売用の小麦粉や穀物に昆虫が混入してはいけないと定められている。ただし、総量の〇・一％の混入は許容されている[380]。

世界で最も人気のあるイタリア料理

二〇一九年四月に世論調査会社「ユーガブ」が実施した調査からは、世界で最も人気のある国の料理はイタリア料理だと判明した。二四ヵ国の二万五〇〇〇人を対象にしたこの調査によると、世界人口の八四％はイタリア料理を好むと推測できる。フランス料理は第五位であり、世界人口の七〇％の支持を取り付けた（ちなみに、第二位は中国料理、第三位は日本料理、第四位はタイ料理だ）[505]。

イタリア料理の人気にはいくつかの要因がある。第一に、イタリア料理を国外に輸出してきたイタリア移民という歴史が大きく影響していると思われる。一八世紀以降、戦争のたびにイタリアの国境線は変更され、イタリア国民は移動を強いられてきた。そして一九世紀と二〇世紀には、大量のイタリア人が国外へ移住した。一八七六年から一九八五年までの間に、およそ二七五〇万人のイタリア人が国外へ移住したのである。行き先は、南北アメリカ大陸およびヨーロッパ諸国だ[506]。したがって、世界各地にイタリア料理の味が伝わったのはイタリア移民のおかげである。

二つめの要因は、イタリア料理の親しみやすさだ。外国ではフランス料理は高級レストランでしか食べられないことが多い。だが、イタリア料理を出すレストランは、ピザ屋、ラザニア屋、伝統的なトラットリア〔庶民的なレストラン〕、高級レストランまでと幅広い。ピザ、パスタ、ブルスケッタなどの象徴的なイタリア料理の知名度は高い。これらの料理は各国の好みに合わせて調理しやすい。

三つめの要因として、イタリア料理が食の世界的な傾向と合致していることだ。つまり、パスタ、ピザ、リゾットなどのイタリア料理は、菜食主義や完全菜食主義に基づく食生活とも親和性があるのだ[507]。

イタリアのワインやチーズの輸出もイタリア料理の評判を高めている。二〇一四年のイタリアのチーズの生産量は一二〇万トンだった[508]。ブドウとワインに関する国際組織によると、二〇一六年のイタリアのワインの生産量は世界第一位の五〇億九二〇〇万リットルだった[509]。

今日、イタリア食材の人気は、食材販売コーナーとレストランを併設する「イータリー」というチェーン店の成功からもうかがえる。二〇〇七年に〔イタリアで〕創業したイータリーは現在、世界各国に三五店舗をもつ。イタリア食材には、季節性と地域性という二つの特色がある。これは、イタリアの生態系の多様性による。イタリア国内であっても、消費者が全国各地の食材を入手できるとは限らないのだ。こうした状況を商機と見たイータリーは、イスタンブールのグランドバザールのように自社の各店舗にイタリア各地域の名産品を取り揃えたのである。

EUが規定した「保護原産地呼称」および「保護地理的表示」を表示する製品の数では、イタリア製品の数が一番多い[508·510]。

フランスの特異性は健在

食物の品質を重視しない国々は、力強い経済成長を謳歌したが、文化的なアイデンティティを失った。これらの国々とは反対に、食を愛し、食卓ですごす時間を楽しむ国々では、労働時間は短く、商業的な成長の面では劣ったが、自国のアイデンティティは維持された。後者に該当するのは、フランスやイタリアなどの国だ。

先ほど述べたように、少なくとも過去一〇〇〇年の間、フランス人の食卓とのつながりは特殊だった。二〇一九年、フランス人が食卓ですごす一日の平均時間は二時間一一分であり、他のOECD諸国（一時間三一分）よりも断然長く、アメリカ人の二倍だ。(448) フランスは食事時間を遵守する国でもある。フランス人の半数は、一二時半から一三時半にかけて昼食をとる。

フランス人で食事中にテレビを見る人の割合は、朝食時で一〇人に一人、昼食時で五人に一人、夕食時で四人に一人であり、他の国々と比較すると圧倒的に低い。

フランス人の三分の二は、家族で毎日食卓を囲むという伝統的な食事形式を支持している。一般的に、最貧層を除き、食事の質も保たれている。フランスでは、ビタミンD（フランス人の四五％が不足気味）とビタミンC（喫煙者）、そして葉酸（妊娠中の女性）を除き、各種ビタミンは不足していない。

二〇一〇年、フランスの美食術がユネスコの無形文化遺産に登録された。フランス料理の定義が家族の祝い事にともなう食事というようにきわめて限定的であっても、これは国の料理としては初の快挙だった。「フランスの美食術に基づく食事は、誕生、結婚、成功、再会など、個人や集団の暮らしにとって重要な出来事を祝うための社会的な慣行である。つまり、そうした機会に会食者が《よく食べ》そして《よく飲む》という術を実践する祝宴だ。美食術に基づく食事が強調するのは、皆が集まって味を楽しむこと、そして人間と自然の産物との調和である。（中略）美食術に基づく食事は、ゆるぎない図式を遵守しなければならない。すなわち、食前酒で始まり、食後酒で終わる。その間に、少なくとも四つの料理が供せられる。前菜、野菜を添えた魚料理と（または）肉料理、チーズ、デザートである。（中略）美食術に基づく食事は、家族や友人の集まりの結束を強める。より一般的に言えば、社会的なつながりを強化する[274]」

こうした定義を掲げるユネスコは、直接言及していないが食における会話の役割を正確に理解している。フランスのアイデンティティを形成するのは、とくに食事だ。家族、食事、人口、料理、文化、国のアイデンティティは、昔も今もきわめて特殊なつながりを維持しているのだ。

糖分、肥満、死

食に関連する病気は、以前では、欠乏症、壊血病、コレラなどの「欠乏」が原因だった。そして人々は餓死した。

現代人は、空腹だけでなく過食によっても死亡する。二〇一九年、二〇億人ほどの大人は太り気味であり、六億五〇〇〇万人が肥満だ[224]。二歳から一八歳までのアメリカ人の六人に一人は太り気味ないし肥満だ。アメリカ中部、南アジア、サブサハラ・アフリカでは、こうした傾向が加速している。フランスでは、七〇〇〇万人の大人（七人に一人）が肥満であり、大人の五〇％は太り気味だ。

肥満の原因は、炭酸飲料や加工食品などによる糖分の摂りすぎだ。二〇一五年の一人当たりの糖分の年間消費量は、アメリカ人は四六キログラム、フランス人は三五キログラム、ドイツ人は三七キログラム、イギリス人は三四キログラム、インド人は一八・五キログラムだった[450・451・452]。ちなみに、ＷＨＯは、糖分の年間消費量を一八・二キログラム未満にするようにと勧告している。アメリカ世帯の糖分消費量の二二％はＨＦＣＳ、すなわち高フルクトース・コーンシロップだ（すでに述べたように、加工食品にはサトウキビ糖に代わってＨＦＣＳが使われている）。これを一人当たりの年間消費量に換算すると、一八キログラムになる[450]。

肥満は、生活習慣が発症要因になる糖尿病〔２型〕の原因だ。国際糖尿病連合によると、二〇一七年にこうしたタイプの糖尿病人口は四億二五〇〇万人に達したという。大人の世界人口に占める糖尿病人口の割合は、一九八〇年の四・五％から二〇一七年のおよそ八・五％にまで増加した[490]。

肥満は、筋骨格系障害（変形性膝関節症）や心血管疾患（世界保健機関の発表では、世界の死因第一位）の原因でもある。糖分は一部のがんや変性疾患の発症率も増加させる[512]。

医師は非アルコール性脂肪肝疾患（ＮＡＦＬＤ）をあからさまに「ソーダ病」さらには「フォアグラ病」とまで呼んだ。肝臓に達する過剰な糖分が脂肪という形で肝臓に蓄積されて慢性肝炎を引き起こすのがＮＡＦＬＤだ。症状が現れるのが遅いために診断が難しい非アルコール性脂肪肝疾患の有病率は、先進国では明らかに増加している。今日、アメリカでは、この病気は肝移植の二番目の理由になっている[512]。

ようするに、ＥＵによると、肥満が原因で毎年二八〇万人のヨーロッパ人が亡くなっているという。だが、ＥＵ各国の医療費に肥満対策費が占める割合は、せいぜい七％にすぎない[491]。

健康に悪いのは糖分だけでない

より一般的に言って、糖分の摂りすぎや過食とは別に、健康に悪い食品も、慢性疾患、がん、うつ病を発症させる。

赤肉や加工肉は、多環式芳香族炭化水素（ＰＡＨ）やニトロソ化合物などの発がん作用をもつ化学物質を生成する。二〇一五年、ＷＨＯの国際がん研究機関（ＩＡＲＣ）は、赤肉を「発がん性があると思われる」と述べた。複数の疫学調査からは、赤肉の摂取と大腸がんの発症との間には、正の相関があることが示された。大腸がんほどではないが、膵臓や前立腺のがんについても正の相関が認められるという[290]。

赤肉よりも健康によくないのは加工肉（ハム、各種ソーセージ、保存加工された肉など）の摂取だ。タバコとアルコールと同様に、加工肉の「発がん性」は間違いないと見なされている。毎日五〇グラムの加工肉を摂取すると、直腸がんに罹るリスクはおよそ一八％上昇する。「世界の疾病負担研究」（ワシントン大学を拠点に疫学調査を行なう機関）の推定によると、アメリカでは加工肉の過剰摂取が原因と考えられるがんで毎年三万四〇〇〇人が亡くなっているという。また、（赤肉の摂取に発がん性があると仮定するのなら）赤い肉の過剰摂取が原因で発症するがんで毎年五万人が亡くなっている。ちなみに、世界では、タバコが原因のがんでは毎年一〇〇万人以上、アルコールが原因のがんでは六〇万人が亡くなっている[290]。

「超加工品」（原料に、保存料、着色料、加工でんぷん、硬化油などの添加物を四つ以上含み、複数回の工業的な過程を経てつくられる食品）は、自然食品と比べて栄養価に劣り、脂質、飽和脂肪酸、塩分、糖分が多く含まれている。超加工品は、食品業界にとってはとくに儲かる商品であり、消費者にとってはとくに危険な食品である。

二〇〇九年から二〇一七年にかけてセルジュ・エルスベルグ教授が一〇万五〇〇〇人のフランス人を対象に実施したコホート調査「ニュートリネット＝サンテ」によると、超加工品の摂取とがんの有病率との間には、六％から一八％の相関が認められたという。しかしながら、超加工品を最も摂取するのは最貧層であり、彼らは超加工品の摂取以外にも健康リスクを有しているため、それらの結果の解釈には慎重を要する。[440] 三歳児以下の幼児が摂取するフライドポテトや工業生産されるビスケットには、発がん性の高いアクリルアミドが含まれている。

そして、食品に残留する農薬の三分の二には内分泌攪乱物質が含まれている。これは、ホルモン依存性がん、生殖能力の減退、肥満、各種がん、先天性欠損症、神経変性疾患、免疫不全の要因になる。WHOは、これらの化学物質の反復的な作用としばしば重篤な病気との相関について「平均的な推定」を行なった。

グリホサート〔除草剤「ラウンドアップ」の主成分〕は、この農薬を日常的に利用する農民の健康にとくに甚大な影響を与えていると思われる。また、この除草剤は、穀物、マメ科植物、パスタなど、日常的に摂取する多くの食品に残留しているため、消費者の人体に悪影響をおよぼす危険性もある。もっとも、二〇一七年に実施された複数の検査では、食品に残留しているグリホサートはEUが定めた許容値を下回っていた。

食品に含まれる重金属（鉛、水銀、カドミウム）や毒素の摂取も病気の原因になる。とくに鉛（野菜や水に含まれていることがある）は、大人の心血管疾患の原因にもなる。メチル水銀とヒ素は、脳の中枢神経に影響をおよぼす恐れがある。カドミウムは腎機能に障害をもたらす。[136・346]

草食動物に肉骨粉（動物の骨を燃やしてつくられる〔牧草の肥料や動物の飼料として使われ

る」）を摂取させると、牛にとって致命的な病気である牛海綿状脳症（ＢＳＥ）〔狂牛病〕感染を引き起こす。この病気は、病気になった牛の肉を摂取することによって人間にも感染する。一九八六年以降、世界では、一七七人のイギリス人、二七人のフランス人を含む二二三人が狂牛病で亡くなった[291]。

豚の病気も人間に感染する。ＷＨＯが「世界的大流行」と宣言した二〇〇九年六月から二〇一〇年八月にかけて猛威を振るった豚インフルエンザでは、一五万一七〇〇人から五七万五四〇〇人が犠牲になった。

当初は、メキシコ東部ベラクルス州ラグロリア村に位置する一軒の大規模な養豚場がこのインフルエンザの世界的大流行の発端になったと疑われた。だが、アメリカの農林水産省はアジア地域の養豚場において豚インフルエンザが発生したという仮説を唱えた。豚インフルエンザのウイルスは、このウイルスに感染した旅行者を通じてアメリカ国内にも蔓延したというのだ。いずれにせよ、メキシコの場合と同様に、アジア地域でも大規模な養豚場がこのインフルエンザの発生源だった。非衛生的な狭い空間での動物の大量飼育は、新たなウイルス株を培養するのに最適な環境なのだ[293・294]。

また、拒食症は摂食障害に関連する疾患であり、二〇一七年の有病者数は世界で三三〇万人だった。この病気に罹るのは、おもに先進国の若年層（一五歳から二五歳）だ。アメリカの若者の〇・九％、フランスの若者の〇・五％がこの病気に苦しんでいる[292]（ちなみに、アフリカの若者では〇・〇一％未満[109]。

アメリカ精神医学会によると、この病気の特徴は、自身の体重を標準体重の最低限値よりも低く留めようとすることであり、体重が増える、あるいは肥満になるのが怖く、自分の体重、体型、容姿が他者の目にどのように映るのかが気になり、体重や容姿が自尊心に過剰な影響をおよぼすという[110]。

二〇一六年に『アメリカ栄養士会誌』に掲載されたピッツバーグ大学（アメリカ）の調査によると、ＳＮＳへの依存は拒食症を引き起こす恐れがあるという。拒食症の人は〔直接の〕会話をしたがらない。少なくとも、自分に何かを食べさせようとする人たちとは会話しようとしない[110]。

最後に、グルテンやラクトースの摂取が健康上の問題を引き起こすのは、実際にこれらの物質に対するアレルギーをもつ、わずか三・五％の人々にすぎない。だが、自分にもアレルギーがあると誤って信じている人々が三五％もいる。

野菜、肉、魚は、過剰生産

食の生産は途方もない無駄の源だ。

二〇一八年、地球で生産された食物の三分の一に相当する一三億トンの食糧（穀物の三〇

%、乳製品の二〇%、魚介類の三五%、果物と野菜の四五%、肉類の二〇%)がゴミとして捨てられた[412]。

さらには、二〇一八年には保管設備が不充分だったために三億五〇〇〇万トンが破棄された。また、商店では賞味期限切れで一一〇〇億ドルに相当する食糧が破棄された。

フランスでは、国民一人当たり毎年二〇キログラムの食糧が捨てられている。そのうちの七キログラムは未開封の食品だ。これは一週間分の食糧に相当する。とくに多いのは果物と野菜だ。これらの無駄の三分の一は家庭から、残りの三分の二は、レストラン、そして学校や職場の食堂から発生する。

人類は、毎年二〇〇億トンの廃棄食糧を海や湖に捨てている。また、ハワイと日本との間の海上に位置する「北太平洋ゴミベルト」(七〇〇万トン)の面積は、少なくともフランス国土の三倍はある。これらのゴミの四六%は漁網だ。これらのプラスチックゴミの一部は魚が摂取するため、間接的にわれわれの体内に入ることになる。ヨーロッパで消費される魚、牡蠣、ムール貝の三〇%近くにはプラスチックが含まれていると思われる。

(飲料水だけでなく)淡水も大量に無駄使いされている。とくに、肉類の生産のためだ。たとえば、トウモロコシを一キログラム生産するには五〇〇リットルの水が必要だ。同様に、一キログラムを生産するのに必要な水の量を見ていくと、小麦は六〇〇リットル、鶏肉は四〇〇〇リットル、豚肉は四八〇〇リットル、牛肉は一万三五〇〇リットルだ。一般的な「肉料理」をつくるには一万二〇〇〇リットルの水が必要だが、同カロリーの菜食なら三五〇〇リットルの水でできる。こうして地球上の淡水の需要は、一九〇〇年の年間六〇〇キロ立方メートルから二〇一八年の年間三八〇〇立方キロメートルへと増加した。ちなみに、淡水の七〇％は農業に消費される。

漁業の生産量も過剰だ。過剰漁業は海のますます深いところで行なわれている。漁業の水深は一九六〇年では一〇〇メートルまでだったが、二〇一七年には三〇〇メートルになった。深海漁業が禁止されているのはＥＵ海域においてだけであり、それも水深八〇〇メートルを超える海域においてのみだ。

北大西洋のニシン、ペルーのカタクチイワシ（アンチョビ）、南大西洋のヨーロッパマイワシ、マグロ、タラなど、水産資源の四〇％は過剰漁獲の状態にある。二〇一三年以降、マグロ類の四一％の種は「生物学的に持続不可能」な水準で漁獲されている。地中海と黒海では、メルルーサ、シタビラメ、ウミヒゴイは過剰漁獲されており、「生物学的に持続可能」な水準で漁獲されているのは水産資源の五九％にすぎない。二〇一七年、年間五〇万トンのタラが漁獲されたが、持続可能な最大漁獲量は二〇万トンだった。大型魚群（マグロ、サメ、タラ、オヒョウ）の九〇％はすでに絶滅した。海洋脊椎動物の二四％から四〇％は絶滅するだろう。

今日、国際自然保護連合（ＩＵＣＭ）の絶滅の恐れがある生物種が記載されるレッドリストには、五〇〇種類以上の魚と海洋無脊椎動物が明記されている。サメとエイは絶滅の危機にある。サメ漁は禁止されているにもかかわらず、毎年一億匹のサメが漁獲されている。ここ一五年間でサメの個体数は八〇％減った。一九七〇年代初頭から、イタチザメ、シュモクザメ、オオメジロザメ、ドタブカの個体数は九五％減った。カワゴンドウと脂の乗った顎の肉を目当てに漁獲されるナポレオンフィッシュ〔メガネモチノウオ〕は絶滅寸前だ。捕鯨は世界的に禁止されているが、クジラの個体数は、二〇一七年と一八〇〇年を比較すると、およそ一〇分の一にまで減少した(11)。

食による温室効果ガスの過剰排出

人類のあらゆる活動のなかで、食べることほど温室効果ガスを排出するものはない。とくに、人類の活動が生み出す温室効果ガスのおよそ一八％は、直接的、間接的に畜産から生じている（半分は牛の飼育に関連する）。これらの温室効果ガスの発生原因は、四〇％が消化器官内発酵〔牛のゲップなど〕であり、四五％が輸送、一〇％が飼育舎、五％が食肉処理である(182・183)。

食に関連する温室効果ガス排出のさらなる要因として、先進国が自国政府の補助金を利用してアフリカに鶏肉や小麦を輸出していることが挙げられる。これらの輸出は、輸送時に二酸化炭素ガスを排出すると同時に、競争相手となるアフリカの鶏肉や穀物の生産者を破綻させてしまう。先進国から途上国への輸出とは逆に、先進国の実業家は途上国の自然を破壊して農場をつくり、そこで先進国の消費者にとっての季節外れの果物や野菜を栽培し、莫大な費用をかけてこれらの農産物を先進国の消費者に届けている。

たとえば、スペインでは北ヨーロッパ諸国向けに季節外れのイチゴがつくられている。アマゾンの森林を伐採して輸出(空輸)用の季節外れのアボカドが栽培されている。こうした活動は地産地消よりも一〇倍から二〇倍の石油を必要とする。さらにひどいのは、地球の裏側で野菜を温室栽培し、できた野菜を急速冷凍して八〇〇〇キロメートルもの距離を空輸することだ。

まとめると、ヨーロッパ人のエコロジカル・フットプリント〔人間が地球環境に与える負荷を示す指数〕の三〇%は食の消費によるものだ。工夫すれば節約できるものに思いを巡らせる人があまりにも少ない。食物の無駄を減らし、地産地消を優先し、肉食を減らし、季節の果物や野菜を食べるなどの心がけは、温室効果ガスの排出削減に著しい効果をもたらすに違いない。

破壊される土壌

二〇〇一年から二〇一五年にかけて、世界の森林伐採の二七％は、工業的な農業（作物栽培と畜産）のために行なわれていた。[428] ブラジルの森林伐採のおもな原因は大豆の栽培と畜産だが、その進行速度は鈍化する傾向にある。東南アジアでは、森林保護の法整備が著しく遅れているため、いまだに大規模な森林伐採が進行中であり、虎やオランウータンをはじめとするおよそ二〇〇種類の動物が絶滅の危機に瀕している。

二〇一八年、人類の活動による直接的、間接的な影響がまだおよんでいないのは、世界の陸生動物種の四分の一だけだ。[492] 湿地帯の八七％は失われた。[493] 二〇一六年、生物多様性の保護のために一九四八年に設立された国際組織である国際自然保護連合（ＩＵＣＮ）の推測によると、陸地の一四・七％（二〇万ヵ所以上の地域に分散する二〇〇〇万平方キロメートルの土地）と海洋の一〇％は保護区域に指定されているという。たとえば、一九九二年に一六八ヵ国が署名して発効した「生物の多様性に関する条約」では、世界全体で陸地の一七％と海洋の一〇％を保護区域にするという目標が定められた。この目標は予定通り達成される見込みだ。[385]

世界規模では、自然が残る地域の破壊や森林の伐採の三〇％は畜産需要によるものだ。世界中で排出される温室効果ガスに畜産が寄与する割合は一八％である。アメリカでは、土壌侵食の原因は、畜産が五五％、農薬が三七％と見積もられている。また、アメリカの領海の水質を汚染する抗生物質の五〇％とリンの三分の一は畜産によるものだと言われている。[183]

畜産はすでに世界の淡水資源の八％を消費している。抗生物質、ホルモン剤、動物飼料向けに利用される農薬などによって、畜産は水質を最も汚染している。水質を汚染するだけでなく、畜産は淡水資源の浄化作用を妨げる。というのは、動物が地面を押し固めるため、水が土壌にしみ込まなくなるからだ(183)。

コスタリカでは、バナナ、パイナップル、メロンなど、抗真菌薬や殺虫剤を大量に必要とする作物の栽培のために、農地一ヘクタール当たり年間二三キログラムの農薬が使用されている(一ヘクタール当たりの農薬の年間使用量は、バナナは四九キログラム、パイナップルは三〇キログラム)(506)。コスタリカの面積当たりの農薬の使用量は、フランスの一〇倍に相当する。

一九七〇年代にモンサント社によって開発された、グリホサートを有効成分とする除草剤「ラウンドアップ」は、世界中の農家が利用している。混合剤に応じて化学組成が異なる類似商品も広く流通している化学物質の散布は、地表を肥沃にする微生物を抹殺する。生物の八〇%(バクテリア、菌類、昆虫)は、地面からおよそ三〇センチメートル以内の表層部である、最も肥沃な土壌層に存在する(387)。

遺伝子操作によってグリホサートに耐性をもつ遺伝子組み換え作物が開発されると、グリホサートの利用は拡大した(グリホサートを遠慮なく散布できるためだ)。化学物質の散布は、地中の生物多様性にも深刻な影響をもたらし、さらに希少化する天然資源(リンなど)や、種子に関する特許を保有する寡占企業への依存を高める(304・305)。

ようするに、化学物質の投入による耕作は土壌の塩性化の原因になり、土地の収穫量を低迷ないし減少させる恐れがあるのだ。実際に、地域によっては化学物質の投入によって収穫量が減少しているところがある。今日の集約的な農業によって、世界の農地の三分の一は不毛な土地に変わる恐れがある。

　土壌浸食の速度は土壌生成の速度を超え、土壌は徐々に失われつつある[133]。

失われる生物多様性

　数百万年かけてヒト属の複数の種が一つにまで減ったように、数十年後には自然界に同様の現象が起きるかもしれない。

　化学肥料は一部の生物種を絶滅させる一方で、いわゆる「日和見種」を増殖させる。地中の生態系をつくる微生物が化学肥料によって抹殺されるため、土壌の肥沃度は失われる[387]。化学肥料の影響から、ある種の藻類が増殖することによって土壌中の酸素濃度が減少するため、多くの動物種が姿を消す。たとえば、ボース〔パリ南西部の穀物地帯〕では、一九五五年には一ヘクタール当たり二トンのミミズがいたが、現在では二〇〇キログラムにも満たない[4]。

　トウモロコシの品種の九一％、キャベツの品種の九五％、トマトの品種の八一％は失われた。二〇世紀を通じて動物種の九〇％が絶滅した。フランス全国養蜂組合によると、ミツバチの群れ全体のうち一年で失われる群れの割合は、一九九五年は五％だったが、現在は三〇

%になったという。

一万年前のヒトの食は五〇〇〇種類以上の植物に基づいていたが、今日、世界の食の安全のおよそ六〇%は四種類の食物（小麦、トウモロコシ、ジャガイモ、米）のみで確保されている。

われわれは少ない数の生物種で食を満たすようになったのに、それらの生物種の保護を怠り、絶滅へと追いやっている。世界自然保護基金（ＷＷＦ）の二〇一八年度の報告書によると、一六世紀初頭以来の動物種および植物種の絶滅の七五%は、乱開発あるいは農業活動、しばしばその両方に原因があるという。野生動物の個体数は全体で六〇%減った[185]。

まとめると、自然を画一化した食の画一化は、ショックや危機に対して自然がもつ抵抗力を奪ったのである。

秘中の秘

大手食品会社は、毒をつくって消費者に押し付けるという行為に異議を唱える人々を黙らせてきたが、そうした傾向はさらに強まっている。彼らは自分たちにとって都合のよいデータを得るために、研究者に実験結果を捏造させることさえ厭わない。

アメリカで二〇一六年に糖類研究財団（砂糖のロビー団体であり、現在の砂糖協会の前身）

が発表した報告書によると、この財団は、一九六七年にハーバード大学の三人の研究者に五万ドルの資金を提供したという。このロビー団体の依頼を受けたこれら三人の研究者は、砂糖よりも飽和脂肪酸のほうが肥満と心血管疾患に悪影響をもたらすという論文を、世界的な権威のある医学誌『米国医師会雑誌（ＪＡＭＡ）』に掲載した。この論文により、これらの病気の原因に関する議論は数年間迷走した。(227・337)

同様の手口で、コカ・コーラ社は、二〇一二年から二〇一四年にかけて、ジョン・ピーターズ博士を筆頭とするコロラド大学の複数の研究者に数百万ドルをつぎ込み、砂糖は毒ではないとする、もっともらしい論文を書かせた。(227)

ＡＰ通信によると、二〇一一年に砂糖菓子（マース社の子会社の商標である「スキットルズ〔フルーツ味のキャンディ〕」、ハーシーズ社がつくるチョコレート菓子、ネスレ社のチョコレートバーの「バターフィンガー」）の製造者たちは、砂糖を摂取する子供は、砂糖を摂取しない子供よりも肥満になりにくいと説く研究に資金を提供した。

クエーカーオーツ社が資金提供した研究も医学誌『食品および栄養の調査』に掲載された。この研究は、朝食に温かいオートミールを食べると満腹感が得られると説明した。(337)

一九七四年、「ウォー・オン・ウォント（貧困との戦い）」というイギリスの非政府組織は、「赤ちゃん殺し」という報告書のなかで、ネスレ社をはじめとする西側諸国の多国籍企業がサブサハラ・アフリカ地域において無謀な粉ミルク販売促進キャンペーンを展開していると糾弾した[180]。というのは、国際連合児童基金（ユニセフ）によると、非衛生的な環境で暮らす幼児が生後数年後に命を落とす確率は、母乳よりも粉ミルクを摂取して育つほうが高いからだ。下痢では六倍から二五倍、肺炎では四倍だという。

こうした惨事を回避するために数々の国際的な規制が導入されたにもかかわらず、犠牲者は減っていない。一九九〇年代末にWHOは、これらの食品に関連する幼児の誤った食生活が原因で生じる死者の数を年間一五〇万人と推定した。

一九九八年、乳児用食品国際行動ネットワーク（IBFAN）は、違反行為上位一〇件を公表し、食品業界が無料の試食品を配り続けているなどの実態を糾弾した[342・343・344]。

インド（五〇〇〇万人のサトウキビの生産者による砂糖の生産量で世界第二位、消費量で世界第一位）では、砂糖のロビー団体の政治力はきわめて強い。インド連邦議会を構成するローク・サバー（下院に相当する）の議員の三分の一近く（五四三人中一三〇人）は、ウッタル・プラデーシュ州〔ネパールとの国境沿い〕とマハーラーシュトラ州〔西インド〕の選出であり、これら二つの州だけでインド国内の砂糖の七〇％以上を生産している。ダートマス大学の学生サンディープ・スクタンカールは、調査したマハーラーシュトラ州にある一八三の精製糖会社のうち一〇一社の取締役会には、一九九三年から二〇〇五年の間に、地方および国政選挙の候補者が一人以上存在したことを明らかにした[347]。

ヨーロッパでは、砂糖のロビー団体は、ヨーロッパ委員会の決定に働きかけるために、平均して年間二一三〇万ユーロの資金を使っている[460]。

フランスでは、砂糖産業（雇用数はおよそ四万人）とその組合（全国砂糖製造業者組合）は、ロビー活動の拠点を拡充している。たとえば、「砂糖の研究および資料センター（CEDUS）」は、一方的な情報を流すインターネットサイトを開設した。また、医学会に焦点を合わせるバンジャマン・デレセール協会は、「砂糖を悪者にすべきではない」と主張する学者を表彰している[507・508]。

www.lesucre.com〔砂糖のロビー団体が運営するインターネットサイト〕は、メディアで展開される砂糖摂取の反対運動に異議を述べる「ファクトチェック」の記事を掲載している。たとえば、砂糖と肥満、そして砂糖と糖尿病には関連がないという。

砂糖と肥満は関係なく、「体重の増加をもたらすのは、砂糖の摂取ではなく、高い糖分をもたらす食物の過剰摂取」だという。

砂糖と糖尿病は関係なく、「糖尿病の原因を砂糖の摂取と見なすのは誤りだ。このタイプの糖尿病の原因は、砂糖だけでなく食物全般の過剰摂取だ」という。

また、砂糖と常用癖については、「人間の場合、砂糖への依存を示すような耐性や禁断症状は認められない。一部の人々の間で脂質の高い甘い食品を食べたいという強迫観念が存在するのは確かだが、それは砂糖だけとは限らない。付言すると、そうした食品に対する強迫観念は、食事を制限されると強まる傾向にある」という。

今日、フランスをはじめとするヨーロッパ諸国では、二〇一六年一二月に食品の栄養成分の表示が義務化された。つまり、食品に含まれる、エネルギー、脂質（飽和脂肪酸を含む）、糖類（砂糖を含む）、タンパク質、塩分の量である（通常、食品一〇〇グラム当たりの量が記載される）。

アメリカでは二〇一六年五月に栄養成分の表示に関する規則が改正され、一回当たりの摂取カロリーを強調し、「糖類」の種類を明示しなければならなくなった。また、脂質（飽和脂肪酸を含む）、コレステロール、ナトリウム（塩分）、タンパク質、カリウム、鉄分、カルシウム、ビタミンDの表示も義務化された[338]。

食に対する人々の意識

アメリカ、スペイン、イギリスでは、食に対する信頼が強いままであるとはいえ、中国では事情が異なる。食の安全について不安を抱いている中国人の割合は、二〇〇八年はわずか一二％だったのが、二〇一六年には四〇％にまで増加した[453]。

アメリカでも「マイナスの栄養」という理由から脂質に対する「脂肪恐怖症」と呼ばれる不安感が、とくに中産階級の間で蔓延している。彼らは最近になってほんの少しスポーツを行なうようになった。

フランスは相変わらず特殊な例だ。食の安全に不安を抱いていると回答したフランス人の割合は八四％だ。そのように回答した者たちの八〇％近くは、「食品によって自分たちの健康が損なわれる恐れがある」と考えている。ちなみに、この割合は二〇一二年では五九％だった。加工食品を信頼していると答えたのは、フランス人のわずか三八％、食の流通システムに対しては四〇％だった。自分たちの日常的に食べるものを信頼していると回答したのは、フランス人の二八％にすぎない。

二〇一六年にオピニオン・ウェイ社がフランス人の地産地消に対する考えを調査したところ、六三％は地産地消を常に優先し、九三％は部分的に実行していることがわかった。同様に、六一％は、地域経済を応援するために多少割高であっても地域の産物を購入する準備があると答えた。四二％は、地域の産物を優先して購入する理由として地域社会の安定を挙げた。三二％は、地域の産物のほうが品質がよいと思っていた。二四％は、地域の産物のほうが自分たちの個人的および文化的な価値観に見合っていると主張した。消費者の五四％は自分たちの地域の産物が増えることを願っていた。消費者の八〇％は自分たちの地域の生産体制を支援するために地域の産物を購入している。四八％は動物福祉の尊重に関心がある。六四％は栄養成分の表示義務に賛成だ。オーガニック食品を食べたことがない人は、一〇人に一人しかいない。オーガニック食品を定期的に購入する消費者の割合は、二〇〇三年は三七％だったが、現在は六五％である。

オルトレキシア（一九九七年にスティーブン・ブラットマン博士がギリシア語の「*ortho*：正しい」と「*orexis*：食欲」を組み合わせてつくった造語）は、健康な食生活を送ろうとする強迫観念を意味する。[208・209] この病気の患者は、二時間以内に収穫された果物と野菜しか食べないと言い立てたり、消化を助けるために一口食べては数時間も咀嚼したりする。このようなことを実行すれば、摂食障害に陥る危険性があり、また誰かと会食するのは不可能になる。

食に対する若者の態度

現代の若者にとって、食事は二の次である。これは世界的な傾向だ。若者も大人と同様に、いや、大人以上にせわしなく食べる。しばしば時間に関係なく家族の食卓以外の場で食べるのだ。こうした傾向はフランスでも確認できる。

フランスの若年層に関する調査を紹介する。若年層の六一％は、少なくとも二食に一食はパソコンの前で食べる。五四％は、少なくとも二食に一食は不規則な時間帯に食事をとる。四八％は、少なくとも二日に一回は朝食抜きである。若者の三人に一人以上は、ちびちびと一日中食べ続けていることがある（三五％は少なくとも二日に一回はそうした日があるという）。若者の四人に一人以上は、二食に一食は抜くと回答している。一八歳から二四歳の若者の五四％は、食事をインターネットで注文する。

若者が地球温暖化や大学のカリキュラムをめぐって抗議デモを起こすことはあっても、食をめぐって暴動を起こすことは稀だ。

しかしながら、二〇〇七年にメキシコでは、一〇万人近くの若者が主食のトルティーヤの価格高騰（およそ四〇%）に抗議するために路上に繰り出した。

二〇〇八年、モロッコでは飢餓暴動の後に若者のデモ隊と警察が衝突し、数名のデモ参加者が死亡した。

同様の出来事は、ハイチ（米やインゲンマメなどの食料品の価格が五〇%以上値上がりしたため、暴動が勃発して数名が死亡し、数百名が負傷。この暴動の発生を受け、上院は首相ジャック＝エドゥアール・アレクシを解任した）、エジプト（物価高騰とパンの品切れに対する抗議暴動で五人が死亡）、ソマリアなどでも起きた[135・345]。

稀にではあるが、子供をもつ親が学校給食に抗議することがあった。フランスでは二〇一四年に、マルセイユの小学校に通う子供の親たちの団体が学校給食の管理の甘さに抗議した。給食に昆虫が混入する事故が多発したのだ。親たちは給食代の支払いを遅らせるという「牛歩戦術」をとった[341]。

一部の若者の間では、食は会話の重要なテーマである。ファーム・リッチ（加工食品メーカー）が実施した調査によると、一三歳から一九歳までのアメリカの若者は、年間平均およそ一〇〇〇時間、食のことを考えてすごしているという。日数に換算すると三九日程度である。若者が料理のことを考える際のおもな情報源は、フェイスブック（二七%）やユーチューブ（二一%）だ。

イギリスのレストランチェーン「ジジ」の調査によると、一八歳から三五歳までのアメリカ人は、インスタグラムに投稿される料理の画像を見るために年間で五日分の時間を費やし、彼らの三〇%は、インスタグラムで紹介されることがあまりないレストランには足を運ばないという。[454] インスタグラムに投稿される食品、料理、飲み物の写真は、数十億枚に達する。彼らが食について考えるときに思いをめぐらせるのは、とくに酒、あるいは麻薬のことである。

ようするに、今日の大半の若者にとって、食は栄養を摂取して健康を維持するためというよりも、むしろ功利的な行為であり、食よりも、衣服、娯楽、携帯電話のほうが大事なのだ。アメリカの若者の四人に一人以上は、食事の質を落としてでも、衣服（三一%）や携帯電話（二五%）への出費を優先する。これは世界的な傾向だ。若者たちがより健康的な食生活を送るために立ち上がろうとする気配はまだ感じられない。

食に関する課題に真剣に取り組む世代が現れる兆しはない。こうした状況を言い表す古い諺に、一九世紀の隠語的な表現である「宿屋からまだ出ていない（困難はまだ続き、現状を脱する日は遠い）」というものがある。ここでいう「宿屋」とは……刑務所のことだ。

第八章

昆虫、ロボット、人間

（三〇年後の世界）

過去にも食の未来を占おうとした者はたくさんいた。そしてそれらの予測はしばしば間違っていた。

たとえば、一九〇〇年一二月、技術者でアメリカの博物館の学芸員だったジョン・エルフレス・ワトキンスは、雑誌『レディース・ホーム・ジャーナル』に二〇〇〇年の未来に関する二八の予測を発表した。冷蔵庫、テレビ、無線機（当時、試作品はすでに存在していた）など、ワトキンスの予測の多くは正しかった。しかしながら、地中に電流を流すことによって植物の生育を刺激すると、「テンサイの根のような大きさのエンドウマメ」、「オレンジのような大きさのイチゴ」、「家族全員を満腹にできるメロン」が収穫できるようになるという予測は大外れだった[252・253]。

人類が初の有人宇宙飛行を控えていた一九六〇年には、二〇〇〇年の人々が丸薬やフリーズドライ食品を食べているのではないかという予想もあった。そうした予想は、一九六八年に公開されたスタンリー・キューブリックの映画『２００１年宇宙の旅』に見出せる。この映画では、宇宙飛行士が工業的につくられた香り付きの宇宙食を食べる場面がある。

一九七三年に公開されたリチャード・フライシャーの映画『ソイレント・グリーン』は、二〇二二年の状況を描く。地球上の食糧が枯渇すると、人間は丸薬だけで栄養補給するようになる。ところが、その丸薬は人間の死体から生産されていたのである。

他にも地上に食糧が溢れるという楽観的な予測や、逆に、食糧不足、さらには毒を盛られて人類が滅亡するという陰鬱な予測もあった。

本書もあえて予測を試みる。過去から現在へと脈々とつながる深刻な傾向に、未来に起こりうる突発的な急変を考慮しながら未来を占うのだ。私はこれまでの著作で行なった自己の研究を基にして、食の未来を詳述する[9]。

実際、これまでに語ったように、食の歴史、人口の推移、都市化、科学技術、人々の移動、慣習、イデオロギー、経済・社会・地政学的な関係性、公害や温暖化といった環境問題などが、地球の食糧生産力、今後の人類が食べたがるものと食糧にできるもの、人類の食生活のあり方、そして、社会を支える会話のための食環境を大きく左右する。したがって、私の予測が告げる内容はどちらかと言えば暗い。

しかしながら、そうした暗い未来を回避することはまだ可能なのだ。

食糧需要を占う

二〇五〇年、社会に大きな変動がなければ、世界人口はおよそ九〇億人に達する。彼ら全員を養わなければならない。二〇一九年と比較すると、アジア地域の人口は八億七五〇〇万人、アフリカ地域の人口は一三億人以上増加する。

現在、世界人口の五五%は農地や自然から遠く離れた都市部で暮らしているが、この割合は七五%になる。世界人口の半分以上が、いわゆる中産階級の仲間入りをする。彼らは、今日の西側諸国の中産階級と同等の消費および生活レベルを求めるだろう。彼らの七〇%はアジア地域、残りの三〇%はアフリカ地域の住民である。

人類全体を養うには、これらの人々に加え、莫大な数の家畜、魚、昆虫を養う必要がある。

九〇億人を養えるのか

今日の西側諸国と同じ消費モデルを維持してより多くの人々を養うには、今から二〇五〇年までに世界の食糧生産量を七〇%引き上げなければならない(157)。これを達成するのは不可能に思える。

そのような目標をまともに達成しようとすれば、人類どころか地球が壊れてしまう。コロンビア大学の環境科学者ディクソン・デポミエによると、今日のアメリカ人と同じ食生活によって二〇五〇年の人類を養うには、ブラジルの国土と同等の面積の森林を伐採して農地に変える必要があるという[23]。農業の生産性を引き上げるには、化学物質の利用を増強すると同時に、遺伝子組み換え作物の利用を増やす必要があるだろう。過剰の窒素（二倍以上）とリン酸（三倍以上）が散布され、土壌はほぼ飽和状態になるだろう。生物多様性が失われる速度は一〇〇倍になる。また、世界銀行によると、二〇五〇年に世界で発生する食糧ゴミの量は、年間三五億トンに達するという。

さらに、家畜の飼育は気候変動と飲料水の枯渇を加速させる。

国際連合食糧農業機関（ＦＡＯ）によると、将来的に農業に対する気候変動の影響が最も大きいのは途上国だという。二〇五〇年には、途上国の農業の生産性は九％から二〇％下落する恐れがある。二〇五〇年のアフリカでは、塊根類（サツマイモ、山芋、キャッサバ）の供給量は確保できたとしても、穀物の供給量は八〇％以上不足する。西アフリカの農業生産性は、トウモロコシで二五％、モロコシで五〇％低下する[495]。

二〇一五年に発表されたＦＡＯの別の報告書[386]によると、二〇五〇年まで土壌が荒廃するのを放置した場合、一億五三〇〇万トン以上の穀物が失われるという。これはインドの農地全体（一億五〇〇〇万ヘクタール）が不毛地帯になることによって生じる損失量に等しい。

この報告書によると、世界中で農業の生産能力を引き上げなければならないときに、現在進行中の気候変動が深刻な問題を引き起こすという。北欧、ウクライナ、ロシア、カナダなどの高緯度の地域での農業は、地球温暖化の恩恵を一時的に受けるかもしれないが、ほとんどの国の食糧生産量は二〇％ほど減少すると思われる。とくに、アフリカでは今から二〇八〇年までに、人口は倍増するのに、農産物の生産量は三〇％減少する恐れがある。

いずれにせよ、農業に必要な肥料を生産するための資源が枯渇する。シドニー工科大学のダナ・コーデルによると、二〇四〇年以降、化学肥料の製造に必要なリン酸の生産量は、リン鉱石の枯渇によって減少を余儀なくされるという(134)。

したがって、大量の人々を養うことは不可能になるのだ。

さらには、各世帯は、医療、教育、居住、安全、娯楽への支出を増やさなければならない。したがって、先進国の世帯所得の一五％ほどを占める食費は、今後さらに削減される。こうした傾向は、途上国では顕著になる。

きわめて難解なこの方程式を解くには、土壌を最適に管理するための新たな農業技術（たとえば、土壌センサーを利用して最適化される灌水や、耕作地を見つけるためのドローンの活用など）を開発するだけでは不充分だ。また、現状の農業モデルを変更しないのなら、さらに肥料を活用し、森林を大規模に伐採する必要も出てくる。そうなれば、地中や海洋の天然資源の枯渇速度は増し、生物多様性は失われる。最終的には地球全体が壊れて、次世代は食糧難に陥る。

ようするに、二〇五〇年の人類全体が今日のアメリカやヨーロッパの中産階級のような食生活を送ることは不可能なのだ。

現状に変化がなければ、食生活のあり方は、次に掲げる五つに区別できる。

一つめは、ごく一部の裕福な美食家だ。彼らが味わうのは、腕の立つ料理人がレストランで提供する料理だ。

二つめは、体によいものしか食べない食通だ。彼らは地球のために役立つことをしようとは考えるが、実際には自分たち以外のことを真剣に心配してはいない。

三つめは、富裕層や食通の食生活を真似ようとする上位中産階級だ。

四つめは、多数派の下位中産階級だ。彼らは、工業的に製造される食品のおもな顧客だ。これらの食品は、今後ますます地球環境を破壊する。

五つめは、最貧層だ。彼らは一〇〇〇年前と似たような食生活を送りながらも、ときには食品業界が提供する劣悪な食品や天然食品を食べる。ただし、天然食品は希少性が増して高値になっていくだろう。

これまで以上に品質のよいものを少量食べる超富裕層

後ほど触れる大衆食の他に、富裕層や超富裕層向けの新たな食が発展するだろう。それらの食は、高級レストランや、大金持ちや権力者のための料理人によって提供される。こうしたレストランに通うことは、以前では権力の象徴だったが、今後はむしろ新興富裕層や本物の美食家の喜びになるだろう。

そうした新興富裕層の一部は、きわめて手の込んだ肉料理、保護対象になっている魚を使った料理、完璧な果物や野菜、そしてとくに年代物の高級ワインを消費したがり、それらに対してますます法外な値段を支払うだろう。

有名シェフがつくる料理はますます高値になり、彼らはこれまで以上に芸術家と見なされる。有名シェフのトップに位置する者たちは、自分たちが使う食材の品質と生産過程を顧客に保証するために、食材を市場で調達するのではなく、すでに一部の者たちが行なっているように、自身の菜園、農場、牧場を保有するようになる。また、地球の裏側や遠い過去から希少な食品を取り寄せて利用する。スーパーフルーツ、スーパーベジタブル、珍しいあるいは忘れ去られた野菜などである。彼らは新たな食の形態、食材、食感も発明する。

美食術に関して、西側諸国はアジア諸国に対し、部分的に道を譲ることになるだろう。西側諸国の美食術は、アジアで最も人気のある食品を今以上に受け入れる。とくに、世界的な美食の素材に昆虫が取り入れられる(すでに取り入れられている)。こうした動きは、西側諸国の中産階級が昆虫を食する準備にもなる。

富裕層や権力者のなかには、簡素な暮らしを選択する者たちもいるだろう。彼らは食の楽しみよりも、健康や精神的な充実を重視する。彼らにとって、食卓は権力を象徴する場ではなくなったため、できる限り簡素で健康によい自然な食材からなる料理を控え目に食べる。カロリーよりも食材の産地を気にし、砂糖と肉は摂取しない。慎ましさは洗練と知性の証しだと考える。したがって、肥満は、愚かさ、意志の弱さ、無能を意味する。

過去と同様、このような考えは中産階級の行動に影響を与えるに違いない。中産階級の一部はそうした富裕層の食生活を模倣しようと、専門店で似たような食材を購入する。

今後の食文化の傾向

過去と同様に将来においても、料理は国の豊かな暮らしやアイデンティティにとって重要だ。だが、そうした料理の重要性は、これまでに比べると国の経済発展と相関しなくなる。一般的に、美食を楽しみ続ける少数派の国々では、そうでない国よりも自国のアイデンティティを守る一方、国民はあまり働かないだろう。よって、美食を愛する国の経済は停滞し、資本主義の摂理により、支配階級は比較的質素な生活を送る。

アラブ料理の後に、イタリア料理、フランス料理、アメリカ料理が順に世界を席巻したように、今後は、中国料理、インドネシア料理、インド料理が台頭するだろう。いずれにせよ、地政学の観点から見て、これらの国は将来の大国であり、彼らの消費形態は世界の食需要に大きな影響をおよぼす。食は多様化し、ノマドな個食が広がり、ファストフードやだらだらと食べ続ける食文化が定着するだろう。

アメリカが中産階級の食文化モデルを独占する時代は終わるだろう。アジア系、アフリカ系、ラテンアメリカ系のファストフードのチェーン店が登場する（すでに登場している）。

宗教食の市場も著しく拡大する。アーユルヴェーダに基づく食餌療法の信奉者は、インドだけでなくヨーロッパやアメリカにおいても急増する。二〇一八年に発表されたワイズガイレポーツ〔調査会社〕の報告書によると、アーユルヴェーダの市場規模は二〇一五年に三四億ドルに達し、二〇二二年には一〇〇億ドルに達する見込みだという[413]。二〇五〇年にはさらに拡大するだろう。

ユダヤ教のカシュルートに基づく食の市場規模は、二〇二五年に六〇〇億ドルに達するだろう（年率一一・六％増）[168]。

そして、イスラーム教のハラール食である。ハラール食には二〇二五年には二二億人、二〇五〇年には二七億五〇〇〇万人が関心を示す可能性がある。この数字には、栄養学的な観点からハラール食を選択する非イスラーム人口も含まれる。巨大なハラール食市場（二〇二五年は七三九〇億ドル、二〇三〇年は一兆五〇〇〇億ドル）には、既存の食品会社や新興企業が参入するだろう。動物保護の観点からハラール肉の市場が縮小したり〔食肉処理の方法が残酷だという見方があるため」、多くのイスラーム教徒が完全菜食主義になったりしない限り、ハラール食の市場は拡大し続けるだろう[167]。

また、アジア料理とイスラーム料理という将来性のある二つの料理が交わる、イラン料理、インド料理、パキスタン料理、インドネシア料理の躍進も予期していいだろう。

減る肉と魚の消費量

現在の傾向が続くと、二〇五〇年の年間一人当たりの肉の消費量は、西側諸国では五二キログラム（現在は四一キログラム）、発展途上国では四四キログラム（現在は三〇キログラム）に達するはずだ。肉の種類別の増加率は、豚肉が四二％、牛肉が六九％、鶏肉が一〇〇％と見込まれる。牛乳の需要は六〇％増加するだろう[182]。このような需要増に対応するには、鶏肉の生産量を倍増させ、処理する牛の頭数を少なくとも五〇％増加させなければならないが、これは達成不可能な目標だ。

魚も、海での漁獲量が低迷し、同様の傾向をたどるだろう。二〇三〇年以降、魚市場に占める天然ものの割合はわずか三分の一となり、残りは養殖ものになるだろう[11]。われわれは、小エビ、オキアミ、そしてとくに藻類（先述のように、藻類はカルシウム、タンパク質、鉄分、各種ビタミン、ミネラル、食物繊維、抗酸化物質を、果物や野菜よりも豊富に含む）を大量に食するようになる。

豆腐、大豆粉、植物性タンパク質など、肉、とくに牛肉の代用品が登場し（すでに登場しているものもある）、乳類、ヨーグルト、チーズにも植物性のものを見かけるようになるだろう。

人工の肉や魚肉の開発も進むのではないか。二〇一三年、イギリスの研究グループは、肉の細胞からステーキをつくることに成功した。この製造過程はきわめて複雑であり、ステーキ一枚をつくるのに、三ヵ月以上の時間と二五万ポンド〔日本円で三〇〇〇万円以上〕もの費用がかかった[455]。だが、これから製造コストは急落するはずだ。

二〇一五年、ベンチャー企業「ニューウェーブ・フーズ」の技術者は、エビの主食である藻類からエビ風味の食品をつくった。この食品は味も色も本物のエビにそっくりだ。現在、この会社は人工のロブスターとカニを開発中である。それらの工程はすでに研究段階を終えており、製造コストも急落している。

二〇一八年八月、人工肉開発のパイオニアであるベンチャー企業「メンフィス・ミート」は、ビル・ゲイツ、リチャード・ブランソン〔ヴァージン・グループの創設者〕、イーロン・マスク〔テスラ社の共同設立者〕、食品会社のタイソン・フーズ社などの投資家から、およそ二〇〇〇万ドルの資金を集めた[456]。

二〇一八年一一月、アメリカ食品医薬品局（ＦＤＡ）とアメリカ農務省は、人工肉製造の工程と表示に関して新たな法律を施行すると発表した。アメリカ議会の資料によると、試験管内でつくられる肉が商品化されるのは二〇三〇年ごろだという[457]。人工肉の製造には、ゲノム編集技術「CRISPR-Cas9（クリスパー・キャスナイン）」も利用されるだろう。この技術を使うことで、動物、昆虫、植物の遺伝子暗号をこれまでにないほど正確に改変できるようになるはずだ[334]。

菜食主義者になるのか

二〇五〇年、世界人口の少なくとも三分の一は、自らの意志によって、あるいは仕方なく菜食主義者になるはずだ。

人間は新たな植物を食するようになるだろう。三万種ある食用植物のうち、現在、大規模に栽培されているのはわずか三〇種類なのだ。今後はとくに、新たな品種のジャガイモが栽培されるだろう。五〇〇〇種類あるジャガイモのうち、フランスでは二三一種類しか栽培されていない[458]。現在、ほとんどのジャガイモの品種は、アンデス山脈のみで栽培されている。アタワルパという、収穫量の多いペルー原産のジャガイモもその一例だ[176]〔日本でも、アンデス原産のジャガイモを元にした品種開発が行なわれている〕。

また、現代では完全に忘れ去られた植物から食品がつくられるかもしれない。たとえば、最近になって登場したキヌアだ。先述のように、アカザ亜科の草本植物キヌアは、コロンブスがアメリカ大陸に到来してスペイン人が栽培を禁止する以前は、五〇〇〇年間にわたってこの地域の文明の基本食だった。[53]二〇一九年に一四万九〇〇〇トンだった世界のキヌアの生産量は、二〇五〇年には一億トンになる見込みだ。

再登場が予想されるもう一つの食物として、フォニオが挙げられる。フォニオは数千年前から西アフリカで栽培されている雑穀だ。栽培は二〇世紀後半に消滅寸前だった。というのは、素手で脱穀すると怪我をする恐れがあるからだ。

しかしながら、二〇〇〇年初頭に脱穀作業が機械化されると、フォニオの栽培は復活した。生産量は、二〇〇七年の三七万三〇〇〇トンから二〇一六年の六七万三〇〇〇トンへと増加した。とはいえ、フォニオの栽培地域はまだ限定的だ(二〇一五年の生産量は六二万トンだったが、その七五%はギニアでのものだった)[368]。

フォニオの栄養価は米に近いが、米とは異なり、シスチンとメチオニン〔ともにアミノ酸の一種〕を豊富に含む。栽培が容易である点も魅力的だ。フォニオは乾燥した地域や、集約的な農業によって疲弊したやせた土壌でも栽培可能だ。現在、フォニオはグルテンフリーの食材としておもに利用されている。

食品会社は、菜食主義を示唆する食品を商品化して市場シェアを確保しようとするだろう。ハンプトン・クリーク社は、マヨネーズの代替品「ジャスト・マヨ」を開発した。この植物性マヨネーズは、コレステロール、飽和脂肪酸、アレルギーの原因となる抗原性物質を含まず、一カロリー分の製品を生産する過程で、わずか二カロリーのエネルギーしか使わない。価格は卵の半分だ。ちなみに、一羽の鶏に卵を産ませる場合、一カロリー分の食物を生み出すのに三九カロリーのエネルギーを消費する。

フランスのフィードというブランドは、ボトルに水あるいはお湯を注いで振るだけで出来上がる粉末状の飲み物を商品化した。塩味には「菜園の野菜」、「ニンジンとカボチャ」、「プロヴァンス風トマト」、「ポルチーニ茸」があり、甘い味には「ベリー」、「コーヒー」、「チョコレート」がある。これらの飲料は、遺伝子組み換え作物を一切使用せず、ラクトース（乳糖）とグルテンを含まない完全菜食食品である。「栄養不足のリスクなしに、好きな食事（朝食、昼食、夕食）をフィードに置き換えよう」というのがこの食品の魅力だ。

たとえば、フィードの「プロヴァンス風トマト」という飲料の成分は、トマト（粉末と果肉）が六％、エルブ・ド・プロヴァンス〔プロヴァンス風ハーブミックス〕が一％、そして「オートミール、植物油（ひまわり油、抗酸化物質、ローズマリー抽出物）、イソマルツロース〔パラチノース〕、エンドウマメタンパク質、ヤマブキアマ、米粉、香料、焼きタマネギ粉末、ミネラル塩、アカシアの食物繊維、ニンニク、増粘剤（グアーガムとキサンタンガム）、黒コショウ、マルトデキストリン、各種ビタミン（A、B1、B2、B3、B5、B6、B8、B9、B12、C、D、E、K）、カイエンペッパー、抗酸化物質（ローズマリー抽出物）」だ。(443)

これらの粉末食品については、また後ほど語る。

昆虫食の推進

世界の食の傾向は西洋化し、昆虫は食材から除外されているが、これからは地球全体でより多くの昆虫を消費せざるを得なくなるだろう。新興国の中産階級が（生活水準の向上により）昆虫の消費量を減らしたとしてもだ。

昆虫はタンパク質をはじめとする栄養が豊富な食物であり、動物よりも捕獲と飼育が容易だ。昆虫が生育する際に必要とする水の量は、動物よりも少ない。動物の飼育と比較すると、昆虫のほうが土壌に優しい。同量のタンパク質を得るのにコオロギが必要とする餌の量は、牛の六分の一、羊の四分の一、豚や鶏の二分の一だ。キリギリスの場合は牛の一二分の一である。昆虫の種類によっては、飼育が生ゴミの分解にも役立つ。昆虫が生ゴミを食べるのだ。

たとえば、新たに見つかった昆虫が新生児の食糧になるかもしれない。二〇一六年、ディプロプテラ・プンクタータ（*Diploptera punctata*）というゴキブリの新種が見つかった。このゴキブリは、牛乳よりも栄養価が高いと思われる、乳のようなものをつくり出す。つまり、この小さな胎生昆虫（母体内で卵が孵化する）は非常に栄養価の高い分泌物を生成する。この成分は人為的に合成でき、新生児用の新たな食糧になるのではないかと言われている。(509)

ビューラー・インセクト・テクノロジー社（食品関連の産業プラント大手ビューラー社の子会社であり、昆虫食の主導的企業）の代表取締役アンドレアス・エープリによると、二〇五〇年には、昆虫由来のタンパク質は、全体で世界のタンパク質生産量の一五％を占めるようになり、昆虫の消費量はおもにアジア地域でさらに増えるという[166]。

西洋諸国では、昆虫食の市場は、最初に動物の飼料向け、次にスポーツ選手のタンパク質補給向けとして発展するだろう。一部の昆虫（アメリカミズアブ、イエバエ、ミールワーム、バッタ、コオロギ、キリギリス、蚕）は、家禽類、豚、魚類などの重要な食糧になるはずだ。

人間の食事と家畜飼料への昆虫使用を推進する国際プラットフォーム（ＩＰＩＦＦ）というヨーロッパの非政府組織の推測では、ヨーロッパにおける昆虫由来のタンパク質の生産量は、二〇一八年の二〇〇〇トンから二〇二五年には一二〇万トン以上に急増するという[288]。

昆虫食の世界市場の拡大が予想されるため、食品業界の昆虫に対する関心は高まっている。この新たな商機をつかむため、すでに多くの企業が行動を起こしている。

ポキートス〔アメリカのワシントン州にあるメキシコ料理店〕のメニューには、バッタを添えたタコスがある。

フランスのＩＮという新興企業は昆虫からステーキをつくっている。

一部の企業は、西洋諸国の顧客が昆虫を受け入れやすくするために、昆虫をポテトチップス、スナック、エネルギー補給バー、粉末などに加工して販売しようとしている。

フランスのミクロニュートリ社は、ビスケットやチョコレートの原料に昆虫の粉末を使用している。

フランスのケプリ社は途上国向けに昆虫を飼育している。

Ｙｎｓｅｃｔという会社は、動物の飼料をつくるために昆虫粉をつくっている。

アメリカのエクゾ・プロテイン社は、昆虫を原料にするプロテインバーを開発しようとしている。

二〇一六年に創業したフランスのスタートアップ企業、イノヴァフィード社は、動物の飼料、とくに魚類の養殖向けにアメリカミズアブを飼育している(371)。この会社がソンム県〔フランス北部〕にあるネスルという町に新設した二つめの工場は二〇一九年から稼働している。二〇二二年までにさらに四つの工場が新設される予定だ。同社は、昆虫由来のタンパク質の生産分野で主導的な役割を担うと期待されている(395)。

昆虫は家庭でも飼育できる。タイニー・ファームズ社は、家庭用の昆虫飼育キットの普及を目指す「オープンバグファーム」計画を打ち出した。キットの利用者は、育てた幼虫をタイニー・ファームズ社に郵送すれば飼育法に関するアドバイスも受けられる。

オーストリアのカタリーナ・ウンガーとユリア・カイジンガーは、ミールワーム〔ゴミムシダマシ科の甲虫の幼虫〕を飼育するためのタワー構造の複層式小型キットを開発した。タンパク質が豊富なミールワームは、家庭ゴミを餌にして飼育できる。このキットの最上層に幼虫の状態で入れられたミールワームは、成長して体が大きくなるにしたがって一段階下の層に落下し、収穫となる最下層に達するころには、体長が三センチメートルくらいになっている。この「巣箱」を使えば、毎週五〇〇グラムほどのミールワームを生産でき、収穫物を揚げ物にしたり、粉末にしたりして食することができる[459]。

また、マクドナルド社は、仕入れ先が飼育する鶏の餌に、大豆ではなく藻類や昆虫を利用できないかと模索している[369]。

しかしながら、昆虫食の拡大を疑問視する声もある。おもに三つの理由を紹介しよう。

一つめの理由は、昆虫食の拡大が、甲殻類などの無脊椎動物の消費が拡大したときと同様に、アレルギーを引き起こす恐れがあるからだ。節足動物門に属する昆虫や甲殻類などの無脊椎動物は、キチンを主成分とする外骨格をもつ。このキチンという含窒素多糖高分子はアレルギーの原因になる抗原性物質でもあるのだ。

二つめの理由は、飼育中の大量の昆虫が自然界に放出されるようなことになれば、公衆衛生上、深刻な事態を引き起こす恐れがあるからだ。個人による昆虫の飼育は、外界から完全に閉じた状態で行なう必要があるのだ。

三つめの理由は、過剰に捕獲することによって昆虫が絶滅する恐れがあるからだ。昆虫は、世界の食糧の三分の一に相当する作物の送粉役を担っている[417]。生態系には昆虫が必要なのだ。小麦やテンサイなど、作物に対する一切の活動を昆虫が停止すると、収穫量は減少する。たとえば、世界の収穫量は、果物が二三％、野菜が一二％、コーヒーやカカオなら三九％も減少すると推定されている(418)。世界規模では、昆虫による受粉の経済効果は一五〇〇億ユーロほどになるのだ。また、昆虫は鳥類の天然の餌でもある。ヨーロッパでは鳥類の食糧の六〇％は昆虫であり、野生植物の受粉の八〇％は昆虫が担っている(146)。

昆虫はすでに絶滅の危機にある。二〇一九年に発表されたある論文によると、調査対象になった昆虫の四一％では個体数が減少しており、三一％は絶滅の危機に瀕しているという(93)。結果として、地球上の昆虫のバイオマス（一定の空間に存在する生物の量）は、毎年二・五％減少している。二〇一七年に発表された別の論文によると、ヨーロッパでは一九九〇年から二〇一七年までの間に、飛翔性の昆虫の個体数はすでに七五％減少したという(146)。とくに集約的な農業が行なわれている地域の減少率は高い。

昆虫の個体数の激減には、昆虫食だけでなく、殺虫剤と肥料の大量散布、昆虫の生殖および生息地（野原や生け垣）の破壊、土壌の栄養バランスを保つために行なわれる作物の輪作（作付けする植物の種類を非常に短いサイクルで変え、マメ科植物の連続栽培を避ける）なども影響している(419)。

したがって、昆虫食の拡大は、慎重に管理する必要がある。

砂糖の消費量を減らす

現在の食生活モデルが維持されれば、人々は、孤独感を紛らわせ、物足りなさを埋め合わせるために、麻薬の中の麻薬とも言える工業生産の砂糖を大量に消費しつづけることになるだろう。世界における一人当たりの砂糖の年間消費量はおよそ五〇キログラムになるだろう。これは必要とされる量の三倍だ。砂糖という毒は明白な脅威であり、医療費などの社会的な費用を発生させるにもかかわらず、砂糖の消費量が減る気配は感じられない。

一部の西洋諸国では、工業生産される砂糖の摂取を禁止しようという動きがあるが、こうした動きが世界中に拡大するまでには、まだかなりの時間を要するだろう。砂糖の消費量を減らすのに、禁煙運動と同様、課税措置や強力な啓発活動が必要なのは間違いない。

メキシコ(国民の七三%が太りすぎあるいは肥満という肥満大国)では、すでに炭酸飲料(国民一人当たりの年間消費量は一六三リットル)の消費に対する課税措置が講じられた。二〇一四年、政府が炭酸飲料に一〇%課税したのである。[420]

ノルウェーは二〇一八年に清涼飲料水に対する課税を強化し、一リットル当たり〇・四八ユーロの課税が決まった。

エストニアでは二〇一八年一月一日に、清涼飲料水に対し、砂糖や甘味料の含有率に応じて一リットル当たり〇・一ユーロから〇・三ユーロを課税する決定を下した[421]。アフリカ諸国にも同様の課税措置の導入を検討している国がある。

一部の思慮深い食品会社は、タバコ会社のような痛い目に遭わないようにするために、糖分の非常に高い食品の生産を中止して、持続的に提供できる健康的な食品の開発に着手している。また、そうした食品をすでに販売している、あるいは専門の会社を買収した企業もある。

二〇一五年、ペプシコ社の最高経営責任者（CEO）のインドラ・ヌーイは、「コーラは過去の遺物だ[256]」と述べて投資家たちを唖然とさせた。だが、この発言によってペプシコ社の株価が急落することはなかった。その後、この多国籍企業の研究開発部門は、いくつもの新たな商品を開発し、有望な新興企業を買収した。同業他社もペプシコ社のこの動きに追随した。

ペプシコ社は、一九九八年にトロピカーナ社を買収したのをはじめとして自然食品をつくるいくつかの企業を傘下に収めた後、二〇一八年には家庭用炭酸水メーカーの主導的企業であるイスラエルのソーダストリーム社を三二億ドルで買収した。ペプシコ社は、消費者がペットボトルに入った水や炭酸飲料を買う代わりに、砂糖や添加物なしの炭酸水を家庭でつくるようになると見越したのだ[256]。

一方、コカ・コーラ社は、水源から湧き出る水を濾過した後に蒸留し、水に含まれる不純物を取り除いた「スマートウォーター」という製品を売り出した。このようにして処理した水には、塩化カルシウム、マグネシウム、炭酸水素カリウムが加えられている。このミネラルウォーターの販売価格は、同業他社のものより五倍も高い(256)。

他の食品会社も、すべての市場において健康志向の食品を販売するつもりだと連呼し、似たような活動に取り組んでいるふりをしている。だがそれらの企業は、広告宣伝ではオーガニックを称賛しながらも、実際には工業的につくられる食品を新たに販売するだけであり、自分たちの利益のことしか考えていない。

治癒のために食べる

超富裕層向けに治療効果をもつ食品が開発されるだろう。たとえば、ビタミンが豊富な果物、さまざまな栄養成分の組み合わせでできたスーパーフード、微細藻類によって栄養が強化された卵などだ。

こうした動きの発端は、いわゆる「スーパーフルーツ」と呼ばれる市場の発展である。すなわち、がんや心血管疾患などの病気の予防に役立つ、抗酸化物質が豊富な果物だ。たとえば、クコ〔ナス科の落葉小低木〕、ピーカンナッツ、ブルーベリー、アサイー〔アマゾン原産のヤシ科の植物〕、サジー〔ユーラシア大陸原産のグミ科の植物〕、アセロラ、ブラックチェリー、クランベリー、ヤグルマギク〔ヨーロッパ原産〕などだ。オレンジと比較すると、サジーは、強力な抗酸化作用をもつビタミンCが一〇倍も豊富である。また、抗炎症作用をもつビタミンEも豊富だ。クランベリーもきわめて強力な抗酸化作用をもつフラボノイドを豊富に含んでいる[422]。

市場調査会社「フューチャー・マーケット・インサイツ」によると、二〇一五年にすでに三八〇億ドルに達したスーパーフルーツの世界市場は、現在から二〇三〇年まで年率六％の勢いで拡大する見込みだという[423]。

健康志向の食品全体を俯瞰すると、市場調査会社「グランド・ビュー・リサーチ」の予測では、二〇一五年に一三〇〇億ドルに達した健康食品の世界市場は、二〇二四年にはおよそ二二五〇億ドルに達するという。健康志向の市場に出回る食品の三分の一は乳製品、四分の一はパンや穀物、一五％は油や高脂肪の製品、一五％は魚と肉だ。これらの食品が含有する直接栄養分は、カロチノイド、食物繊維、脂肪酸、ミネラル、プロバイオティクス（善玉菌）、各種ビタミンだ[181]。

微小成分を徐々に解き放つナノカプセルを組み入れることにより、食物に薬剤を分泌させることができるようになるだろう。また、果物、野菜、パン、肉、魚などの色、味、栄養成分も変化させられるかもしれない。さらには、脂肪分、塩分、カロリーを減らす、賞味期限を引き延ばす、熟成を遅らせることもできる。

一部の動物に治癒効果があると見なされている食物がある。これらの食物から着想を得て人間向けの新たな食物が開発されるだろう。たとえば、チンパンジーの食生活（三〇〇種類以上の食糧があり、その一部はチンパンジーの病気を治す）は、人間向けの医薬品や健康食品を開発するための着想源になるだろう。[373]とくに、チンパンジーが食べるショウジョウハグマ属の植物の茎やトリキリア属の植物の葉は、抗マラリア剤としての効能がある。アスピリア属の葉は、腸内寄生虫の駆除に効果的だ。そして腸炎を患ったチンパンジーは、アルビジア属〔ネムノキ属とも〕の皮を食べると治癒する。[374]

研究者によると、昆虫も似たような行動をとるという。寄生虫に感染したショウジョウバエは腐りかけの果物を食べ、そこに含まれるアルコールによって寄生虫を駆除するという。[375]自然界には、食を通じた治癒の方法が他にもたくさんある。

自然を模倣する

植物や動物の生態が、新たな食を生み出すためのアイデアをもたらすようになるだろう。たとえば、淡水魚が棲む水底に含まれるバクテリアは、淡水魚の排泄物であるアンモニアを硝酸塩に変える。作物の根をこの水に触れるように水耕栽培すると、作物が硝酸塩を摂取できると同時に、水質も浄化され、淡水魚の生育環境が改善される。

アメリカの研究者ミシェル・リーチが開発したオアシス・アクアポニックというシステムでは、この手法により、毎年二〇〇キログラムの淡水魚ティラピアと三〇〇キログラムのトマトを同時に収穫できる。また、このシステムは太陽光パネルによって稼働させることもできる。[424]

スロバキアのズヴォレン工科大学の研究チームは、乾燥地帯に生息するトカゲが自身の肌を使って湿気から水分を回収し、回収した水分を飲む仕組みに着想を得て、「バイオカルティヴェーター」を開発した。[376] トカゲの肌をモデルにして開発されたこの自律型エコシステムでは、コンポストの湿気を結露させ、得られる水分を植物の根に再び直接供給する。水を撒くことなく最適な量の散水が可能になるのだ。[377]

オレゴン大学の研究チームは、ミミズの消化システムやヒトの小腸に着想を得て、土壌の栄養分が流出せずに最適に保存される排水システムを開発した。このシステムを利用すれば、肥料の投入量の削減が可能になる。[496]

そして、二〇一二年にチリで創業し、カリフォルニア州のサンフランシスコ湾に拠点を構えるスラント社は、蟻同士が最適な道順や危険を知るためのコミュニケーション法を真似るソフトウェアを開発した（蟻は、個体間の相互作用や道しるべフェロモンによって食べ物に関する情報を伝達し合う）。このソフトウェアにより、食品の品質に関する消費者同士の情報交換が可能になる。[444] 蟻のこうした行動様式は、すでにウェイズというカーナビアプリが利用している。このアプリを利用するドライバーは、交通情報や最適なルートに関する情報を他のドライバーとやり取りできる。

究極のカニバリズム

二一世紀という時代は、ヒトと動物の間の区別も減らしていくだろう。少なくとも原則上、人間の民族間の障壁が減り、やがては取り払われたのと同じように。残虐な扱いをする食肉処理場や家畜施設は次第に姿を消すだろう。その結果、動物が受ける苦痛の軽減、肉類の消費量の減少、ヴィーガニズム〔完全菜食主義〕が加速するのは間違いないだろう。

人々が動物の人間らしさを認識するようになると、植物についても同様の動きが生じる。動物と同じく植物にも、人間にきわめて近い行動様式や、利他主義に基づく非常に多くの振る舞いがあり、こうしたことが意識されるようになるだろう。これは人間の食に大きな影響をおよぼし、植物を食べるのを断念することさえ考える者も現れるはずだ[52]。

植物には、知性や意識を司る中枢器官はないが、植物の細胞はネットワークで機能し、電気的および化学的なシグナルによって情報を伝達し合う。よって、これがある種の知性として作用するのだ。

実際に、植物同士は、葉からはガスを排出し、根からは伝達物質を分泌し、これらの分子シグナルによってコミュニケーションをとる。古木はこうした過程を通じて新木を養う。たとえば、アンティーブ〔フランス南部にあるイタリア国境沿いのコミューン〕のイタリアカサマツやフランス南部のセイヨウヒイラギガシなどの樹木はガスを放出し、枝の少なくとも十数センチメートル四方にガスを充満させ、離れたところに生えている同種の樹木を刺激する。

また、ライ麦は一四〇〇万本ほどの根をもち、これらの根を合計すると、長さはおよそ六〇〇キロメートル、面積は二〇〇平方キロメートル以上に達する。ライ麦は根のネットワークを利用して知的な判断を下すための情報を入手する。

植物は受粉時期には昆虫や動物ともコミュニケーションをとる。昆虫、鳥、小型哺乳類をおびき寄せる化学物質を分泌する植物もある。これらの生物は、植物が分泌する化学物質に酔いしれるために花粉を運ぶのだ。

二〇一七年、デンマークのオーフス大学の調査によると、人間のものよりもかなり遅いが、樹木には脈拍さえあるのではないかという。また、意識、共感力、利他主義という精神さえ宿っているのかもしれない。

植物の利他主義は、まずは同種の植物間で発達する。たとえば、植物を植木鉢に移すと、異なる種類の植物同士では、互いを顧みずに自身の根を最大限に拡張しようとするが、同種の植物同士では、根の本数の増加は穏やかであり、妨害し合うことがないように地中ではなく地上での成長を優先する。

同種のホウセンカの苗を互いの根がくっつくように植えると、根が互いに接触する同種のホウセンカの苗は茎を伸ばしながら成長し、互いの成長を妨害することがない。逆に、異なる種類のホウセンカの苗（根が互いに接触していようがいまいが）や、同種のホウセンカの苗を、根が互いに接触しないように植えた場合では、ホウセンカは葉を大きくさせながら成長するため、周囲の一部の植物が枯れてしまう(378・425)。

二つの異なる種類の植物は、相互に利益をもたらす「共生」〔相利共生〕という協力関係を築くこともある。たとえば、キノコが植物の根の糖分を摂取する代わりに、植物の根にリンなどの得難いミネラルを提供するという協力関係はよく知られている(426)〔実際には、キノコは植物ではなく菌類である〕。

こうした植物の利他主義への認識が高まれば、遠い将来、植物を食べることに再考を促される日が訪れるのだろうか。そうなれば、われわれは生き物を口にできるのだろうか。合成食品だけを食べるようになるのか。そして動物の役割の一部は、ロボットによって代替されるようになるのだろうか。

すでに昆虫の代わりをする人工物が登場している。二〇一八年三月、ウォルマート社は、受粉の過程で必要不可欠な蜂の群れに代わる蜂ロボットの開発に関する特許を取得した。先ほど述べたように、昆虫による受粉は、人間の食糧の三分の一に影響をおよぼす。これらの小型ロボットは完全に自律的に活動し、センサーが装備されているため作物の位置を把握できる。よって、蜂が送粉を行なうのと同じように周囲の植物に花粉を配ることができるのだ。

では、われわれは何者になるのか。機械式の人工物、次にバイオ人工物を糧に生きる人工的な存在だろうか。われわれはクローンから栄養を得るクローンになるのだろうか。

めまいを引き起こす究極の未来像を示そう。幹細胞が、動物や植物、臓器や新たなタイプの生物を製造するために利用されるようになると、われわれヒトは究極のカニバリズムの形として、自分たち自身を食らうようになるだろう。永遠の命という幻想を抱き、死の静寂に包まれながら……。

第九章
監視された沈黙のなかでの個食

これまでに述べたように、太古の時代から、食事のあり方は食の性質や食べる人の社会的な条件によって決まってきた。すなわち、誰が何をどのように食べ、食べながら誰と何を話し、いかに権力を分配するかである。これらすべてのことは本質的に関連している。

ヒトが言語を習得するはるか以前には、食事のための時間というものはなく、見つけたものをすぐに生で食べていた。そして、次第に太陽の動きに応じて決まった時間に食べるようになった。とくに定住化するようになってからは、食事は、会話を交わし、言語を発達させ、文化を築き、社会と権力を構造化し、家族、企業、都市、国家、帝国を管理するためのおもな場であった。

しばらくすると、定住民の食生活はまたしても食事から遠ざかった。昼食の時間に帰宅できない人々に携帯食が提供された。次に、ファストフードが登場し、会話のための時間は減った。現在では、太古の時代で暮らしたノマドの食習慣へと逆戻りした。すなわち、独りで立ったまま、時間と場所に関係なく、もち運びしやすい食物を食べるようになったのである。食事をする機会が失われると、会話はなくなり、静けさが場を支配する。これは社会に甚大な影響をおよぼす。

こうした傾向は世界的なものであり、今後も続くだろう。ただし、その中でも地理的、文化的な違いは残りそうだ。とりわけ、フランスはまだしばらくの間は特殊な国であり続けるかもしれない。

料理するのをやめる

ローマ人のアパートには台所がなく、台所が登場したのは中世だった。現在、独立した部屋としての台所は消えつつある。すでに述べたように、この推移は二〇世紀中ごろ、台所と居間を仕切るバーカウンターが食卓を兼ね、居間と一体化した「アメリカ式キッチン」の登場とともに始まった。

台所がなくなる傾向は今後も加速するだろう。都市化が進む社会では、不動産価格はますます上昇し、自宅に台所という料理専用の部屋を確保できる人はさらに減る。ましてや皆で食事するための食堂をもつ余裕などない。人々は会話しながら食卓を囲むのではなく「リビングルーム」で〔テレビや携帯電話などの〕画面を観ながら食べるようになるだろう。それも最初は同じ一つの画面だが、次第に各自が個別の画面を眺めるようになる。料理の内容よりも画面のほうが気になるのだ。

食器や食品の保管場所や、出来合いの料理を皿に盛り付けるための場所は、しばらくは存続するが、調理の場はまもなく姿を消すだろう。われわれの食事の主流は、出来合いの料理、保存食、冷凍食品になりそうだ。服を汚すことなく食べられる、機内食風のもち運び可能な料理を食するようになるのだ。

古代ローマでは、超富裕層だけが自身の邸宅に台所とそこで働く使用人をもっており、他の者たちは中央大広場の商人から食糧を調達していた。将来の食事情は、古代ローマと似たような状況になるかもしれない。

人々は各自の都合のよい時間に、ちびりちびりと食べるものを冷蔵庫や自販機から取り出して食べるようになる。食物は、個食、もち運び可能、すぐに食べられるという要望に見合うように加工されるだろう。

〔家庭、学校や職場の食堂、列車、飛行機、工場の〕食事がまだ存在するのなら、ロボットが調理を手伝うことになりそうだ。

二〇一四年にアメリカのあるファストフードチェーンが開発した「フリッピィ」というロボットアームは、ハンバーガーのパテを鉄板の上でひっくり返し、火が充分に通ってからパンに載せる。

二〇一五年、モリー・ロボティクス社は、一流シェフによる一〇〇種類以上のレシピを再現できるというふれこみの調理ロボットを発表した(200)。だが、一流シェフの料理が、その技術力も含めて調理ロボットによって再現され、それが各所に普及するようになるまでには、まだかなりの時間がかかるだろう。

家庭用の料理プリンターが登場すれば、料理の内容を事前に構想し、別の場所にいながら調理を始める日が訪れることさえ考えられる。利益を出すにはまだ製造コストが高すぎるものの、ピザやチューインガムをつくるプリンターはすでに存在する。

たとえば、スペインの新興企業ナチュラル・マシーンズ社が開発した「フーディーニ」という3Dプリンターは、ケーキ、ピザ、パスタをつくれるという。

レンヌ〔フランス西部の都市〕にある食の複合研究施設「現代料理センター」は、クレープをつくる3Dプリンターを開発した(427)。このプリンターは、「パンケーキ・ペインター」というソフトが内蔵されたパソコンと接続されており、クレープの形状を決めると、それを料理皿に盛り付けてくれる。

これらの調理ロボットが一気に普及することはないだろう。というのは、シェフの仕事を自動化することほど複雑な作業はないからだ。一流のシェフは、触覚、味覚、嗅覚、聴覚、視覚などの感覚、器用さ、精密さ、技量などの才能、そして膨大な知識を必要とする。ロボットが市場で最高の産地の最良の食材を買い付けられるようになる必要もある。また、焼き具合を判断したり、注意深く盛り付けたりする能力も重要だ。

ブロックチェーン〔分散型取引台帳〕技術を使えば、ロボットからロボットへと届けられる食品の産地を追跡できるが、それ以外のことはまた実用段階ではない。

ノマドの粉末食

忙しく、味覚をもたず、調理できない消費者向けに、いつでもどこでも食べられるさまざまな形態の完全調理済みの食がさらに発展するだろう。

こうした消費者は、誰かとともに食事するのではなく、食べる以外のことを行ないながら食べる。機内食風の食事はすでにそうした兆候を表している。機内食風以外にも、個食ができ、服を汚さずに立ったままで食卓がなくても食することができる加工形態が登場しそうだ。

このような目的を満たすために、粉末状および液体状の食品が普及するだろう。同様の食品は食餌療法や医療上の目的からすでに存在するが、今後は、固形食を一時的に補完する食品として提供されるようになりそうだ。その後、固形食ではなく、これらの食品だけを毎日摂取すべきだと諭す者たちが現れるかもしれない。

こうした食品はすべて、「スマートフード」という食欲をそそる宣伝文句で紹介されるのではないか。

たとえば、ソイレント社（アメリカ）、フィード社（フランス）、ビタライン社（フランス）、ベルトラント社（ドイツ）、ヒュール社（イギリス）などの企業は、粉末状の完全栄養食など、さまざまな形態の食品をすでに提供している。これらの企業は、気味悪そうに見える自社の食品を、グルテンフリー、完全菜食主義、オーガニックなどに基づく食餌療法だと喧伝することによって、消費者にアピールしている。

フィード社は、ミキサーで四五秒かき回すだけで完全栄養食になる粉末を販売している。これは先ほど紹介した菜食主義者向けの食でもある。

二〇一三年にロブ・ラインハートが設立したソイレント社は、独自の調理法を開発し、その内容を一般に開示した。いわゆる「オープンソース化」である。開発者は、自社の食品だけからなる食餌療法を実行したおかげで、多くの観点から健康になったと自負している(497)。

しかしながら、このような加工食品だけから持続的に栄養を摂取することはできない。なぜなら、咀嚼は、消化と歯の健康に欠かせず、満腹感というメッセージを脳に送るのに必要不可欠な神経伝達物質の合成を誘発するからだ。そして、消化酵素の活動は口から始まり、それには咀嚼が欠かせないからだ。さまざまな実験から、咀嚼は欠かせない行為であることがわかっている。今日、ソイレント社の社長は、「食物も再び食べ始めた」という。もっとも、食の九二％は自社の粉末状の食品で賄っているそうだ(497)。

二〇一三年、アメリカのジャーナリストのブライアン・マーシャントも、ソイレント社が加工した粉末食品だけで栄養を摂取しようと試みた。マーシャントはこの食事法を始めてから二週間後に意気消沈し、続行を断念した。その理由は、この食物にあるというよりも孤独感だったに違いない。

二〇一八年四月、起業家ヤッシーン・シャブリは、すべての食事を粉末食にし、三分以内で個食することにした。その理由は、食事に費やす時間を月に二時間半ほどにすれば、月に約三〇時間を節約できるからだ。シャブリは、馬鹿らしくなって二日目に実験を打ち切ったという。

個食に向けて

すでに述べたように、食卓の周りの椅子に座ろうが、敷かれたむしろに座ろうが、食べるという行為は、身体だけでなく精神も養う。現在の傾向が続くと、会食は、時間の共有、懇親、意見交換、共通の認識の形成という役割を失いそうだ。人類史において五〇〇〇年以上続いてきた会食という社交の場は消え去り、個食化はこれまで以上に進行するだろう。

最初になくなるのは朝食だろう。各自がその日のスケジュールに応じた好き勝手な時間に冷蔵庫から食べ物を取り出して朝食をとるようになるのだ。

次に、昼食がなくなるだろう。職場においても社員食堂は廃止され、従業員は各自の持ち場で弁当を食べるようになる。

そして、家族で食べる夕食がなくなる。これと同時に、家族は崩壊するだろう。独り暮らしなら、少なくとも夜は個食だ。

食事を誰かとともにする場合であっても、各自は各々のペースで食べるようになるだろう。大皿料理を分かち合う機会はますます減る。誰もが栄養士のように自身の献立を作成するようになるのだ。

人々は決まった時間や場所で食べなくなり、これまで以上に早食いするようになるだろう。仕事中、観劇中、乗り物での移動中、（まだ歩く習慣があれば）歩行中に食べるのだ。

食べ物をちびりちびりとかじる習慣は、ますます顕著になりそうだ。食事は、本来は食べるための場所でないところ（公共のスペース、スタジアム、廊下、列車や車の中など）で、人々が食べ物をついばみ、飲み物を流し込み、せわしなく立ち去る時間に変わっていくだろう。

人々が公共交通機関で長い時間をすごすようになると、駅の構内、列車内、地下鉄内の自販機などの形で、食品を販売するための新たな手段が発達していく。われわれは、将来的には自動運転車の車内で食べるようになり、その車内には冷蔵庫などが完備されるだろう。

食は娯楽よりも地位の低い、あるいは娯楽と結び付いた付随的な行為になっていく。

資本主義によって押し付けられたアングロ・サクソン型の発想の下では、食は楽しみという概念の入り込む余地のない、実務的な行為になる。唯一の楽しみは、工業生産される、脂肪と砂糖がたっぷりの模造食品という形でもたらされる。この食事観が勝利を収めれば、悲惨な結果が訪れる。会話、自然との触れ合い、自己表現、議論、合意の形成にとって最適な場が消滅するからだ。そうなれば、われわれは、社会的、精神的にきわめていびつな状況に陥る。

家族での食事が消滅すると、とくに子供の教育に深刻な影響がおよぶだろう。というのは、これまで子供は食事中に、大人の意見を聞き、大人と議論し、思考力を養い、家族や社会の一員になる、あるいは大人たちに反抗する術を学んできたからだ。

人々が集う食事のうち、存続するのはクリスマスや感謝祭など、ごく一部のものだけだろう。より一般化して言うなら、宗教行事や家族の行事、結婚式、誕生祝い、葬式のときの会食である。会食の機会が減るほどに、われわれはその重要性をより強く認識することになるだろう。

社会はますますノマドの群れになっていきそうだ。孤独で自己愛に満ち、必然的に他者と争いを起こす（あるいはそうならないために引きこもる）ノマドは、ソーシャルネットワーク上に映し出される自己のイメージに酔いしれ、そこで自己の嗜好（好きな料理の写真もその一例だ）、不満、欲望を他者と分かち合うだろう。しかもその行為は、よりによって独りで食事をしながら行なわれるのだ。

未来のノマドは、おもに糖分を摂取しながら暮らすことで、孤独を満たそうとする。というのは、われわれは孤独感からアルコールや薬物に手を出しやすくなるのと同様に、脂肪分や糖分の高い食品をもっと食べたくなるからだ。

孤独感を糖分によって癒やすという傾向はさらに鮮明になるだろう。社会的に排除されているという感覚が生じると、苦痛を感じる脳の部位が活発化する。すると、これを緩和させたいという欲求が生じる。すなわち、糖分が欲しくなるのだ。糖分を摂取すると、脳は気分に働きかけて幸福感をもたらす神経伝達物質であるドーパミンを分泌する。これまでの研究からは、非常に甘い食品を摂取したときの脳の反応は、コカインなどの薬物を摂取した後に生じる反応と似ていることがわかっている(94)。

フランスをはじめとする一部の国々は、個食の点においても、当面の間は例外であり続けるだろう。これらの国々では食事の時間、とくに夕食は保たれるはずだ。もっとも、二〇〇八年にフランス国立統計経済研究所（ＩＮＳＥＥ）が発表した二〇三〇年の未来予測によると、フランスの世帯の四〇％は単身世帯、すなわち個食する人々になるという(510)。

友人、隣人、あるいはＳＮＳを通じて集まった未知の人々と会食する機会を設けることにより、個食化に抗う者たちも現れるかもしれない。彼らは孤独にならないために宴会を開くのだ。食物が人工的なものであろうが自然なものであろうが、会食するのである。

沈黙の監視型社会

市場経済の社会において生じる苦悩を解消するために推奨される行為は、会話や美食を楽しむことではなく、自身の健康、そしてそれが食によっていかに脅かされているのかを注視することである。

よって、体重、ボディマス指数（ＢＭＩ）、健康に関するさまざまな変数に対して食生活がおよぼす影響を監視するための手段が提供されるようになるだろう。

次は、自身の健康状態に見合った食生活が課せられる。誰もが自分は自由に食物を選択できると考えるが、実は他者から課せられた規範に従うだけなのだ。二〇三〇年ごろには、個人的および社会的に食べるべきものを明確にするために、個人の遺伝的な特性も第三者に把握されるようになるかもしれない。

私は、かなり以前から超監視型社会の到来に警鐘を鳴らしてきた(9)。そうした社会が、個人の健康状態をはじめとする領域に定着しつつある。超監視型社会では、公的および私的な各種団体が個人を監視する。これらの団体は、個人の読書、音楽、映画の好み、思想、食べ物や飲み物の嗜好を把握しようとする。その目的は、より各人に合ったものを、より多く販売するためであり、各人の健康リスクを正確に評価するためであり、社会秩序を最適に管理するためである。

このような世界では、最高の価値は、個人の活力や嗜好ではなく、情報および情報を測定するデータに宿る。食習慣のデータ管理は必須になるだろう。

したがって、猛威を振るうデジタル化の波が、保護されると思われていた食の領域を覆い尽くすことになるかもしれない。

超監視型の次は、各自が自分自身で自己を監視する自己監視型社会に移行しそうだ。自己監視型社会の目的は、予測に基づく統計分析によって定められた規範に自身を適合させることだ。こうした自己監視はすでに見られる。その先駆けは、暴君のような食餌療法を自らに課して自虐的な快楽を得る行為だ。自己監視を強化するための武器となるのが人工知能（AI）だ。AIは、己の食習慣が規範に適合しているかを、われわれが正しく検証するための手段になるだろう。というよりも、推奨されている物事をAIがわれわれに課すのだ。

ノマド・グッズと家庭用機器が自己監視の道具になるだろう。たとえば、インターネットに接続された腕時計が血糖値と血圧を常時計測し、「この時間にそのような食物を食べてはいけない」などのアドバイスを発するという具合だ。医師や保険会社は、インターネットに接続された冷蔵庫を利用して在庫状況を把握し、自分たちが課す食餌療法に見合う食物を摂取するように指導するだろう。GAFA〔グーグル社、アマゾン社、フェイスブック社、アップル社〕などのデータを管理する企業と業務提携する保険会社は、冷蔵庫や腕時計から得られる個人データに基づいて決定される食物を食べない被保険者に対し、保険金の支払いを拒否するかもしれない。

その結果、われわれは死という恐怖に怯えて人工物を食らうロボットのような存在になるだろう。この物静かなロボットは、仕事や決まった娯楽のときを除いて話し相手をもたず、会話の最も素晴らしい話題である食も、議論の最良の場である会食の機会も失う。

われわれは沈黙の監視型社会で暮らすことになるだろう。長寿を約束する独裁者に身を委ねるのである。長寿の対価として、われわれは、話す、聞く、意見を交わす、感情を抱く、愛する、楽しむ、叫ぶ、苦しむ、背くなどの、本当に生きるという行為を断念しなければならない。沈黙の監視型社会では、あらゆることが禁じられるのだ。

それでも不安は解消されず、最悪の事態を迎える

沈黙の監視型社会においては、個人、そして人類全体にとって最悪の事態へと向かう進行を止めることができない。監視の下で押し黙って暮らす人類は、沈黙に包まれて死ぬだろう。この沈黙が人類を抹殺するのだ。

これまで以上に多くの人々が、不健康な食生活や、会食する機会が失われたことで陥る孤独から命を落とすに違いない。これと同時に、人類全体は過食で死に絶えるだろう。

われわれが二〇五〇年までに食生活を抜本的に改革しなければ（前章で予見した人類の食生活の未来が変わらないのなら）、肥満は拡大し続け、食に関連する病気は増え続けるはずだ。ヨーロッパ肥満会議の調査によると、われわれの食生活に変化がなければ、二〇四五年には人類の四分の一近くが肥満になるという（二〇一七年は一四％）。八人に一人は2型糖尿病に罹る（二〇一七年は一〇人に一人未満）。現在の傾向が続くと、アメリカ人の五五％は肥満、一八％は2型糖尿病に罹る。[511] 現在のところ、アフリカ大陸ではこうした現代病はまだ少ないが、将来的には爆発的に流行するだろう。

現在の農業や牧畜の形態が継続するなら、すでに述べたように、世界の食糧システムにより、地球は人類が暮らせない場所になる。

ところで、地球が地獄と化す前に、つまり、われわれ全員が監視下に置かれる押し黙ったクローン人間になる前に、食が大災害を引き起こすことも考えられる。

〔イギリスの〕ロイズ保険組合によると、エルニーニョ現象（熱帯太平洋で見られる気候変動）、南アメリカ大陸の気温上昇、小麦のさび病（収穫量の減少と品質の低下を引き起こす伝染病）の蔓延が同時に起きると、大惨事が発生する恐れがあるという。実際にこれら三つの出来事が同時に起きると、小麦と（あるいは）米の価格は高騰するだろう。そうなれば飢饉は瞬く間に拡大する。金融市場は崩壊し、農業は大混乱に陥る。監視下に置かれた沈黙する人々には、事態を収拾できない。いかなる民主主義でもこの大惨事に抗うことはできないだろう。

＊＊＊

これは耐え難い未来だ。一部の人々はこうした未来が悲惨なものであることを理解している。というのは、すでに多くの人々がこのような悲惨な暮らしを送っているからだ。未来を予測して鳴り響く警鐘に、人々は反応し、怒り、拒絶し、反逆する。すでにそのような動きがある。

何の行動も起こさなければ、食をめぐる激しい暴動が勃発するだろう。それは過去にファストフードのレストランを破壊したり、一部の食肉処理場や多国籍企業に抗議運動を起こしたりした暴動の規模をはるかに上回るはずだ。

一部の先進国では、ボイコット運動、食品工場の破壊、食品会社に対する糾弾、食肉処理場に対する大規模な攻撃がまもなく始まる（すでに始まっている）。

会食の消滅によって失われた話し合いの機会を補うために、議論のための新たな機会が求められる（すでに求められている）。フランスで二〇一八年の秋から冬にかけて起きた暴動〔政府に対する抗議活動「黄色いベスト運動」のこと〕は、議論の場が失われたことの最も直接的な表現だ。だからこそ、自宅で家族としゃべる機会が失われたことを補うために、円形交差点に建てられた掘立小屋で、見ず知らずの人たちと会話する機会が設けられたのだ。

民主主義にとって、より多くのモノを売らんとして、資本主義が人々を沈黙に追い込むのを放置すること以上に危険な行為はない。

人々の復讐は、世界をよくも悪くもする。

怒りを行動に変えるのなら、世界をよくすべきだ。われわれの食生活、食糧生産の方式、議論の形態を見直すべきなのだ。

なぜなら、与えられる生活の糧が耐え難いものになると、誰であろうと革命を起こすことになるからだ。

第十章
食べることは重要なのか

人類が存続し、われわれ全員が人間らしい健康で自然な暮らしを満喫できるようにするためには、今日の食の生産および分配のあり方を一変させる必要がある。食について考え、食に関する計画を立て、食事をつくり、食事をとり、食をめぐる社会的なつながりを発展させるために、われわれは多くの時間を割かなければならない。そして、いかにして食が権力を築き、崩壊させるのかを理解する必要がある。

われわれは沈黙の監視型社会から抜け出す必要がある。このような社会で暮らす人々は、貪欲で厚顔無恥な企業だけが儲かる仕組みの食品を摂取するようにと、無言のうちに強要される。これらの企業は、われわれの孤独につけ込み、自分たちの食品をさらに消費するように仕向ける。

個人、人類全員、そして地球にとって、食を、健康、社会の安定、楽しみ、分かち合い、創造、喜び、自己超越、他者との出会いの源泉にする必要がある。食は、人生と自然を分かち合う一つの方法であり、体と心を最善の状態にするための手段であり、自然との触れ合いを見直し、これを失わないようにするための貴重な機会なのだ。そして会食は、さまざまな話題に関する無数の会話が始まるきっかけだ。われわれは失われてしまった会食の社会的役割を再び見出すために、現世代だけでなく将来世代も含む全員と社会的つながりを構築する必要がある。

これらの目的は、まだ相反することなく達成できる。われわれは、私がこれまでに述べた惨事をまだ避けることができるのだ。今なら、自分たちが摂取するもので自殺したり、地球とともに自爆したりすることを回避できる。

よい知らせとしては、各自が健全な食生活を送ることが地球を保全するための最も有効な手段であるだけに、その実行は簡単だということだ。言い換えると、他者ができる限り健康な食生活を送れるように気を配ることが、全員の利益になるのだ。

実行しようではないか。そのためには地球および国レベルで、そしてわれわれの日常生活において、抜本的な改革に取り組む必要がある。あまりにも壮大な試みだと恐れてはいけない。気候変動や海洋保全などの問題とも密接なつながりがあるため、われわれにはすべてを同時かつ迅速に行なう以外の選択肢はないのだ。

読者には、ぜひ続きを読んでもらいたい。行動しようではないか。

農業の担い手は正しい知識をもつ小規模農家

数多くの研究が示すように、九〇億人以上の人々が健康な食生活を送ることは可能だ。たとえば、二〇一八年一〇月のフランス国立農学研究所（ＩＮＲＡ）とフランス農業開発研究国際協力センター（ＣＩＲＡＤ）の研究によると、毎日一人当たり三〇〇〇キロカロリー（動物由来は五〇〇キロカロリー）を供給することは可能だという（ちなみに、現在の先進国では四〇〇〇キロカロリーであり、そのうちの動物由来は一〇〇〇キロカロリー）。

二〇一七年に発表された「オーガニック食品によって世界の食糧供給をより持続的に行なうための戦略」という研究によると、肉類、乳製品、卵の消費量を半減させ（これにより、牧畜および牧畜の飼料の栽培に必要な土地の面積が半減する）、食品廃棄を半減させれば、二〇五〇年になっても、世界全体の農業は遺伝子組み換え作物や化学肥料に頼ることなく、人類全体を養うことができるという。なぜなら、肉類の消費量と食品廃棄を削減することにより、集約的農業に対する有機農業の低い生産性（八％から二五％低い）を補えるからだ。[186] この消費モデルを実行すれば、温室効果ガスの排出量を削減し、土壌侵食を防ぐこともできる。

この壮大な変革を成功させるには、世界の農業を根本的に改革する必要がある。おもな点を列記する。

・途上国の農民が所有権をもてるように改革し、彼らに教育を施す。そのためには、貧者たちが「簿外資産」である「治外法権」の領域（例：南アフリカの非白人居住地区や、ブラジルのファヴェーラなどの貧民街）に蓄積している、九兆三〇〇〇億ドルと見積もられる非公式な資本に代わり、法的に効力をもつ所有権を整備する必要がある[21]。

・途上国の農業への投資額を五〇％増やす。そのためには、小規模農家が融資を受けられ、土地を所有できる仕組みをつくると同時に、食品会社による農地の大規模な買い占めを法的に禁止しなければならない。

・世界中の農村部で暮らす貧しい人々のために、医療、衛生設備、教育、職業訓練などの社会的サービスを拡充させる。これらのことも彼らの農業投資を促す。エチオピアでは、生活保護と生産手段の支援（融資、設備、農業の技術指導）の両方を受ける農村部の世帯の暮らしは、生産手段の支援だけで生活保護を受けない世帯よりも大きく改善した[184]。

・大地が生み出す収益が農民に公正に分配されるようにするために、農民、食品会社、流通業者との関係を修復する。フランスで二〇一八年一〇月二日に採択された、通称「農業と食品法」〔「農業部門と食品部門の商業的関係の均衡および健康的で安定したすべての人がアクセス可能な食糧供給のための法律」〕という法律の条項には、「農民には自分たちの生産コストを考慮して値決めする権利がある」という文言がある。

・とくにアメリカやヨーロッパにおいて、果物や野菜を栽培する農民に対する補助金を手厚くする一方で、穀物や遺伝子組み換え作物を栽培する大規模農家に対する補助金を減らすように政策を転換する。

・周囲の環境を考慮した灌漑設備、適量の最適な肥料、選別した種子を利用すれば、アフリカの農業の生産量を五〇％増加させられる一方で、環境に対する負荷と穀物の純輸入量を減らせる。

・農地でない場所と海洋の生態系を保護区にする。これは国連の「持続可能な開発のための２０３０アジェンダ」の二つの目標に対応するものでもある。すなわち、一四番目の目標（「海洋と海洋資源を持続可能な開発に向けて保全し、持続可能な形で利用する[190]」）と、一五番目の目標（「陸上生態系の保護、回復および持続可能な利用の推進、森林の持続可能な管理、砂漠化への対処、土地劣化の阻止および逆転、ならびに生物多様性損失の阻止を図る[190]」）である。

・大企業に種子を独占させない。多国籍企業による種子の法的取得を阻止するために植物新品種保護国際同盟（ＵＰＯＶ）の権力を強化する。この同盟は、新品種の開発者に開発利益を約束しながらも、誰でも新品種を利用できるようにする。

・食品が劣悪な労働環境や動物の不必要な苦痛の下に生産されることがないようにする。そのためには、食品には、国際労働機関（ＩＬＯ）の定める労働条件が遵守されていることとを示すラベルの表示を義務付ける。
・化学肥料の投入量を減らし、輪作にマメ科植物を組み入れたり、生け垣を新しくしたりするなどして、やせた土壌を回復させる。
・グリホサートなど、毒性が証明された化学物質の利用を徐々に減らす。二〇一五年、世界保健機関（WHO）〔の下部組織である国際がん研究機関（IARC）〕は、三つの農薬（グリホサート、ダイアジノン、マラチオン）を「発がん性が確実にある」という分類の直前に位置する「おそらく発がん性がある」に分類した。(468) 二〇一六年、フランス食品環境労働衛生安全庁（ANSES）は、ポリエトキシ化牛脂アミンという補助剤など、グリホサートに関連する化学製品に対する認可を取り消した。(390) こうした動きとは逆に、二〇一七年一一月、EUは、グリホサートには発がん性リスクはないとする欧州化学機関の報告書に依拠し、グリホサートの許可を二〇二二年まで延長した。ただし、フランスでは農薬の利用の一五％を占めるグリホサートに関連する化学製品の使用を、二〇二一年から禁止することが検討されている。世界中ですぐにでも使用を中止すべきだろう。
・肥料などに関して、オーガニック（有機栽培）製品の利用を増やす。有機肥料（カラシ、ソラマメ〔飼料用〕、エンドウマメ、まぐさ）や飼育場から回収される産物（鶏糞、牛や豚の糞尿、堆肥、肉・羽・骨の粉）は、土壌の微生物を活性化させる。窒素、リン、カリウムの三大栄養素の一つを少なくとも三％含有しているのが効果的な有機肥料である。(391)

・無機肥料の代わりにリンを利用する。そのためにリンを（汚水、沈殿物、食品ゴミの焼却から生じる灰などから）回収する。(304・305)
・いわゆる「第一世代バイオ燃料」（人間の食糧となる穀物が原料）の生産を禁止し、「第二世代バイオ燃料」（植物の非食部である茎や葉の繊維質が原料）へと移行する。そして「第三世代バイオ燃料」（バイオディーゼルを製造できる、脂肪酸を大量に含む微細藻などの微小生物が原料）の開発を目指す。(348・349・350)
・有機農業をできる限り拡充する。つまり、先述のすべてのことから有機農業を保護する。
・消滅寸前の種子を保存する。それらは将来、気候変動が生じた際に役立つ。二〇〇一年に採択された「食糧および農業のための植物遺伝資源に関する国際協定」（この協定の批准国は、ヒトの食糧生産のために栽培されている作物〔食用および飼料用〕の八〇%を占める、六四種類の作物に関する遺伝情報や遺伝資源を相互に利用できる）が発効されたことにより、世界では、およそ二〇〇〇の遺伝子バンクがすでに設立されている。

北極からおよそ一三〇〇キロメートルに位置するノルウェーのスヴァールバル諸島の山の斜面に建てられた種子貯蔵庫は、最も充実している。この遺伝子バンクは「未曽有の大惨事のための金庫」と呼ばれている〔正式名称は「あらゆる危機に耐えうるように設計された終末の日に備える北極種子貯蔵庫」〕。二〇〇八年に操業を開始した現代版の「ノアの方舟」。この遺伝子バンクには、遺伝子組み換え作物（ＧＭＯ）の種子は一つもなく、世界各国から一〇〇万種類以上の種子が保存されている。それぞれの小さな袋には五〇〇粒以上の種子が入っている。何人たりともそれらの袋を開けることは許されていない[467]〔ただし、地球温暖化の進行によって周辺の永久凍土が溶け始め、早くも水没の危機に瀕している〕。

別の種子バンクとして、インドのナブダーニャ〔「九つの種」〕という非政府組織は、イギリスのキュー王立植物園のように五〇〇〇〇種類以上の薬草などの植物の種子を保存している。

これらすべてのことは食品の価格を上昇させる。つまり、家計費に占める食費の割合を増やし、他の支出を減らす必要があるのだ。たとえば、フランス人全員がより健康な食生活を送るために一日当たり〇・一ユーロ余分に支出すれば、フランスの農民の収入は毎月およそ二五〇ユーロ増える計算になる。これは将来的に発生する医療費の大幅な削減にもつながる。われわれは健康な食生活を送るための支出が充分でないと認識する必要がある。これは大きな政治的な選択だ。

世界の食品会社に対する規制を大幅に強化する

・とくに子供向けの出来合いの料理や飲料に含まれる、脂肪、塩分、糖分、脂質を減らす。

エネルギーに換算して、これらの食品は次に掲げる二つの事項を遵守しながらも摂取量全体の三〇%未満に抑えるべきだ。

一つめは、飽和脂肪酸は摂取量全体の一〇%を超過してはならず、トランス脂肪酸(付属文書を参照のこと)は最大で一%であることだ。

二つめは、遊離糖類(食品会社が食品に添加する糖類や、蜂蜜、シロップ、果汁などに天然に存在しているもの)は、毎日の摂取カロリーの一〇%未満であることだ。塩分の摂取量は一日五グラム未満だ。(392)
・食品や飲料のリサイクルしにくい包装をやめる。これは可能であり、すでに多くの進展が見られる。
スウェーデンのトゥモロー・マシーン社〔デザイン事務所〕は、キャラメル化させた砂糖をワックスでコーティングした素材で油の容器をつくった。藻類でつくったスムージーの容器や、時間が経つとバクテリアなどで有機分解できる蜜蝋でできた米の容器も存在する。これらの容器の耐用期間は、内包する食品の賞味期限と同程度だ。

ロンドンの新興企業スキッピング・ロックス・ラボ社は、プラスチック製のペットボトルに代えて藻類を原料にする「食べられるボトル」の利用を提唱している。このボトルの原価はなんとプラスチック製のものよりも安い。河川から海に流れ出るごみを防ぐために三角州にフィルターを設置するなど、プラスチック製の容器による海洋汚染を防止するための措置を講じる必要がある。
・プラスチック容器に対する課税と規制を強化する。二〇〇二年、アイルランドはレジ袋の価格を〇・一五ユーロ引き上げた。これにより、二〇一七年までにレジ袋の利用枚数は九〇%減少した[525]。
二〇一六年にフランスでは、使い捨てのレジ袋の利用が禁止された。二〇一八年一〇月に欧州議会では、使い捨ての一部のプラスチック製品の利用を禁止する法案が可決された。プラスチックで包装された製品の販売を禁止するなど、さらに踏み込んだ対策が考えられる。というのは、プラスチックをリサイクルするには、水と大量のエネルギーが必要だからだ。
・食に関する国際刑事裁判所を創設する。この裁判所は、農業経営を行なう企業、食品会社、流通業者、ファストフードのチェーン店など、食システムに関わる大物たちの犯罪を裁く。彼らが食の消費者および生産者である国民に深刻な危害を加えているのにもかかわらず、その国の司法では彼らを裁けない場合、この裁判所に提訴するのだ。食品業界が毒を垂れ流すのをやめさせる唯一の効果的な方法は、この裁判所を機能させることだろう。この裁判所の活動は、国際連合食糧農業機関（ＦＡＯ）の国際食品規格委員会のような既存の鑑定機関や、一九六六年に採択され、その後一六九ヵ国が締約した「経済的、社会的および文化的な権利に関する国際規約」の第一一条などの文書に依拠する。第一一条を紹介する。「この規約の締約国は、すべての者が飢餓から免れる基本的な権利を有することを認め、個々に、そして国際協力を通じて、次の目的のため、具体的な計画、その他の必要な措置をとる。(a)技術的、科学的な知識を活用し、栄養に関する原則についての知識を普及させ、天然資源の最も効果的な開発と利用を達成するように農地制度を発展および改革することにより、食糧の生産、保存、分配の方法を改善すること。(b)食糧の輸入国と輸出国の双方の問題を考慮し、需要との関連において世界の食糧供給の衡平な分配を確保すること[380]」

食に関する国際刑事裁判所にとって、この第一一条は強固な法的基盤になるはずだ。

全員にとって最善の食餌療法：食の利他主義

科学や慣習が教えるところの最善を自分自身になすのは各自の務めだ。ところが、各自にとってよいことは、先ほど述べた目標を満たすための最良の方法でもある。したがって、個人にとっての最善の食餌療法は、食の利他主義にも適う。すなわち、他者と自然にとってよいものを消費することが、自分自身にとってもよいことなのだ。

そのためには、数千年前から練り上げられてきた数多くの食餌療法（ヒポクラテス式、中国式、アーユルヴェーダ式など）に見られる稀な共通点に注目すべきだろう。

主要な食餌療法は、定期的な絶食、腹八分目、肉・糖分・アルコールを控え目にすることを推奨する。そして、強制労働によってつくられる食品や、人類や自然に害悪をもたらす食材を利用してつくられる食品を消費しないことだ。

先ほど紹介したように、実際にこれらの食餌療法が掲げる規律は、世界の状況を考慮すると課すべきことでもある。個人および全員にとって、肉、アルコール、糖分、乳製品の消費量を大幅に減らし、持続可能な漁業を実行し、果物と野菜の消費を促し、アグロエコロジー〔農業における生態系保護、地域の環境や生態系を守る農法〕と都市型農業を発展させる以外、われわれに選択肢はない。

とくに今日、西側諸国ではタンパク質の摂取量の比率は、動物性が三分の二、植物性が三分の一だが、二〇五〇年には動物性が五分の一、植物性が五分の四になるよう変革しなければならない。果物と野菜の摂取量については、充分な食物繊維を得るため一日に四〇〇グラムは必要だろう。

これら古代の食餌療法を実践すれば、農業の増産に歯止めがかかり、温室効果ガスの排出量は減り、土壌は保全されるはずだ。

ただし、残念ながらこれらの食餌療法の間には多くの相違点もある。

「パレオダイエット」〔原始人食〕は、旧石器時代に食べていたと思われる食だけを摂取するように推奨する。地中海式食餌療法は、オリーブオイルなど、地中海産の食材を称賛する。

生野菜主義者は生野菜しか食べないと誓う。一方、マクロビオティックという食餌療法は、野菜は生よりも低温での調理を好む。沖縄式食餌療法は、果物、野菜、全粒穀物、弱火での調理を優先し、肉、乳製品、糖分、塩分、脂肪分の摂取を極力制限し、少なくとも週三回魚を食べ、毎日一・五リットルの水と二杯の茶を飲むことを勧める。[306・307] そして「解離食餌療法」は、一日に一つの「種類」（魚、野菜、乳製品、果物、卵など）の食だけを摂取するように勧め、酸アルカリ食餌療法〔アルカリ食〕は、摂取した食物のpH値のバランスに注目する。

また、栄養士に具体的にどの果物と野菜を食べるべきかと質問すれば、ある栄養士が推奨したものを他の栄養士が体に悪いと酷評するなど、栄養士によってまったく異なった答えが返ってくる。しかしながら、最新の食餌療法を信じるのなら、次に掲げる食材は体によいとされる。米、レンズマメ、キヌア、ソラマメ、インゲンマメ、エンダイブ、アボカド、トマト、アーティチョーク、ナス、セロリ、ブロッコリー、オリーブ、シナモン、生姜、バジル、イノンド〔セリ科の一年草〕、ルピナス〔マメ科の植物〕、水煮大豆、豆腐、キノコ、スピルリナ〔単細胞微細藻類〕、スイカである。[63]

これらの食物に関しては、品種、種子、栽培される土壌などの条件も重要になる。また、プラスチックの容器を使わないなどの配慮も必要だ。もちろん、食品会社が加工したのではない自然な食材を選択すべきだ。

個人が一日に必要なカロリーは、性別、身体活動レベル、外気温、年齢などによって変動するものの、総じて一八〇〇キロカロリーから三〇〇〇キロカロリーの間に収まる。栄養素の内訳は、タンパク質（総エネルギー摂取量の一一％）、脂質（二五％から三五％）、糖質（五〇％から五五％）である。

少肉多菜

動物愛護に対する意識の高まりから、イスラーム教のハラールとユダヤ教のカシュルートに基づく処理法は大幅に抑制されるだろう。この動きにより、イスラーム教徒とユダヤ教の敬虔な信者の一部は、戒律に反する肉を食べないために肉食を断念するだろう。

敬虔な信者だけでなく一般の人たちの間にも、地球環境保全のために牛や羊の肉を食べるのを控える、さらには完全にやめる者たちが現れるだろう。

肉食を減らせば、温室効果ガスの排出量の増加には歯止めがかかり、水の消費量は大幅に減り、土壌汚染は緩和され、窒素肥料の使用量と一部の作物の生産量は減少する。

肉食を減らすには、自生でしか存在しなくなった忘れ去られた植物を栽培する必要がある。アフリカのサブサハラ地域などで自生するそれらの植物は、現在でも一部の共同体の基本食になっている。そのいくつかを紹介しよう。

・テフはおもにエチオピア（世界の生産量の九〇％）とエリトリアで栽培されている穀物だ。食物繊維は米よりも豊富であり、鉄分とタンパク質は三大穀物（小麦、米、トウモロコシ）よりも多い。テフはカルシウムを含む稀な穀物の一つだ。栄養だけでなく栽培の面でも秀でている。テフの成長は早く（二ヵ月から五ヵ月）、さまざまな天候に適応して生育する。エチオピアの一二〇〇万人の小規模農民の半数は、テフを栽培している(120)。

・モリンガ〔ワサビノキ〕は、インド、スリランカ、アラビア地域、マダガスカル、セネガルなどの熱帯および亜熱帯地域で栽培される樹木だ。モリンガの根、葉、果実（さや）、花、種子、樹皮は、食用になる。モリンガの葉は、ミネラル、ビタミン、タンパク質、抗酸化物質、根は、タンパク質、ビタミンA・B・C、ミネラル（カルシウムとカリウム）が豊富だ。インドでは、モリンガのさやはカレーの具として食される。さやに含まれる種子は生でも食べられる。FAOは、子供や妊娠中の女性に対してモリンガの葉を食べることを推奨している。モリンガは人類の未来にとってきわめて重要な植物だ(381)。

・バンバラマメは西アフリカ原産のマメ科の重要な植物だ(382)。この植物は、他の植物なら生育しないような地域でも栽培できる。バンバラマメは地中の窒素を固定するための緑肥にもなる。また、葉は家畜の飼料に最適だ。タンパク質の含有量（一八％）は、植物としてきわめて高い。したがって、牧畜ができない地域にとっては必要不可欠な食物だ。バンバラマメの栽培地域は広がっているとはいえ、まだブルキナファソなどのアフリカ諸国に限られている。人類の未来にとってきわめて重要な植物だ。

他にも、多くの地域で栽培可能な、忘れられた植物が存在する。世間から忘れられたこれらの植物を食べることを躊躇してはいけない。ある植物種を保護するには、その植物が消滅してしまうのを傍観するのではなく、〔栽培して〕食用にすべきなのだ。

少糖

われわれが摂取するショ糖は、フルクトースとグルコースの分子が結合してできている。果物からフルクトースを摂取すれば、人体に充分なカロリーが得られる。したがって、加工糖は摂取すべきではない。

二〇一六年、WHOは、肥満を撲滅するために世界中で甘味飲料に少なくとも二〇%課税すべきだと訴えた[191]。一部の国は、こうした方針を掲げて糖分を控える運動を開始した。一般的には、食品業界からの政治的な圧力のため、強制的な手法はとっていない。

二〇〇八年以降、フランスは「自主的取組憲章」に基づく政策を推進している。この憲章では三七の食品会社と流通業者が、自社の扱う食品に含まれる糖分の量を減らすと宣言している。もちろん、われわれはこれらの取り組みが見せかけだけでないかを検証する必要がある。

糖分なしで健やかな暮らしを送るのは難しい。というのは、すでに述べたように、糖分を摂取すると、自己を制御しやすくなるからだ。脳は大量のグルコースを消費して自己を制御する。よって、低血糖症の人にとって、攻撃的な衝動を制御することには困難がともなう。[145]そうならないためには、砂糖に代わるものを見つける必要がある。

砂糖の代わりとしては、タガトースやポリオール〔多価アルコール。ソルビトールやキシリトールなど〕（それぞれ、牛乳や一部の果物に存在する）がある。アスパルテーム（人工甘味料）や、ステヴィア・レバウディアナ（*Stevia rebaudiana*）という植物の葉から抽出されるステビアのような甘味料もある。これらすべては非常に高い甘味度をもち（ショ糖の数十倍）、血液中のグルコースの濃度を上昇させず、カロリーもほとんどない。

アスパルテームやステビアほどではないが、リュウゼツランの樹液〔アガヴェシロップ〕はサトウキビやテンサイの糖よりも甘味度が高い。カロリーはショ糖よりもわずかに低い。リュウゼツランの樹液はグルコースを含まないため、血糖値に対する影響も低い。ただ、グルコースとは反対にフルクトースが豊富なため、心血管疾患の原因にもなる中性脂肪値を高める。

サトウキビやテンサイの糖、そして工業的につくられるコーンシロップ（ＨＦＣＳ）に代わる天然由来の甘味料（例：有機ココヤシ糖。血糖値の上昇は、サトウキビ糖、キシリトール、ココナツミルクの半分）は、他にも存在するはずだ。[383]

地産地消

われわれは、できる限り半径一二〇キロメートル以内で栽培された新鮮な野菜を食べるべきだろう。したがって、季節もので人工的な加工をほとんど施していない野菜を選ぶべきだ。地産地消により、収穫物の輸送の際に発生する二酸化炭素ガスの排出も削減できる。それを実行するには、都市とその周辺部に農園を増やすことが求められる。

フランスの食市場に占める地産地消の割合は、すでに八％に達している。アメリカのカリフォルニア州の場合、この割合はさらに高い。

アメリカのデトロイトの例を紹介する。ご存じのように、デトロイトでは自動車産業が衰退したため、多くの労働者や中間層が街から徐々に去った。そこで「グリーニング・オブ・デトロイト（デトロイトの緑化）」という非営利組織は、こうした人々が手放した小さな区画を利用して二〇〇三年から都市型農園をつくった。その数は一六〇〇ヵ所以上に上る。二〇一六年には、同じデトロイトで「ミシガン都市型農業イニシアチブ」という非営利組織が街の中心部に有機栽培農園をつくった。二〇〇本以上の果物の樹木が植わるこの農園の収穫物は、恵まれない家庭に無料配布される。[137]

すべての都市のアパートのベランダでは菜園ができる。都市型農園では、点滴灌漑（植物の根に的を絞った灌漑であるため、水と肥料が節約できる）、水耕栽培（土壌でなく不活性および不毛な基層を利用する栽培法）、空中栽培（作物を湿度と栄養分の高い空中に吊る栽培法）も利用可能だ。[23] パリ市は、ポルト・ドゥ・ヴェルサイユ（パリ南西部）にある見本市会場の屋上に、世界最大の都市型農園をつくろうと計画している。

環境学者、微生物学者のディクソン・デポミエによると、都市型農業のために二ヘクタールの土壌をもつ三〇階建てのビルを建設すれば、農村部の九七〇ヘクタールの農園に匹敵する収穫が得られるという。[106]

地産地消はスローフード運動（ファストフードに対し、風土に根ざした食を尊重する活動）が提唱することでもある。一九八六年にイタリアで誕生したこの運動には、世界中に一〇万人以上の支持者がいる。「ゆっくり食べる」と、会話は弾むはずだ。

ゆっくり食べる

ゆっくり食べるとは、時間をかけてよく噛んで食べることだ。これには二重の利点がある。ゆっくり噛んで食べると、摂取カロリーは最大で一五％減り、歯を健康に保つことができる。そして時間をかけて食べると、胃から脳へ摂取した量を伝達する時間的な余裕が発生するため、食べすぎを防ぐことができる。

　したがって、食べすぎないためには、時間をかけてゆっくり噛んで食べることだ。そうすることにより、食道や胃腸の負担も軽減できる。

　そのためには、料理が出てくるたびに、二度から三度ほどナイフとフォークを食卓に置き、食べるのを忘れて、話す、聞くなどの習慣を身に付けてはどうか。また、自分の皿の真ん中に頭の中で線を引き、一気に食べるのではなく半分だけ食べ、一休みするのはどうだろう。

　時間をかけてゆっくり噛んで食べる食事法は、たとえば一つの料理を皆で分かち合う祝宴の席で、食などに関する話題で盛り上がった際には簡単に実行できる。そして料理をつくった人とともに会話を楽しむのだ。長い時間をかけて用意した料理をあっという間に平らげて、料理をつくった人の気分を害してはいけない。同席者が同じように振る舞ってくれるのなら、時間をかけてゆっくり噛んで食事を楽しめる。

　だが、これを個食の際に実行するのは難しい。新聞、本、スマートフォンなどの画面を眺めながらの食事や、職場で大急ぎで食べるときなどだ。

　つまり、会話は健全な食事を促すのだ。とくに、われわれは会話によって自分たちの食を正しく知ることができるようになるのだ。

自分たちの食を知る

消費者が食を知るには、穀物、肉類、香辛料、飲料、野菜、工業生産された食品など、すべての原料の素性が明示される必要がある。とくに、遺伝子組み換え作物、農薬、グリホサート、工業的につくられるコーンシロップ、アレルギー物質などが食品に含まれていないかが明確になっていなければならない。また、食品の製造された場所と日にちの表示も重要だ。消費者に対してできる限り多くの情報を正確に伝えるラベルの創設、およびその表示を義務化する必要がある。

ブロックチェーンを使うと、収穫、生産、加工、輸送、販売などの各段階に関する情報が正確に得られる。この技術を利用すれば効率的な食品のトレーサビリティ〔追跡可能性〕を構築できる。すでにこうしたトレーサビリティを実現するアプリケーションは存在する。

アメリカには、およそ二〇〇万回ダウンロードされた「シーフード・ウォッチ」というスマートフォン用アプリケーションがある。このアプリケーションを利用すれば地域漁業の持続的な発展を支援できる。つまり、海産物を購入する際、消費者は自身の選択が、「最良」、「許容できる」、「避けるべき」なのかを知ることができるのだ。

中国のゾンアン〔衆安〕・テクノロジーズは、消費者が鶏の飼育から加工までの全段階を追跡できるブロックチェーンのプラットフォーム〔実装基盤〕を構築した。

フランスの食糧産業クラスター〔地域密着型の食品産業の振興団体〕「ブルー・ブラン・クール」は、消費者が食品のトレーサビリティのデータベースにアクセスできる仕組みを開発した。

二〇一二年に始まったオープンソース型の食関連のデータベース「オープン・フード・ファクツ」は、世界中で消費されている食の原料、アレルギー物質、栄養成分に関する目録を作成している。二〇一七年、このデータベースには七五〇〇人の協力者から三九万六〇〇〇件以上の情報提供があった。

フランスのアプリケーション「ユカ」は、「オープン・フード・ファクツ」のデータに基づき、食品の栄養価に関する情報を消費者に提供している。このようにして集められた情報は信頼できないという批判もあるが、このアプリケーションは、すでに七〇〇万回以上ダウンロードされた。

最後に、ブロックチェーンを利用する「コネクティング・フード」はさらに先を行く。食品になるまでの全工程について、食品の素性をリアルタイムで追跡し、食品会社の表示するラベルが正確かどうかを検証している。

こうした知識は食育を強化すると同時に、食育によって強化される。

食育

これまでに語ったことは、学校給食の際に文書で教えられるべきだ。また、親は子供が学校給食で学ぶことを、家庭での朝食、おやつ、夕食に反映させてほしい。

とくに、本書巻末の付属文書の内容を学んでほしい。たとえば、カロリー、ビタミン、栄養分、タンパク質、脂質、糖質とは何か。なぜ食欲がわくのか。脳、歯、口蓋、食道、胃、腸は、どのような役割を担っているのか。食物はどうやって脳に栄養を供給するのか。どんな食物や飲料が身体や精神を害するのか。

子供には小さいときから食に関する教育を施す必要がある。たとえば、次のような教育だ。糖分の高い食品や飲料の摂取は避ける。チョコレートはブラックだけを食べる。糖分や塩分の高い加工食品を習慣的に食べない。時間をかけてゆっくり噛んで食べる。会話を交わしながらできるだけ長い時間を食卓ですごす。断食を行なう。食物の素性を把握する。牛乳、パン、動物の飼育、海産物の製造過程に思いをめぐらせる。使われた肥料についても考えてみる。

当然ながら、アルコール、タバコ、脂肪、薬物（糖分を含む）の危険から子供たちを守る必要もある。

さらには、子供に料理を教え、料理法を考えさせ、食事の支度、給仕、後片付けを手伝わせる。そして食事中の会話はきわめて重要だ。

消費者は、食品産業が有無を言わさず押し付ける食品に異議を唱えなければならない。毒を食らうのを拒否するのは市民の務めだ。危険な食品は糾弾しなければならない。食品会社によっては、自社の食品が栄養学に基づく、あるいはオーガニックだと偽ることがある。消費者はそうした偽りの広告に騙されてはいけない。

学校などにおいて、定期的に体を動かす機会を設けるべきだ。子供なら一日に六〇分、大人なら週に一五〇分の運動が必要だ[173]。さらに、一日六時間は立って生活する必要がある。二〇一六年にテキサス州の三つの小学校で実施された調査によると、立った状態で授業を受ける生徒のBMI（体重÷《身長×身長》〔値が大きいと肥満傾向〕）は、座った状態の生徒よりも〇・四ポイントほど低いという[111]。

二〇一八年の『ヨーロッパ予防循環器学ジャーナル[155]』に発表された別の研究によると、立った姿勢をとるとカロリーの消費量が増え（座った姿勢よりも一分当たり〇・一五キロカロリー消費量が多い。つまり、六時間立った状態だと、一日当たり五四キロカロリー余分にエネルギーを消費する計算になる）、心血管疾患、脳卒中、糖尿病に罹るリスクは減るという。そして立った姿勢で授業を受けると、認知能力は七％から一四％に高まる（出典：二〇一六年の『国際環境研究・公衆衛生ジャーナル』に掲載された複数のアメリカの大学が行なった研究結果[112]）。

節食

飽食の社会で暮らす人が節食するのは、本人ならびに地球環境にとって有益だ。まず、定期的に絶食を実行してみよう。

消化器は摂取した栄養分を吸収する。しばらくすると、肝臓、体脂肪、筋肉のタンパク質に貯蔵された糖分はエネルギーとして消費される。肝臓は解毒作用をもち、消化システムを再生する。

二〇一六年に日本の大隅良典は、オートファジーの仕組みを解明してノーベル生理学・医学賞を受賞した。外部からの栄養補給を絶たれた細胞が、自身の細胞質の一部を消化して自己を再生するというメカニズムがオートファジーだ[255]。

ヒトの場合、断食すると体重が減るだけでなく、2型糖尿病によって低下したインスリン受容体の感受性が改善し、心血管疾患に罹るリスクが減り、細胞の老化が緩和される。

数ヵ月間断食できるクジラや海亀は一五〇歳まで生きる。ハツカネズミを使った実験からは、断食は、パーキンソン病やアルツハイマー型認知症のような神経変性疾患にプラスの効果をおよぼすことがわかった[255]。

風変わりな食餌療法（たとえば、イギリスの医師マイケル・モズリーが提唱する食餌療法では、週五日だけ「普通」に食べ、残りの二日は一日当たり五〇〇キロカロリーしか摂取しない[254]）ではなく、一日のうち連続一四時間は何も食べないというような、連続的で秩序立った断食が効果的だろう。

断食以外には、一般的に、たとえ体によい食品であっても食べる量を減らすべきだろう。食べる量を減らすには、食前に冷たい水を飲むなどのさまざまなテクニックがある。これらのテクニックを利用すれば、食欲を抑え、満腹感を早く得ることができる。

そして、食べるのは話すことなので、節食は会話を減らすことでもある。会話を控えると、節食や断食を行ないやすくなる。呼吸法や瞑想は、会話を減らし、節食や断食の助けになる。しばしば言葉の断食も行なうべきだ。つまり、沈黙することだ。沈黙した後に会話に戻ると、会話のありがたみが増す。

ポジティブな暮らしと地球のための「ポジティブな料理」

まとめると、先ほど述べたことをすべて実行するなら、われわれには地球で豊かな暮らしを送り続けるチャンスがまだ残されている。各自の楽しみと健康によいことを、地球環境にとってよいことに合致させるための時間はまだ残されているのだ。

私は、自己と将来世代に資する料理を「ポジティブな料理」と呼ぶことにする。

これまでに述べた要件を満たす料理は、自己と他者の健康ならびに地球環境の保全を美食術と融合させ、地域と世界、そしてオーガニック料理と菜食を結び付けるだろう。料理に使用される食材の素性はすべて明らかにされる。料理は芸術であり、科学と創造力、そして自然と洗練さを一体化させる。料理は、芸術作品と同様に生命を称え、回想することによって、ノスタルジーを歓喜に、そして儚さを不朽に一変させることができる。

誰もが料理を創造する権利をもつ。誰にでも描く、歌う、作曲する権利があるように、体によい素材を自身のやり方でアレンジすることにより、誰もがポジティブな料理を創造できる。こうした過程では、失敗もするが、傑作が生み出されることもある。真の完全芸術に仕上げるには、料理は全員の意にかなったものでなければならない。

普遍的でポジティブ、そして質素で穏やかなこのような美食学は、喜びで会話が弾む利他主義に基づくポジティブな社会の誕生を促す。

料理は会話の新たな儀式にもなるだろう。料理を味わうことは、会話のためのかけがえのないひと時になるのだ。

会話の弾む食卓という喜びを見出す

会食する習慣がまだ残っている国々では、その習慣を守る必要がある。子供とともにとる朝食、会社の同僚や友達とともにとる昼食、家族とともにとる夕食などの時間を大切にするのだ。そのためには、あまり早い時間に出勤せず、あまり遅い時間に帰宅しないことだ。

会食する習慣を失った国のおもな課題の一つは、崩壊した社会の再生だろう。

学校では、子供はパンをつくることだけでなく、会話を楽しみ、お互いを理解することを学ぶべきだ。パンのつくり方だけでなく食卓での会話術も教えるのだ。食卓での話題の選び方、テーブルマナー、招かれたときの振る舞い、招きたいと思わせる人物像などを子供に教える。そしてとくに重要なこととして、親は子供が食卓でしゃべるのを禁じてはいけない。

また、会食の習慣を存続させるには、家や集合住宅の構造も重要だ。居住空間にはできる限り食堂をつくるべきだ。一部の高級マンションにある居住者専用のレストランのように、通常の集合住宅にも共同の食堂を設けてはどうか。こうした食堂で、建物の屋上にある農場の収穫物を利用するのだ。

企業の労働組合は、昼食時間の復活を要求事項の筆頭に掲げてはどうか。というのは、労働組織全体において会食が不可能な構造になり、従業員は自身の職場で個食するか、会議中にせわしなく食べることを強いられているからだ。よって、会食を復活させるために労働組織を再編する必要がある。このような課題を克服するにはオフィスの構造を見直すと同時に、会食を従業員の社会的な権利として認めなければならない。同僚たちと落ち着いて会食できる機会を設けるのだ。

これは必ずしも費用のかかる改革ではない。なぜなら、会食がその目的でもある現実を見つめ直す時間になるのなら、労働生産性は向上するからだ。私の経験から言えるのは、軽めの健全な食事をとりながら湧いてくる発想は、会議中に体に悪い加工食品をつまみながら生じるアイデアよりもはるかに優れている。

また、崩壊寸前の家庭や再婚家庭であっても、家族ですごす食事の時間が、会話、知識伝達、創造、才能開花の場として機能するように、家族をはじめとする社会全体の権利を見直す必要がある。

＊＊＊

私は読者とともに、食の歴史という長い旅を終えようとしている。読者は食の根本的な重要性を理解できたのではないか。人類のさまざまな側面の進化を追う書物はすでに数多く存在するが、私は食の歴史ほど人類の暮らしの中核をなす根本的なものはないと考える。人類のさまざまな側面を物語るのは、食の歴史である。

よって、すべての人々ができる限りよい食事を楽しめるようにすることが急務だ。ただし、食と文化は切り離せないことを忘れてはならない。そして誰もが一日に数回、常識的な時間に好きな人たちとすごせることも必要であり、そのための場所と時間を確保しなければならない。なぜなら、誰もが食の意義や地球環境を保全する方法などの重要な課題に考えをめぐらせる必要があるからだ。偽りの人生の儚さ、自殺行為であるノマディズム、細分化された労働、崩壊した暮らしなどが、われわれの熟考を妨げているのだ。

われわれは世界の農業形態を一変させ、すべての農民が健全な暮らしを送るための手段を彼らに付与できるのか。大半の食品会社のよこしまな行為や反社会的な貪欲さを制御できるのか。健全な食、会話、暮らしのための時間と手段を全員に付与できるのか。忘れられた植物種を甦らせることができるのか。人類の遺産を守ることができるのか。天然資源の枯渇や環境破壊に歯止めをかけられるのか。意見を交わし、談笑する時間を見出せるのか。

それとも、われわれは沈黙の監視型社会で暮らすことを甘受するのか。そのような社会では、誰もどんなことであっても語れない。

すべての答えは、われわれの歴史、そして、各自の明晰さ、反骨精神、勇気に宿る。

付属文書
食の科学的な基礎知識

味覚

われわれが味の種類を明確に定義するには、二〇〇〇年ほどの歳月を要した。アリストテレスは味を七つに大別した。心地よい味（甘味）、不快な味（苦味）、荒さ、塩味、鋭さ、厳しさ、酸味である。この定義は二〇〇〇年近く続いた。

一八世紀末、ニコラ・ジョリクレール〔フランスの植物学者〕は、味を一〇種類に分類した。無味（水っぽい）、乾いた味、甘味、こってりした味、粘り気のある味、酸味、塩味、ピリリとする味、苦味、厳しい味である。「水は無味、小麦粉は乾いた味、砂糖は甘味、油はこってりした味、アラビアガム〔アカシア樹脂〕は粘り気のある味、酢は酸味、塩は塩味、マスタードはピリリとする味、胆汁は苦味、没食子《もっしょくし》〔ブナ科植物の葉にできる虫こぶ〕は厳しい味」[44]。ジョリクレールは、甘い食べ物の味を、そこに含まれる糖分そのものの味と見なすのではなく、「優しさ、甘美さ、快さ」の表れとして捉えた。一八六四年、ドイツの生理学者アドルフ・フィックは味を、甘味、塩味、苦味、酸味の四つに大別し、これら以外は四つの味の組み合わせだと主張した。一九一四年、化学者ゲオルク・コーンはこれら四つの味を形容するのに「goût：味覚」という用語を用いた。一九〇八年、日本の化学者の池田菊苗は五つめの味を「うま味」と名付けて区別した。

こうして出揃った五つの基本味が、甘味（ショ糖の味）、塩味（塩化ナトリウムの味）、苦味（キニーネの味）、酸味（クエン酸の味）、うま味（グルタミン酸の味）である。

今日、脳がこれらの味覚をどのように処理するのかが、少しばかり解明されている。味覚と嗅覚を処理するのは大脳皮質の同じ部位だ。味覚の受容体は味蕾《みらい》と呼ばれる器官だ。味細胞からなるこれらの器官は、舌の粘膜上の舌乳頭や口蓋（咽頭と食道上部）に分布し、種類によって、五つの「味覚」のいずれかに対する感受性を示す。人間にはおよそ一万個の味蕾があり、それらの七五％は舌乳頭に分布する[13]。脳は、これらの受容体から受け取るさまざまな刺激を統合して複合的な味を認識する。

ヒトに必要な食

ヒトが摂取した食物は、水、エネルギー（カロリーやジュールという単位で計測される）、各種栄養分の三つに分かれる。

水は人体にとって最大の構成要素だ（大人ではおよそ六五％）。人体組織や細胞のなかに存在する水は、おもに体内の運搬役を担う。水が存在するおかげで、栄養分は細胞外部から細胞内部へと運び入れられ、反対に、ホメオスタシス（恒常性）という調整メカニズムによって細胞の老廃物は外部へと運び出される。血液の五五％を占める血漿の構成要素は、水が九〇％だ。血漿は熱容量が大きいため（外部の温度変化に対する変動が小さい）、体温調節に欠かせない。そして、水は潤滑液であり、骨間の摩擦を減らし、消化と呼吸の機能を助ける。世界保健機関（ＷＨＯ）によると、体内の水分が一〇％失われると生命に危険が生じるという[100・164]。

エネルギー供給量（栄養学における熱量）はカロリーで計測される。そもそものカロリーは物理学の熱量単位だ。一八二四年にフランスの科学者ニコラ・クレマンが、一キログラムの水の温度を一℃上げるのに必要な熱量をカロリー（大カロリー：Calorie）と名付けた。これは現在の「カロリー」（小カロリー：calorie）の値の一〇〇〇倍、つまり一キロカロリー（k cal）に相当する。

カロリー〔大カロリー〕という単位を栄養学において初めて使ったのは、アメリカの化学者ウィルバー・オリン・アトウォーターだ。一八八七年の論文[117]において、アトウォーターはこれを、一トンの物質を一・五三フィートの高さにもち上げるのに人体が必要なエネルギーと定義した。ヒトの栄養摂取量を表すこの新たな計量法のおかげで、アトウォーターの業績は、スポーツ科学や現代食餌療法の発展に大いに貢献した。熱量という概念と密接な関係にある食のカロリー（カロリーの語源はラテン語の「熱」）の値は、細胞の代謝過程での食の「燃焼」あるいは「酸化反応」によって放出されうる熱量を示す。摂取カロリーのうち人体が消費しない分は、最終的に脂肪として体内に蓄えられる[512]。安静時の大人の基礎代謝量は一秒当たりおよそ一八カロリー〔小カロリー〕だ。大人は一日当たり平均して二八五一キロカロリーを消費する（マラウイ〔アフリカ南東部〕では二三二六キロカロリー、フランスは三三七四キロカロリー、アメリカは三四四九キロカロリー）。

ヒトは水以外にも六つの栄養素を必要とする。

タンパク質は、〔おもに〕炭素〔C〕、水素〔H〕、窒素〔N〕、酸素〔O〕からなる。タンパク質のおもな機能は、細胞と組織の形成および維持だ。タンパク質はアミノ酸がたくさん結合してできている。一つ一つのアミノ酸には、カルボキシ基（-COOH）とアミノ基（$-NH_2$）

という部位がある〔それ以外の部分（側鎖）の違いが、アミノ酸の種類の違いを決める〕。このアミノ酸の組み合わせ構造により、人体は必要とする三万種類のタンパク質をつくり出す。タンパク質は、栄養素の運搬および蓄積など、人体を円滑に機能させるのに必要なさまざまな現象に関与し、人体組織と細胞の重要な構成要素になっている。しかしながら、人体は、タンパク質をつくるのに必要な二〇種類のアミノ酸のうち、一一種類しか合成できない。残りの九種類は食物として摂取する必要がある。それらの必須アミノ酸は植物や動物から摂取する（すべての肉類には、ヒトが体内で合成できない必須アミノ酸が含まれている）。卵、チーズ、鶏肉、イワシ、脂肪種子〔アブラナの種、ゴマ、大豆など〕、ヒヨコマメ、レンズマメは、タンパク質が豊富だ。体重が七五キログラムの人物なら、体内のタンパク質の量は一一・五キログラムだ。フランス食品環境労働衛生安全庁（ＡＮＳＥＳ）は、体重七五キログラムの大人に対し、毎日六二グラムの動物性および植物性のタンパク質を摂取するように推奨している[192]。

脂質（脂肪とも呼ばれる）は、炭素、水素、酸素、アルコールからなる脂肪酸（例：オメガ3脂肪酸）から構成される。脂質は、体温を維持するためのエネルギー供給などの役割を担う。体重七五キログラムの人物なら体内に九・二キログラムの脂質が必要だ。だが、体内の脂質が増えると心血管疾患に罹るリスクが増す。

天然の脂肪酸（反芻動物の胃でつくられる。また、乳、乳製品、肉類にも含まれる）と異なり[393・394]、工業的につくられる脂肪酸（植物油を加工する）は、食品の保存料として利用される。こうした保存料は、菓子パン、シリアル、サンドウィッチ、ピザなどに使われている。工業的につくられる脂肪酸を過剰摂取すると、心血管疾患や2型糖尿病に罹るリスクが増す。

ミネラルは人体の細胞の内液と外液、ならびに骨格を維持する。各種ミネラルに関して、カルシウムとリンは骨に、鉄分、カリウム、ナトリウムは神経細胞に含まれる。微量元素（銅、フッ素、亜鉛など）は、免疫系やホルモン合成など、非常に多くの酵素反応に関与する。[193]

ビタミンは、一九一二年にポーランドの生化学者カシミール・フンクが発見した。ビタミンは体内の化学反応の触媒として機能する。ビタミン不足はビタミン欠乏症を引き起こす。たとえば、壊血病はビタミンCの欠乏によって生じる。果物や植物油には一部のビタミンが含まれる。ビタミンB12は肉に含まれる。魚、クルミ、種子、葉野菜に含まれるトリプトファン（九種類の必須アミノ酸のうちの一つ）とビタミンB6は、セロトニン（大人のある種の行動や情緒の調整に関与する神経伝達物質）の合成に欠かせない。[194]牛乳、チーズ、卵、魚は、トリプトファンが豊富だ。ビタミンA〔レチノール〕は、脳の可塑性を左右するシナプス形成に関与する物質、レチノイン酸を産生する元になる。[195]また、ビタミンAが欠乏すると、アルツハイマー型認知症の早期発症が促される恐れがある〔ただし、過剰摂取は副作用を引き起こす〕。

炭水化物は、おもに糖（グルコース〈ブドウ糖〉、フルクトース〈果糖〉、ガラクトース）とでんぷん（グリコーゲンと食物繊維）のことであり、炭素、酸素、水素からなる。脂質とタンパク質と同様に、人体が利用できるエネルギー源の一つである**糖質**〔炭水化物のうち、消化されにくい食物繊維を除いたもの〕は、一グラム当たり四キロカロリーのエネルギーを産生する。糖質が消化されるとグルコース（ブドウ糖）になり、グルコースは細胞や筋肉が利用するエネルギーを産生する。とくに神経などの細胞の円滑な機能のために、グルコースは欠かせない。空腹時の正常な血糖値は、血液一リットル当たり〇・七グラムから一・二グラム〔一デシリットル当たり七〇ミリグラムから一二〇ミリグラム〕の間だ。[512] 二〇〇七年にフランス国立科学研究センター（ＣＮＲＳ）がネズミを使って行なった実験からは、糖分はコカインよりも強い依存性があるかもしれないことが判明した。[94] 糖分を摂取すると、脳は、情緒に働きかけて幸福感をもたらす神経伝達物質であるドーパミンを放出する。したがって、孤独感に苛まれていると、脳は甘いものを欲しがるのだ。

酵素〔タンパク質でできている〕は、生体において直接消化できない食物を分解することによって人体を正常に機能させる。

腸

摂取した食物は腸へと下がる。これは消化に応じた腸の収縮運動のおかげである。

腸内細菌（腸内フローラとも呼ばれる）の数は一〇の一二乗個から一〇の一四乗個であり、その総重量はおよそ二キログラムだ。指紋と同様、腸内細菌の特徴は個人によって異なる。というのは、腸内細菌は食や環境に応じて形成されるからだ。

腸内細菌のバランスは食に左右される。腸内環境を健康に保つには、食物繊維（マメ科植物、全粒穀物、柑橘類、種実類）と善玉菌（ヨーグルト、ナチュラルチーズ）が豊富な食を摂取すべきだ。

腸内細菌の機能不全や減少（ディスバイオシス）は、自己免疫疾患や腸炎を引き起こし、糖尿病や肥満の原因にもなる(400・401)。

腸分泌液に含まれる酵素は、食物を腸壁から吸収される前に分解し、食物に元から存在していたのとは異なる栄養素を合成する。タンパク質は分解されてアミノ酸になり、脂質からは脂肪酸が合成される(400・401)。

食生活が脳におよぼす影響

脳の重さは体重のおよそ二％でしかないのに、脳は人体が一日に使うエネルギーの二〇％を消費する。この割合は、脳が高度な知的作業を行なうと高まる。

脳細胞の増加と発達にはタンパク質が関与する。情緒、眠気、注意力、体重を制御する神経伝達物質の合成にはアミノ酸が関与する。脳の健康には、オメガ3脂肪酸とオメガ6脂肪酸が欠かせない。糖質は脳にエネルギーを供給する。

脳のおもなエネルギー源はグルコースだ。血糖値が低すぎると、脳の機能は低下し、判断力は衰え、不満がたまり、暴力的な態度を引き起こす。

次のように、食はあらゆる年齢層の脳の発達に影響をおよぼす。

・胎児期：ビタミンB9〔葉酸〕とビタミンB12は、胎児期の神経系の発達にきわめて重要な役割を担う。

・生後二年まで：母乳は、〔動物の乳よりも豊富に〕オメガ3脂肪酸を含んでいる。オメガ3脂肪酸は細胞と脳の活性化に不可欠だ。よって、未熟児として生まれた場合に大脳皮質の発達の遅れを取り戻すために、母乳育児がとくに推奨される。オーストラリアのアデレード大学の研究チームが行なった調査によると、生後二年間の食生活が知能指数（ＩＱ）に影響をおよぼす可能性があるという。[196] 生後数ヵ月間は母乳だけで育ち、その後は新鮮な果物や野菜を食べて育つ子供の八歳時のＩＱは、平均よりも一ポイントから二ポイント高く、これとは逆に、乳幼児期に糖分と脂質が多すぎる食生活を送る子供の八歳時の知能指数は、平均よりも一ポイントから二ポイント低いという結果が出たという。

・青年期：脂質と糖分の過剰摂取は、記憶と空間学習能力に関わる脳の器官である海馬の機能を損なう。逆に、オメガ3脂肪酸の摂取は若者にとって有益だろう。
・成人期：タンパク質の摂取に配慮すべきだ。バランスのとれた健全な食生活は、鬱病に罹るリスクを軽減する。糖分を過剰摂取すると、コカインのような薬物を摂取した後と似たような反応が脳に生じる。孤独感に苛まれると、アルコール、薬物、脂肪分や糖分の高い食品を摂取したくなる。

何が食欲に影響をおよぼすのか

「空腹感」は、食べることへの生理学的な欲求である一方、「食欲」は特定の何かを食べたいという欲望である。

食欲に影響をおよぼす要因は数多くある。たとえば、食の化学組成〔味覚〕、視覚、嗅覚、食感〔触覚〕、咀嚼したときに食物が立てる音〔聴覚〕などだ。

空腹感と食欲には、環境が重要な役割を担う。匂い、明るさ、音楽は、食べる量の決定要因だ。オックスフォード大学の研究によると、食の味はバックグラウンドミュージックに応じてある程度変化するという[197]。コーネル大学の別の研究によると、薄明りと快い音楽は食べる量を減らす効果がある一方、食器と料理が同じ色だと、食べる量が増えるという[399]。

天候も食事の内容に影響をおよぼす。寒いと高カロリーの料理が好まれるのだ。ジョージア大学の研究によると、人間の一日の平均消費カロリーは、気温が下がると二〇〇キロカロリー増えるという[399]。

会食時には、人々は皆と似たような料理を注文する傾向がある[399]。

料理にまつわる記憶があると、またその料理を食べたくなる。マルセル・プルーストの小説『失われた時を求めて』のマドレーヌの味のように、その料理にまつわる詳細な記憶が突如甦るのである。

食は人物の気質を根本的に変化させる。ミツバチの巣では、幼虫への餌の与え方によって、女王蜂になるか働き蜂になるかが決まる〔長期にわたってローヤルゼリーを摂取した幼虫は女王蜂になる〕。こうした進化については、あまり多くのことがわかっていないが、ヒトについても同じだろう。

国際的な環境保全における食

一九六三年、国際連合食糧農業機関（FAO）とWHOは、コーデックス・アリメンタリウス〔食品の国際規格〕をつくった[380]。農産物に関する規則をまとめたこの規格の目的は、消費者の健康を守り、農産物の生産者、中間業者、販売者との間の公正な関係を構築することだ。

二〇一六年、国連が掲げた持続可能な開発目標（ＳＤＧｓ）の二番目は、「飢餓に終止符を打ち、食料の安定確保と栄養状態の改善を達成するとともに、持続可能な農業を推進する[190]」である。

二〇一八年五月一四日、ＷＨＯは、人工的な油脂加工から生成されるトランス脂肪酸（トランス型不飽和脂肪酸）の撲滅キャンペーンを打ち出した。

図１　10 大巨大食品企業

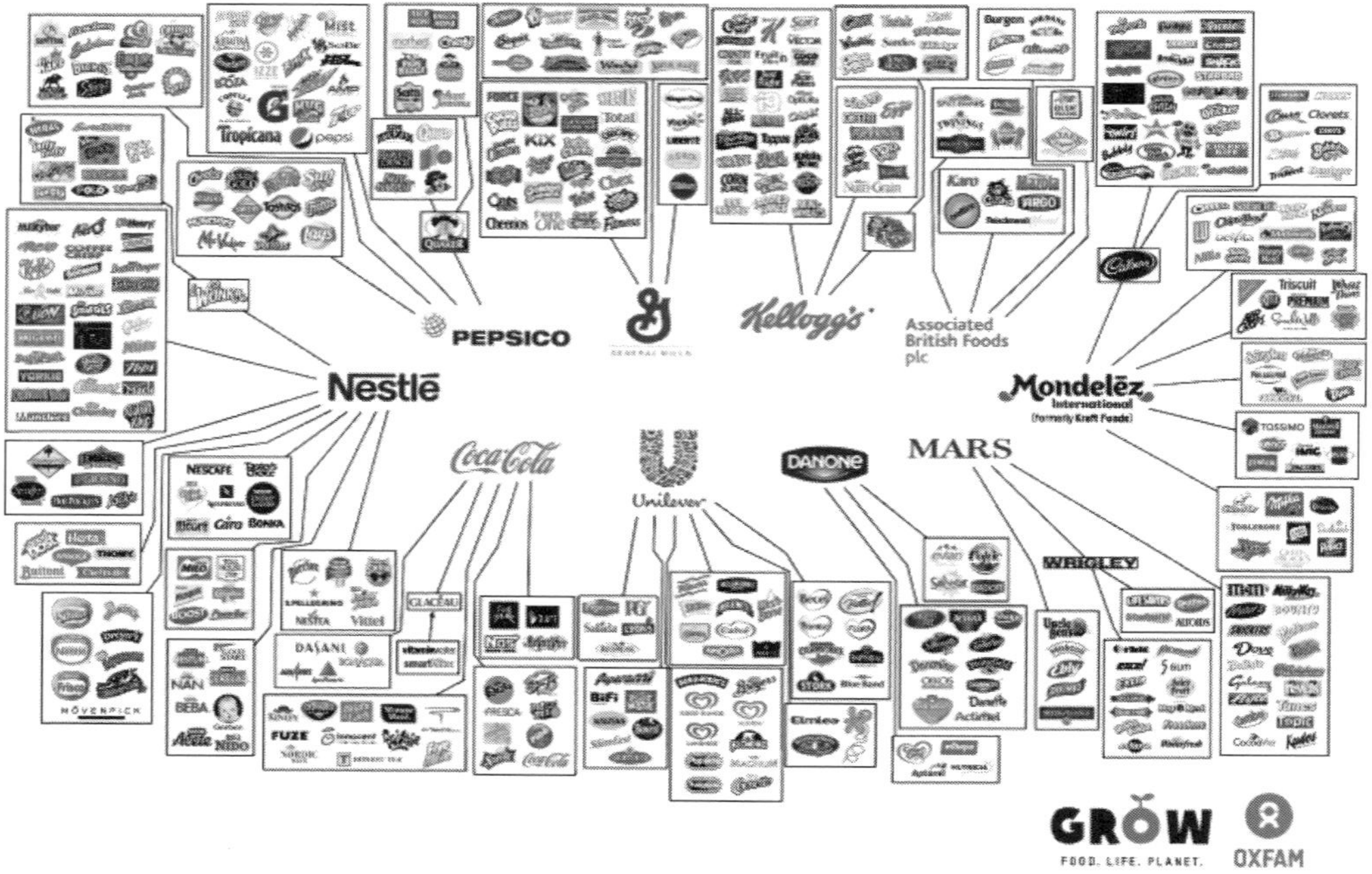

出典：オックスファムとグローが公表した「ブランドの裏側」

図2　人類全体が採用する食生活に応じて変化する世界人口の最大値

食生活のスタイル	植物由来のカロリー（kcal）	動物由来のカロリー（kcal）	動物由来のカロリーの割合	世界人口の最大値
家畜飼料をつくらない農業システム	2630	170	6%	106億人
家畜飼料だけをつくる農業システム	0	2800	100%	21億人
現状	2300	500	22%	70億人
世界人口がフランス人と同じ食生活の場合	1540	1260	82%	41億人

出典：エルヴェ・ル・ブラーズ

図3　ヒトが消費する平均的カロリーの源泉

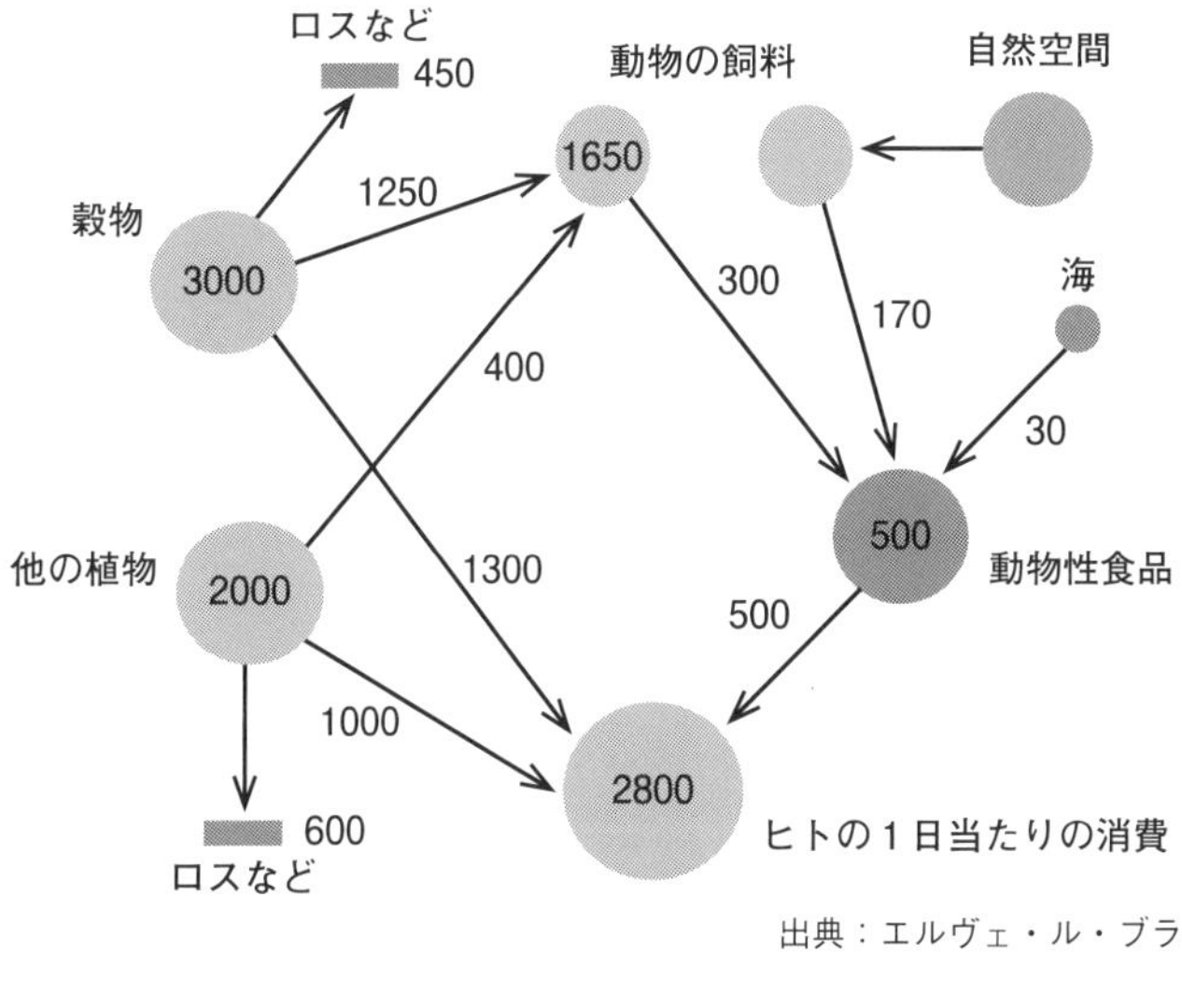

出典：エルヴェ・ル・ブラーズ

謝辞

食に関する話題について私と討論してくれた次に掲げる方々に感謝する。彼らとは、数年間、あるいはそれ以上の長きにわたって、食の歴史について語り合ってきた。イドリス・アベルカン、ジェレミー・アタリ、フェルナン・ブローデル、リシャール・C・デレランス、ピエール・ガニェール、エルヴェ・ル・ブラーズ、ミシェル＝エドゥアール・ルクレール、ティエリー・マルクス、エドガール・モラン、インドラ・ヌーイ、パスカル・ピク、ナターシャ・ポロニー、ピエール・ラビ、アントワーヌ・リブー、フレデリク・サルドマン医師、ピエール＝アンリ・サルファティ、ギー・サヴォワ、ミシェル・セール、ステファノ・ヴォルピである。他にも多くの料理研究家、レストランの経営者、農民、産業家、歴史家、医師との議論を重ねた。そして二〇一七年の夏に、ラジオ局「フランス・キュルチュール」において、ステファニー・ボンヴィチーニとともに食の歴史を紹介するシリーズ番組を制作した。その際、サンドラン・トレネーにお世話になった。

私が書き直したり加筆したりするたびに本書の原稿を何度も読み、事実関係や出典を確かめ、参照文献の一覧をつくるのを手伝ってくれた、次に掲げる方々にも感謝申し上げる。ラファエル・アバンスー、ベラル・ベン・アマラ、カンタン・ボワロン、アデル・ガイロ、シャルル・パパン、ピエール・プラスマン、トーマ・ヴォンデルシャーである。

そしてソフィー・ド・クロゼッツとディアン・フェイエールは、原稿を何度も丹念に読み、この長い旅の間、惜しみない努力を注いでくれた。

訳者あとがき

本書はフランスで出版された『Histoires de l'alimentation : De quoi manger est-il le nom ?（Fayard, 2019）』の全訳である。直訳すると、「食の歴史：食べるとは何を意味するのか」である。

ジャック・アタリ氏の略歴を紹介する。一九四三年アルジェリア生まれで、フランスのエリート校である国立行政学院（ＥＮＡ）を卒業した。一九八一年にフランス大統領特別顧問、一九九一年に欧州復興開発銀行初代総裁を歴任した。一九九八年には非政府組織「プラネット・ファイナンス」を創設し、現在も途上国支援に尽力している。二〇〇七年にはサルコジ大統領の諮問委員会「アタリ政策委員会」の委員長になり、また二〇一五年にはオランド大統領に対して政策提言を行なった。最近では、先述の「アタリ政策委員会」の委員にエマニュエル・マクロンを抜擢して政界にデビューさせ、二〇一七年五月には政治基盤のないマクロンをフランス大統領にまで押し上げた。現在でもアタリ氏は、政治、経済、文化に対して大きな影響力をもつ。

アタリ氏はほぼ毎年来日する日本通であり、フランス本国だけでなく日本のメディアでもご意見番になっている。本書の版元であるプレジデント社の雑誌『プレジデント』では、二〇一八年にはジャーナリストの池上彰氏と、二〇一九年には伊藤忠商事の元会長で元中国大使の丹羽宇一郎氏と対談し、大きな反響を呼んだ。

アタリ氏の講演会に参加したことがある人なら、多岐にわたる話題を、メモをまったく見ずに具体的な数値を掲げて詳述する彼の博覧強記に驚いたのではないだろうか。まさにヨーロッパを代表する知識人である。

本書翻訳中のちょっとしたエピソードを紹介させてほしい。二〇一九年八月末にアタリ氏から版元のプレジデント社に連絡があり、「明後日に宿泊先の東京のホテルで一緒に朝食をとらないか」という突然のお誘いを受けた。プレジデント社書籍部の渡邉崇氏とともに伺い、皇居のお堀に面したレストランのテラスで本書『食の歴史』をめぐって談笑できたのは僥倖だった。私がアタリ氏と初めてお会いしたのは、二〇〇九年にパリでＮＨＫの元欧州総局長の長崎泰裕氏がインタビューした現場においてだった。当時は、近寄りがたいエリートという風貌だったが、現在は知恵の象徴であるフクロウのような温和な雰囲気を醸し出している。

渡邉氏と一緒にアタリ氏の作品をつくるのは今回で三回目だ。これまでにもさまざまな機会を与えてくれた渡邉氏に感謝申し上げる。本書の姉妹版である『海の歴史』もぜひ手に取ってほしい。

そして私の訳文を原文に照らし合わせて丁寧に読み、多くの的確な指摘をしてくれた坪子理美氏にお礼申し上げる。生物学者、サイエンスライター、翻訳家と多彩な顔をもつ坪子氏のきめ細かな校閲のおかげで、正確かつ読みやすい書物になったと自負している。もちろん、誤訳や訳注の誤りがあるとすれば、それらはすべて私の責任である。

本書が、われわれの食生活、そして社会のあり方を見直すきっかけになることを切に願っている。

林昌宏

二〇二〇年一月

原注

著書

1. Albert (Jean-Marc), *Aux tables du pouvoir. Des banquets grecs à l'Élysée,* Armand Colin, 2009.
2. Albert (Jean-Pierre), Midant-Reynes (Béatrix) (dir.), *Le Sacrifice humain en Égypte ancienne et ailleurs,* Soleb, 2005.
3. André (Jacques), *L'Alimentation et la Cuisine à Rome,* Belles-Lettres, 2009.
4. Ariès (Paul), *Une histoire politique de l'alimentation. Du paléolithique à nos jours,* Max Milo, 2016.
5. Aristote, *Histoire des animaux,* Flammarion, 2017.
6. Attali (Jacques), *La Nouvelle Économie française,* Flammarion, 1978.
7. Attali (Jacques), *L'Ordre cannibale. Vie et mort de la médecine,* Grasset, 1979.
8. Attali (Jacques), *Au propre et au figuré. Une histoire de la propriété,* Fayard, 1987.
9. Attali (Jacques), *Une brève histoire de l'avenir,* Fayard, 2006
10. Attali (Jacques), *Vivement après-demain !,* Fayard, 2016.
11. Attali (Jacques), *Histoires de la mer,* Fayard, 2017.
12. Bar (Luke), *Ritz and Escoffier: The Hotelier, The Chef, and the Rise of the Leisure Class,* Clarkson Potter, 2018.
13. Barman (Susan) *et al., Physiologie médicale,* de Boeck, 2012
14. Baudez (Claude-François), *Une histoire de la religion des Mayas. Du panthéisme au panthéon,* Albin Michel, 2002.
15. Bertman (Stephen), *Handbook to Life in Ancient Mesopotamia,* Oxford University Press, 2005
16. Boutot (Alain), *La Pensée allemande moderne,* PUF, 1995.
17. Boyer (Louis), *Feu et flamme,* Belin, 2006.
17'. Capatti (Alberto), Montanari (Massimo), *La cuisine italienne : histoire d'une culture,* Seuil, 2012.
18. Carling (Martha), *Food and Eating in Medieval Europe,* Bloomsbury Academic, 2005.
19. Courtois (Stéphane), *Communisme et totalitarisme,* Perrin, 2009.
20. Davies (Nigel), *Human Sacrifice in History and Today,* Hippocrene Books, 1988.
21. De Soto (Hernando), *Le Mystère du capital. Pourquoi le capitalisme triomphe en Occident et échoue partout ailleurs ?,* Flammarion, 2005.
22. Dechambre (Amédée) *et al., Dictionnaire encyclopédique des sciences médicales,* G. Masson et P. Asselin, 1876.
23. Despommier (Dickson), *The Vertical Farm: Feeding the World in the 21st Century,* Picador, 2010.
24. Dikotter (Frank), *Mao's Great Famine: The History of China's Most Devastating*

Catastrophe, 1958-62, A&C Black, 2010.
25. Elias (Norbert), *La Civilisation des moeurs,* Pocket, 2003.
26. Evans (Oliver), *The Abortion of the Young Steam Engineer's Guide,* Fry and Kammerer, 1805.
27. Ferrières (Madeleine), *Histoire des peurs alimentaires. Du Moyen Âge à l'aube du XXe siècle,* Points, 2015.
28. Flandrin (Jean-Louis), Montanari (Massimo) (dir.), *Histoire de l'alimentation,* Fayard, 2016.
29. Freuler (Léo), *La Crise de la philosophie politique au XIXe siècle,* Librairie philosophique J. Vrin, 1997.
30. Gantz (Carroll), *Refrigeration: A History,* McFarland & Company, 2015.
31. Gardiner (Alan), *Egyptian Grammar: Being an Introduction to the Study of Hieroglyphs,* Oxford University Press, 1950.
32. Gernet (Jacques), *A History of Chinese Civilization,* Cambridge University Press, 1996.
33. Gernet (Jacques), *Daily Life in China on the Eve of the Mongol Invasion,* Stanford University Press, 1962.
34. Gimpel (Jean), *La Révolution industrielle du Moyen Âge,* Seuil, 2002.
35. Glants (Musya), Toomre (Joyce), *Food in Russian History and Culture,* Indiana University Press, 1997.
36. Guillaume (Jean), *Ils ont domestiqué plantes et animaux. Prélude à la civilisation,* Éditions Quae, 2010.
37. Hair (Victor), Hoh (Erling), *The True Story of Tea,* Thames & Hudson, 2009.
38. Hall (John Whitney), McClain (James), *The Cambridge History of Japan,* Cambridge University Press, 1991.
39. Harari (Yuval Noah), *Sapiens. Une brève histoire de l'humanité,* Albin Michel, 2015.
40. Hatchett (Louis), *Duncan Hines: How a Traveling Salesman Became the Most Trusted Name in Food,* University Press of Kentucky, 2001.
41. Hosotte (Paul), *L'Empire aztèque. Impérialisme militaire et terrorisme d'État,* Economica, 2001.
42. Hurbon (Laënnec), *L'Insurrection des esclaves de Saint-Domingue(22-23 août 1791),* Karthala, 2013.
43. James (Kenneth), *Escoffier: The King of Chefs,* Hambledon and London, 2002.
44. Jolyclerc (Nicolas), *Phytologie universelle, ou histoire naturelle et méthodique des plantes, de leurs propriétés, de leurs vertus et de leur culture,* vol. 1, Gueffier Jeune, 1799.
45. Klinenberg (Eric), *Palaces for the People: How to Build a More Equal and United Society,* Crown, 2018.
46. Kroc (Ray), *Grinding it Out: The Making of McDonald's,* St Martin's Paperbacks, 1992.
47. Le Bras (Hervé), *Les Limites de la planète,* Flammarion, 1994.
48. Levenstein (Harvey), *Paradox of Plenty: A Social History of Eating in Modern America,* University of California Press, 2003.

49. Lukaschek (Karoline), *The History of Cannibalism,* Thèse, Université de Cambridge, 2001, p.16.
50. Macioca (Giovanni), *Les Principes fondamentaux de la médecine chinoise,* Elsevier Masson, 2018.
51. Mancuso (Stefano), *The Revolutionary Genius of Plants: A New Understanding of Plant Intelligence and Behaviour,* Atria Books, 2017.
52. Mancuso (Stefano), Viola (Alessandra), Temperini (Renaud), *L'Intelligence des plantes,* Albin Michel, 2018.
53. National Research Council, *Lost Crops of the Incas: Little-Known Plants of the Andes with Promise of World Wide Cultivation,* National Academy Press, 1989.
54. Ozersky (Josh), *Colonel Sanders and the American Dream,* University of Texas Press, 2012.
55. Passelecq (André) (dir.), *Anorexie et boulimie. Une clinique de l'extrême,* De Boeck, 2006.
56. Pendergrast (Mark), *For God, Country and Coca-Cola: The Definitive Story of the Great American Drink and the Company That Makes It,* Basic Books, 2013.
57. Piouffre (Gérard), *Les Grandes Inventions,* First-Gründ, 2013.
58. Platon, *Le Banquet,* traduction inédite, introduction et notes par Luc Brisson, Flammarion, 2007.
59. Quenet (Philippe), *Les Échanges du nord de la Mésopotamie avec ses voisins proche-orientaux au IIIe millénaire (ca 3100-2300 av. J.-C.),* Brepols, coll. « Subartu, XXII », 2008.
60. Rastogi (Sanjeev), *Ayurvedic Science of Food and Nutrition,* Springer Science & Business Media, 2014.
61. Römer (Paul), *Les 100 mots de la Bible,* PUF, coll. « Que sais-je ? », 2016.
62. Roth (Robert), *Histoire de l'archerie. Arc et arbalète,* Les Éditions de Paris, 2004.
63. Saldmann (Frédéric), *Vital !,* Albin Michel, 2019.
64. Scholz (Natalie), Schröer (Christina) (dir.), *Représentation et pouvoir. La politique symbolique en France (1789-1830),* Presses universitaires de Rennes, 2007.
65. Segondy, *La Bible,* Société biblique de Genève, 2007.
66. Sen (Colleen), *Food Culture in India,* Greenwood Publishing Group, 2004.
67. Skrabec (Quentin), *The 100 Most Significant Events in American Business: An Encyclopedia,* ABC-CLIO, 2012.
68. Smith (Andrew), *Savoring Gotham: A Food Lover's Companion to New York City,* Oxford University Press, 2015.
69. Snodgrass (Mary), *Encyclopedia of Kitchen History,* Fitzroy Dearborn, 2004.
70. Stambaugh (John), *The Ancient Roman City,* John Hopkins University Press, 1988.
71. Stoddard (T.), *The French Revolution in San Domingo,* Houghton Mifflin Company, 1914.
72. Thibault (Catherine), *Orthophonie et oralité. La sphère pro-faciale de l'enfant,* Elsevier-Masson, 2007.
73. Toussaint-Samat (Maguelonne), *Histoire naturelle et morale de la nourriture,* Le Pérégrinateur, 2013.

74. Walton (John), *Fish and Chips, and the British Working Class, 1870-1940,* Leicester University Press, 1992.
75. Wilson (Brian C.), *Dr. John Harvey Kellogg and the Religion of Biologic Living,* Indiana University Press, 2014.
76. Yang (Jisheng), *Stèles. La Grande Famine en Chine (1958-1961),* Le Seuil, 2008.
77. Yogi (Svatmarama), *Hatha-Yoga-Pradîpika,* Fayard, 1974.

研究論文

78. Cattelain (Pierre), « Apparition et évolution de l'arc et des pointes de flèche dans la Préhistoire européenne (Paléo-, Méso-, Néolithique) », *in* P. Bellintani et F. Cavulli (dir.), *Catene operative dell'arco preistorico. Incontro di Archeologia Sperimentale,* Giunta della Provincia Autonoma di Trento, 2006.
79. Badel (Christophe), « Alimentation et société dans la Rome classique. Bilan historiographique (IIe siècle av. J.-C.-IIe siècle apr. J.-C.) », *Dialogues d'histoire ancienne,* Supplément n° 7, 2012, p. 133-157.
80. Carré (Guillaume), « Une crise de subsistance dans une ville seigneuriale japonaise au XIXe siècle », *Bulletin de l'École française d'Extrême-Orient,* tome 84, 1997, p. 249-283.
81. Cécile (Michel), « L'alimentation au Proche-Orient ancien. Les sources et leur exploitation », *Dialogues d'histoire ancienne,* Supplément n° 7, 2012, p. 17-45.
82. Fumey (Gilles), « Penser la géographie de l'alimentation (*Thinking food geography*) », *Bulletin de l'Association de géographes français,* 84e année, t. 1, 2007, p. 35-44.
83. Georgoudi (Stella), « Le sacrifice humain dans tous ses états », *Kernos,* n° 28, 2015, p. 255-273.
84. Graulich (Michel), « Les victimes du sacrifice humain aztèque », *Civilisations,* n° 50, 2002, p. 91-114.
85. Marín (Manuela), « Cuisine d'Orient, cuisine d'Occident », *Médiévales,* n° 33, *Cultures et nourritures de l'occident musulman,* 1997, p. 9-21.
86. Métailié (Georges), « Cuisine et santé dans la tradition chinoise », *Communications,* n° 31, 1979, p. 119-129.
87. Nicoud (Marilyn), « L'alimentation, un risque pour la santé ? Discours médical et pratiques alimentaires au Moyen Âge », *Médiévales,* vol. 69, n° 2, 2015, p. 149-170.
88. Plouvier (Liliane), « L'alimentation carnée au Haut Moyen Âge d'après le *De observatione ciborum* d'Anthime et les *Excerpta* de Vinidarius », *Revue belge de philologie et d'histoire,* tome 80, fasc. 4, 2002, p. 1357-1369.
89. Vitaux (Jean), « Chapitre III – La table et la politique », *in* J. Vitaux (dir.), *Les Petits Plats de l'histoire,* PUF, 2012, p. 79-112.
90. Bahuchet (Serge), « Chasse et pêche au paléolithique supérieur », *Sciences et nature,* n° 104, 1971, p. 21-30.
91. Kupzow (A.-J), « Histoire du maïs », *Journal d'agriculture traditionnelle et de botanique appliquée,* vol. 14, n° 12, décembre 1967, p. 526-561.

92. Néfédova (Tatiana), Eckert (Denis), « L'agriculture russe après 10 ans de réformes : transformations et diversité », *L'Espace géographique,* t. 32, avril 2003, p. 289-300.
93. Sanchez-Bayo (Francisco), « Worldwide Decline of the Entomofauna: A Review of its Drivers », *Biological Conservation,* n° 232, 2019, p. 8-27
94. Ahmed (Serge), « Tous dépendants au sucre », *Les Dossiers de la recherche,* n° 6, 2013, p. 34-37.
95. Rippe (James), Angelopoulos (Theodore), « Sucrose, High-Fructose Corn Syrup, and Fructose, Their Metabolism and Potential Health Effects: What Do We Really Know? », *Advances in Nutrition,* vol. 4, n° 2, 2013, p. 236-245.
96. Tours (Bernie de), « Ketchup », *Défense de la langue française,* n° 187, 1998, p. 8-9.
97. Brançon (Denis), Viel (Claude), « Le sucre de betterave et l'essor de son industrie », *Revue d'histoire de la pharmacie,* n° 322, 1999, p. 235-246.
98. Meyer (Rachel) *et al.,* « Phylogeographic Relationships Among Asian Eggplants and New Perspectives on Eggplant Domestication », *Molecular Phylogenetics and Evolution,* vol. 63, n° 3, 2012, p. 685-701.
99. Régis (Roger), « Les banquets fraternels », *Hommes et mondes,* vol. 12, n° 46, 1950, p. 66-72.
100. Jéquier (E.), Constant (F.), « Water as an Essential Nutrient: The Physiological Basis of Hydration », *European Journal of Clinical Nutrition,* n° 64, 2010, p. 115-123.
101. Aiello (Leslie), Wheeler (Peter), « The Expensive-Tissue Hypothesis, The Brain and the Digestive System in Human and Private Evolution », *Current Anthropology,* vol. 36, n° 2, 1995.
102. Moulet (Benjamin), « À table ! Autour de quelques repas du quotidien dans le monde byzantin », *Revue belge de philologie et d'histoire,* vol. 90, n° 4, 2012, p. 1091-1106.
103. Helfand (William), « Mariani et le vin de Coca », *Revue d'histoire de la pharmacie,* n° 247, 1980, p. 227-234.
104. Bonnain-Moerdijk (Rolande), « L'alimentation paysanne en France entre 1850 et 1936 », *Études rurales,* n° 58, 1975, p. 29-49.
105. Roth (Dennis), « America's Fascination With Nutrition », *Food Review,* vol. 3, n° 1, 2000.
106. Despommier (Dickson), « The Rise of Vertical Farms », *Scientific American,* n° 301, 2009.
107. Leclant (Jean), « Le café et les cafés à Paris (1644-1693) », *Annales,* n° 6, 1951, p. 1-14.
108. GBD 2015 Disease and Injury Incidence and Prevalence Collaborators, « Global, Regional, and National Incidence, Prevalence, and Years Lived With Disability For 310 Diseases and Injuries, 1990-2015: A Systematic Analysis For the Global Burden of Disease Study 2015 », *Lancet,* vol. 388, 2016, p. 1545-1602.
109. Hoek (Hans), « Review of the Worldwide Epidemiology of Eating Disorders », *Current Opinion in Psychiatry,* 2016.
110. Smink (Frédérique) *et al.,* « Epidemiology of Eating Disorders: Incidence, Prevalence

and Mortality Rates », *Current Psychiatry Reports,* vol. 14, 2012, p. 406-414.
111. Wendel (Monica) *et al.,* « Stand-Biased Versus Seated Classrooms and Childhood Obesity: A Randomized Experiment in Texas », *American Journal of Public Health,* vol. 106, 2016, p. 1849-1854.
112. Dornhecker (Marianela) *et al.,* « The Effect of Stand-Biased Desks on Academic Engagement: An Exploratory Study », *International Journal of Health Promotion and Education,* vol. 53, n° 5, 2015, p. 271-280.
113. Mehta (R.) *et al.,* « Standing up for Learning: A Pilot Investigation on the Neurocognitive Benefits of Stand-Biased School Desks », *International Journal of Environmental Research and Public Health,* vol. 13, 2016.
114. Ganzle (Michael), « Sourdough Bread », *in* Carl A. Batt (dir.), *Encyclopedia of Food Microbiology,* Academic Press, 2014.
115. Grijzenhout (Frans), « La fête révolutionnaire aux Pays-Bas (1780-1806). De l'utopie à l'indifférence », *Annales historiques de la Révolution française,* n° 326, 2001, p. 107-116.
116. Mac Con Iomaire (Máirtín), Óg Gallagher (Pádraic), « Irish Corned Beef: A Culinary History », *Journal of Culinary Science and History,* vol. 9, 2011, p. 27-43.
117. Hargrove (James), « History of the Calorie in Nutrition », *The Journal of Nutrition,* vol. 136, n° 12, 2006, p. 2957-2961.
118. Currie (Janet) *et al.,* « The Effect of Fast Food Restaurants on Obesity and Weight Gain », *The National Bureau of Economic Research Working Paper,* n° 14721, 2009.
119. Evans (C. E. L.), Harper (C. E.), « A History of School Meals in the UK », *Journal of Human Nutrition and Dietetics,* vol. 22, 2009, p. 89-99.
120. Lee (Hyejin), « Teff, a Rising Global Crop: Current Status of Teff Production and Value Chain », *The Open Agriculture Journal,* vol. 12, 2018, p. 185-193.
121. « Breastfeeding: Achieving the New Normal », *The Lancet,* vol. 387, p. 404.
122. Courtois (Brigitte), « Une brève histoire du riz et de son amélioration génétique », Cirad, 2007, 13 p.
123. Hauzeur (A.), Jadin (I.), Jungels (C.), « La fin du Rubané (Lbk). Comment meurent les cultures ? », *Collections du patrimoine culturel,* 2011, p. 183-188.
124. Ofer Bar (Yosef), « Le cadre archéologique de la révolution du paléolithique supérieur », *Diogène,* vol. 204, 2006, p. 3-23.
125. Gellert (Johannes F.), « Études récentes de morphologie glaciaire dans la plaine de l'Allemagne du Nord entre Elbe et Oder », *Annales de géographie,* t. 72, n° 392, 1963, p. 410-425.
126. Stansell (Nathan D.), Abbott (Mark B.), Polissar (Pratigya J.), Wolfe (Alexander P.), Bezada (Maximiliano M.), Rull (Valenti), « Late Quaternary Deglacial History of the Mérida Andes, Venezuela », *J. Quaternary Sci.,* vol. 20, 2005, p. 801-812.
127. Burkart (J.), Guerreiro Martins (E.), Miss (F.), Zürcher (Y.), « From Sharing Food to Sharing Information: Cooperative Breeding and Language Evolution », *Interaction Studies: Social Behaviour and Communication in Biological and Artificial Systems,* vol. 19 (1/2), 2018,

p. 136-150.
128. Barkan (Ilyse D.), « Industry Invites Regulation: The Passage of the Pure Food and Drug Act of 1906 », *American Journal of Public Health,* vol. 75, n° 1, 1985, p. 18-26.
129. Peaucelle (Jean-Louis), « Du dépeçage à l'assemblage. L'invention du travail à la chaîne à Chicago et à Detroit », *Gérer et comprendre,* vol. 73, 2003, p. 75-88.
130. Poullennec (Gwendal), « Le guide Michelin : une référence mondiale de la gastronomie locale », *Journal de l'école de Paris du management,* vol. 89, n° 3, 2011, p. 37-42.
131. Aussudre (Matthieu), « La Nouvelle Cuisine française. Rupture et avènement d'une nouvelle ère culinaire », mémoire dirigé par Marc de Ferrière Le Vayer, Tours, IEHCA, 2014-2015.
132. Vieux (Florent) *et al.,* « Nutritional Quality of School Meals in France : Impact of Guidelines and the Role of Protein Dishes », *Nutrients,* vol. 10, n° 205, 2018.
133. Essemyr (Mats), « Pratiques alimentaires : le temps et sa distribution. Une perspective d'histoire économique », *in* Maurice Aymard *et al., Le Temps de manger. Alimentation, emploi du temps et rythmes sociaux,* Éditions de la Maison des sciences de l'homme, 1993, p. 139-148.
134. Cordell (Dana), « The Story of Phosphorus: Sustainability Implications of Global Phosphorus Scarcity for Food Security », Thèse, Linköping University Electronic Press, 2010.
135. Janin (Pierre), « Les "émeutes de la faim". Une lecture (géo-politique) du changement (social) », *Politique étrangère,* volume de l'été, n° 2, 2009, p. 251-263.
136. Boisset (Michel), « Les "métaux lourds" dans l'alimentation : quels risques pour les consommateurs ? », *Médecine des maladies métaboliques,* vol. 11, n° 4, juin 2017, p. 337-340.
137. Paddeu (Flaminia), « L'agriculture urbaine à Détroit : un enjeu de production alimentaire en temps de crise ? », *Pour,* vol. 224, n° 4, 2014, p. 89-99.
138. Schirmann (Sylvain), « Les Europes en crises », *in* Sylvain Schirmann, *Crise, coopération économique et financière entre États européens, 1929-1933,* Comité pour l'histoire économique et financière de la France, 2000.
139. Thurner (Paul) *et al.,* « Agricultural Structure and the Rise of the Nazi Party Reconsidered », *Political Geography,* vol. 44, 2015, p. 50-63.
140. Fernández (Eva), « Why Was Protection to Agriculture so High During the Interwar Years? The Costs of Grain Policies in Four European Countries », 2009.
141. Finnsdóttir (Fífa), « Man Must Conquer Earth: Three Stages of CCP Policies Resulting in Environmental Degradation in China and Characteristics of Contemporary Environmental Politics », 2009.
142. Martin (Marie Alexandrine), « La politique alimentaire des Khmers rouges », *Études rurales,* n°s 99-100, 1985, p. 347-365.
143. Duchemin (Jacqueline), « Le mythe de Prométhée à travers les âges », *Bulletin de l'Association Guillaume-Budé,* n° 3, octobre 1952, p. 39-72.
144. Cruveillé (Solange), « La consommation de chair humaine en Chine », *Impressions d'Extrême-Orient,* n° 5, 2015.
145. DeWall (C. Nathan), Deckman (Thimothy), Gailliot (Mathew T.), Bushman (Brad J.),

« Sweetened Blood Cools Hot Tempers: Physiological Self-Control and Aggression », *Aggress Behav,* vol. 37, n° 1, janvier-février 2011, p. 73-80.
146. Hallmann (Caspar A.), Sorg (Martin), Jongejans (Eelke), Siepel (Henk), Hofland (Nick), Schwan (Heinz), Stenmans (Werner), Müller (Andreas), Sumser (Hubert), Hörren (Thomas), Goulson (Dave), Kroon (Hans de), « More Than 75 Percent Decline Over 27 Years in Total Flying Insect Biomass in Protected Areas », *PLoS ONE,* vol. 12, n° 10, octobre 2017, p. 1-21.
147. Montanari (Massimo), « Valeurs, symboles, messages alimentaires durant le Haut Moyen Âge », *Médiévales,* n° 5, 1983, p. 57-66.
148. Graulich (Michel), « Les mises à mort doubles dans les rites sacrificiels des anciens Mexicains », *Journal de la Société des américanistes,* t. 68, 1982, p. 49-58.
149. Daubigny (Alain), « Reconnaissance des formes de la dépendance gauloise », *Dialogues d'histoire ancienne,* vol. 5, 1979, p. 145-189
150. Abad (Reynal), « Aux origines du suicide de Vatel : les difficultés de l'approvisionnement en marée au temps de Louis XIV » *Dix-septième siècle,* vol. 4, n° 217, 2002, p. 631-641.
151. Duruy (Victor), « Circulaire sur la fourniture d'aliments chauds aux enfants des salles d'asile », *Bulletin administratif de l'Instruction publique,* t. 11, n° 212, 1869, p. 711-712.
152. Fiolet (Thibault) *et al.,* « Consumption of uUltra-Processed Food and Cancer Risk », *British Medical Journal,* février 2018.
153. Van Cauteren (D.) *et al.,* « Estimation de la morbidité et de la mortalité aux infections d'origine alimentaire en France métropolitaine, 2008-2013 », *Santé publique et épidémiologie,* Université Paris-Saclay, 2016.
154. Sidani (Jaime E) *et al.* « The Association Between Social Media Use and Eating Concerns Among US Young Adults », *Journal of the Academy of Nutrition and Dietetics,* vol. 116, n° 9 2016, p. 1465-1472.
155. Saeidifard (F.), Medina-Inojosa (J. R.), Supervia (M.), Olson (T. P.), Somers (V. K.), Erwin (P. J.), Lopez-Jimenez (F.), « Differences of Energy Expenditure While Sitting Versus Standing: A Systematic Review and Meta-Analysis », *European Journal of Preventive Cardiology,* vol. 25, n° 5, 2018, p. 522-538.

報告書

156. Commission européenne, « Global Food Security 2030 – Assessing trends with a view to guiding future EU policies », 2015.
157. FAO, « L'état de la sécurité alimentaire et de la nutrition dans le monde, 2018. Renforcer la résilience face aux changements climatiques pour la sécurité alimentaire et la nutrition », Rome, 2018.
158. FAO, « Perspectives de l'alimentation. Les marchés en bref », 2017.
159. Insee, « Des ménages toujours plus nombreux, toujours plus petits », 2017.
160. Insee, « Cinquante ans de consommation alimentaire : une croissance modérée, mais de profonds changements », 2015.

161. Commission EAT – Lancet, « Alimentation Planète Santé – Une alimentation saine issue de production durable », 2019.
162. Centre d'études et de prospective, « Nanotechnologies et nanomatériaux en alimentation : atouts, risques, perspectives », 2018.
163. Centre d'études et de prospective, MOND'Alim 2030, « Les conduites alimentaires comme reflets de la mondialisation : tendances d'ici 2030 », 2017.
164. WHO, « Water Requirements, Impinging Factors and Recommended Intakes », 2004.
165. European Federation of Bottled Waters, « Guidelines for Adequate Water Intake: A Public Health Rationale », 2013.
166. Bühler Insect Technology Solutions, « Insects to Feed the World », 2018.
167. Market Research Report, « Halal Food and Beverage Market Size Report by Product (Meat & Alternatives, Milk & Milk Products, Fruits & Vegetables, Grain Products), by Region, and Segment Forecasts, 2018-2025 », 2018.
168. Persistence Market Research, « Global Market Study on Kosher Food: Pareve Segment by Raw Material Type to Account for Maximum Value Share During 2017-2025 », 2017.
169. EFSA, « Risk Profile Related to Production and Consumption of Insects as Food and Feed », 2015.
170. PR Newswire, « Food and Beverages Global Market Report 2018 », 2018.
171. Anses, « Avis de l'Agence nationale de sécurité sanitaire de l'alimentation, de l'environnement et du travail relatif à "la valorisation des insectes dans l'alimentation et l'état des lieux des connaissances scientifiques sur les risques sanitaires en lien avec la consommation des insectes" », 2015.
172. FAO, « Insectes comestibles : Perspectives pour la sécurité alimentaire et l'alimentation animale », 2014.
173. OMS, « Recommandations mondiales sur l'activité physique pour la santé », 2010.
174. International Service for the Acquisition of Agri-biotech Applications, « Situation mondiale des plantes GM Commercialisées : 2016 », 2016
175. FAO, « Situation mondiale des pêches et de l'aquaculture », 2004.
176. FAO, « International Year of the Potato 2008: New Light on a Hidden Treasure, End-of-year Review », 2008.
177. UFC-Que Choisir, « Étude sur l'équilibre nutritionnel dans les restaurants scolaires de 606 communes et établissements scolaires de France », 2013.
178. Lloyd's, « Realistic Disaster Scenarios. Scenario Specification », 2015.
179. Agreste Primeur, « Enquête sur la structure des exploitations agricoles », 2018.
180. War on Want, « The Baby Killer », 1974.
181. Grand View Research, « Functional Foods Market Analysis by Product (Carotenoids, Dietary Fibers, Fatty Acids, Minerals, Prebiotics & Probiotics, Vitamins), by Application, by End-Use (Sports Nutrition, Weight Management, Immunity, Digestive Health) and Segment Forecasts, 2018 to 2024 », novembre 2016.
182. FAO, « Tackling Climate Change Through Livestock, a Global Assessment of Emissions

and Mitigation Opportunities », 2013.
183. FAO, « Livestock's Long Shadow Environmental Issues and Options », 2006.
184. FAO, « Renforcer la cohérence entre l'agriculture et la protection sociale pour lutter contre la pauvreté et la famille en Afrique », 2016.
185. World Wild Fund, « Rapport Planète vivante 2018 : Soyons ambitieux », 2018.
186. Muller (Adrian), Schader (Christian), El-Hage Scialabba (Nadia), Brüggemann (Judith), Isensee (Anne), Erb (Karl-Heinz), Smith (Pete), Klocke (Peter), Leiber (Florian), Stolze (Matthias), Niggli (Urs), « Strategies for Feeding the World More Sustainably with Organic Agriculture », 2017.
187. Global Nutrition Report, « Nourishing the SDGs », 2017.

インターネットサイトと記事

188. « Le 1er repas 100 % note à note en France par Julien Binz » : https://restaurantjulienbinz.com/1er-repas-100-note-a-note-francejulien-binz/
189. « Instagram : quand le réseau social s'invite dans nos assiettes » : https://marketingdigitalsdp3.wordpress.com/2017/09/24/instagram-quand-le-reseau-social-sinvite-dans-nos-assiettes/
190. « 17 objectifs pour transformer notre monde » : https://www.un.org/sustainabledevelopment/fr/
191. « L'OMS préconise l'application de mesures au niveau mondial pour réduire la consommation de boissons sucrées » : https://www.who.int/fr/news-room/detail/11-10-2016-who-urges-global-action-tocurtail-consumption-and-health-impacts-of-sugary-drinks
192. « Anses : les protéines » : https://www.anses.fr/fr/content/lesprotéines
193. « Anses : les minéraux » : https://www.anses.fr/fr/content/lesminéraux
194. « Doper ses hormones du bonheur : la sérotonine » : https://lecanapecestlavie.fr/aliments-booster-niveau-de-serotonine/
195. « De la vitamine A pour protéger le cerveau âgé » : http://www.inra.fr/Grand-public/Alimentation-et-sante/Tous-les-dossiers/Cerveau-et-nutrition/Vitamine-A-pour-proteger-le-cerveau-age/(key)/4
196. « Children's healthy diets lead to healthier IQ » : https://www.adelaide.edu.au/news/print55161.html
197. « How sound affects our sense of taste »: https://www.troldtekt.com/News/Themes/Restaurants/Sound_and_taste
198. « La révolution néolithique » : https://www.scienceshumaines.com/la-revolution-neolithique_fr_27231.html
199. « Demain, des insectes et des microalgues dans nos assiettes ? » : https://www.sciencesetavenir.fr/nutrition/demain-des-insecteset-des-microalgues-dans-nos-assiettes_116483
200. « Un robot-cuisinier étoilé » : https://www.ladn.eu/nouveauxusages/maison-2050/robotique-robot-cuisinie-reproduit-100-recettes-etoilees/

201. « La grande famine en Irlande au XIXe siècle, une catastrophe meurtrière » : https://ici.radio-canada.ca/premiere/emissions/aujourdhui-l-histoire/segments/entrevue/55133/grande-famine-irlande-19e-siecle-grande-bretagne-laurent-colantonio
202. « Great Famine: FAMINE, IRELAND [1845–1849] » : https://www.britannica.com/event/Great-Famine-Irish-history
203. « The Irish Famine » : http://www.bbc.co.uk/history/british/victorians/famine_01.shtml
204. « Le monde à l'apogée égyptien. Égypte : la fin du nouvel empire » : https://www.herodote.net/Le_monde_a_l_apogee_egyptien-synthese-2019.php
205. « L'Égypte : Une civilisation multimillénaire » : https://www.clio.fr/CHRONOLOGIE/chronologie_legypte.asp
206. « Alimentation dans la Préhistoire » : https://www.hominides.com/html/dossiers/alimentation-prehistoire-nutrition-prehistorique.php
207. « Nos ancêtres étaient-ils cannibales ou végétariens ? » : https://www.sciencesetavenir.fr/archeo-paleo/les-dents-des-hommes-prehistoriques-revelent-l-alimentation-carnivore-ou-vegetarienne-de-nos-ancetres_119384
208. « Orthorexie : la peur au ventre » : https://www.sciencepresse.qc.ca/blogue/2015/03/07/orthorexie-peur-ventre
209. « Orthorexie : quand l'envie de manger sainement devient une maladie » : https://www.nouvelobs.com/rue89/sur-le-radar/20170517.OBS9533/orthorexie-quand-l-envie-de-manger-sainement-devientune-maladie.html
210. « Le propulseur à la préhistoire » : https://www.hominides.com/html/dossiers/propulseur.php
211. « Les premières armes à la Préhistoire » : https://www.hominides.com/html/references/les-premieres-armes-de-l-homme-0782.php/
212. « Homo ergaster » : https://www.hominides.com/html/ancetres/ancetres-homo-ergaster.php
213. « Actualité du poivre dans le monde et en Côte d'Ivoire » : http://ekladata.com/ZGXOTq1FHF0Clp-j04K13CKvqRQ/Poivre2.pdf
214. « Une histoire riche et mouvementée » : http://www.cniptpommesdeterre.com/histoire/
215. « Histoire(s) de haricots » : https://www.graines-baumaux.fr/media/wysiwyg/HISTOIRE-DHARICOTS.pdf
216. « Le haricot au fil de l'histoire » : https://www.semencemag.fr/histoire-aricot-diversite.html/
217. « L'homme n'a pas créé le maïs tout seul » : http://archeo.blog.lemonde.fr/2014/02/13/lhomme-na-pas-cree-le-mais-tout-seul/
218. « Le maïs : son origine et ses caractéristiques » : https://www.gnis-pedagogic.org/mais-origine-et-caracteristiques.html
219. « L'histoire du maïs » : https://www.semencemag.fr/histoiremais.html

220. « Quand le chocolat a-t-il été découvert ? » : https://www.castelanne.com/blog/decouverte-chocolat/
221. « Taco Bell: About us » : https://www.tacobell.com/about-us
222. « The story of how McDonald's first got its start » : https://www.smithsonianmag.com/history/story-how-mcdonalds-firstgot-its-start-180960931/
223. « The McDonald's Story » : https://corporate.mcdonalds.com/corpmcd/about-us/history.html
224. « Obesity and overweight » : http://www.who.int/news-room/fact-sheets/detail/obesity-and-overweight
225. « L'augmentation de la consommation de fructose responsable du syndrome métabolique ? », https://medicalforum.ch/fr/article/doi/fms.2006.05793/
226. « Le fructose, un additif problématique ? » : https://lejournal.cnrs.fr/billets/le-fructose-un-additif-problematique
227. « How the sugar industry shifted blame to fat » : https://www.nytimes.com/2016/09/13/well/eat/how-the-sugar-industry-shiftedblame-to-fat.html
228. « Sielaff: History » : http://www.sielaff.com/en/company/about-us/history/
229. « Restaurer » : http://www.cnrtl.fr/etymologie/restaurerrestaurer
230. « Stauro, as, are » : http://www.dicolatin.com/XY/LAK/0/STAURER/index.html
231. « Grand Marnier : les Marnier Lapostolle, à l'origine d'un succès planétaire » : https://www.capital.fr/entreprises-marches/grand-marnier-les-marnier-lapostolle-a-l-origine-d-un-succes-planetaire-1109386
232. « Cooking with Lightning: Helen Louise Johnson's Electric Oven Revolution » : http://www.thefeastpodcast.org/26cookingwith-wires/
233. « A brief history of the microwave oven » : https://spectrum.ieee.org/tech-history/space-age/a-brief-history-of-the-microwave-oven
234. « The microwave oven was invented by accident » : http://www.todayifoundout.com/index.php/2011/08/the-microwave-oven-was-invented-by-accident-by-a-man-who-was-orphaned-and-never-finishedgrammar-school/
235. « L'invention de la pasteurisation » : https://www.histoire-pourtous.fr/inventions/2620-la-pasteurisation.html
236. « Kraft Heinz: A global powerhouse » : http://www.kraftheinzcompany.com/company.html
237. « How was ketchup invented? » : https://www.nationalgeographic.com/people-and-culture/food/the-plate/2014/04/21/how-wasketchup-invented/
238. « The Secret Ingredient in Kellogg's Corn Flakes Is Seventh-Day Adventism » : https://www.smithsonianmag.com/history/secret-ingredient-kelloggs-corn-flakes-seventh-day-adventism-180964247/
239. « La bataille du sucre » : https://www.napoleon.org/histoiredes-2-empires/articles/la-bataille-du-sucre/
240. « History of Lemonade » : https://web.archive.org/web/20151227070125/http://

www.frontiercoop.com/learn/features/cooldrinks_lemonade.php
241. « Joseph Priestley » : http://www.societechimiquedefrance.fr/joseph-priestley-1733-1804.html
242. « A brief history of lemonade » : https://www.wsj.com/articles/a-brief-history-of-lemonade-1502383362
243. « History of lemonade » : http://www.cliffordawright.com/caw/food/entries/display.php/id/95/
244. « The unlikely origin of fish and chips » : http://news.bbc.co.uk/2/hi/8419026.stm
245. « A brief history of chocolate » : https://www.smithsonianmag.com/arts-culture/a-brief-history-of-chocolate-21860917/?no-ist
246. « L'extractum carnis de Justus von Liebig » : https://www.fondation-lamap.org/sites/default/files/upload/media/minisites/projet_europe/PDF/liebHistfr.pdf
247. « Définition d'un tranchoir » : https://www.meubliz.com/definition/tranchoir/
248. « La période préislamique en Arabie » : http://www.ledernierprophete.info/la-periode-preislamique-en-arabie-1
249. « Mouvements à l'occasion des sucres » : http://lionel.mesnard.free.fr/Paris-revolution-1792-2.html
250. « 22 août 1791 : Révolte des esclaves à Saint-Domingue » : https://www.herodote.net/22_aout_1791-evenement-17910822.php
251. « Les banquets civiques » : http://www.cosmovisions.com/$BanquetCivique.htm
252. « 1900 predictions of the 1900 century » : https://abcnews.go.com/US/story?id=89969
253. « Predictions of the year 2000 » : http://yorktownhistory.org/wp-content/archives/homepages/1900_predictions.htm
254. « The UK's Hot New 5:2 Diet Craze Hits The U.S. » : https://www.forbes.com/sites/melaniehaiken/2013/05/17/hot-newfasting-diet-from-europe-hits-the-u-s/#1c1d4b137327
255. « Can the science of autophagy boost your health? » : https://www.bbc.com/news/health-44005092
256. « L'eau, nouveau champ de bataille des géants du soda » : https://lexpansion.lexpress.fr/actualite-economique/l-eau-nouveauchamp-de-bataille-des-geants-du-soda_2031988.html
257. « A curious cuisine: Bengali culinary culture in Pre-modern Times » : https://www.sahapedia.org/curious-cuisine-bengali-culinary-culture-pre-modern-times
258. «Food habits in India in last 19th century » : http://www.gandhitopia.org/profiles/blogs/food-habits-in-india-in-last-19th-centuary-2
259. « Vegetable and meals of Daimyo Living in Edo » : https://www.kikkoman.co.jp/kiifc/foodculture/pdf_18/e_002_008.pdf
260. « The meat-eating culture of Japan at the beginning of westernalization » : https://www.kikkoman.co.jp/kiifc/foodculture/pdf_09/e_002_008.pdf
261. « A peek at the meals of the people of Edo » : https://www.kikkoman.co.jp/kiifc/foodculture/pdf_12/e_002_006.pdf

262. « Food in Qing dynasty China » : https://quatr.us/china/foodqing-dynasty-china.htm
263. « Alicament » : https://www.novethic.fr/lexique/detail/alicament.html
264. « Alicament, aliment miracle ? » : http://www.psychologies.com/Bien-etre/Prevention/Hygiene-de-vie/Articles-et-Dossiers/Alicament-aliment-miracle/4
265. « L'escroquerie des alicaments » : https://www.lepoint.fr/invites-du-point/laurent-chevallier/l-escroquerie-des-alicaments-04-06-2012-1469034_424.php
266. « Fast Food nation » : https://www.pbs.org/newshour/extra/2001/04/fast-food-nation/
267. « In-flight catering » : https://www.alimentarium.org/en/knowledge/flight-catering
268. « A brief history of airline food » : https://par-avion.co.za/a-brief-history-of-airline-food/
269. « Le vin Mariani, la boisson qui inspira Coca-Cola » : https://www.ouest-france.fr/leditiondusoir/data/895/reader/reader.html#!preferred/1/package/895/pub/896/page/9
270. « Escoffier in pictures » : https://www.bbc.co.uk/programmes/p0107wwq/p0107wsw
271. « Petite histoire du carême » : http://www.orthodoxa.org/FR/orthodoxie/traditions/histoireCareme.htm
272. « Sens, origines et histoire du Carême » : https://cybercure.fr/les-fetes-de-l-eglise/careme/jeune-abstinence/article/sens-origineet-histoire-du-careme/
273. « Avant et après la Révolution : les changements gastronomiques des Français » : https://www.canalacademie.com/ida6555-Avantet-apres-la-Revolution-les-changements-gastronomiques-des-Francais.html
274. « Le repas gastronomique des Français » : https://ich.unesco.org/fr/RL/le-repas-gastronomique-des-francais-00437
275. « La petite histoire de la cafétéria d'entreprise » : https://www.capital.fr/votre-carriere/la-petite-histoire-de-la-cafeteriadentreprise-1272063
276. « La cantine d'entreprise veut faire oublier la cantoche » : https://www.lemonde.fr/m-perso/article/2016/03/25/la-cantined-entreprise-veut-faire-oublier-la-cantoche_4890166_4497916.html
277. « 09 février 1747 : Le second mariage du Dauphin de France » : http://louis-xvi.over-blog.net/article-09-fevrier-1747-mariage-de-louisferdinand-dauphin-de-france-64334093.html
278. « L'entrevue du camp du Drap d'or (1520) » : https://www.histoire-pour-tous.fr/dossiers/3681-lentrevue-du-camp-du-drapdor-1520.html
279. « Les grands festins qui ont changé l'Histoire » : https://www.vanityfair.fr/actualites/diaporama/ces-repas-qui-ont-change-l-histoire/39060#un-mariage-gargantuesque-lunion-dhenri-iv-et-de-mariede-medicis-le-17-decembre-1600-1
280. « Percentage of US agricultural products exported » : https://www.fas.usda.gov/data/percentage-us-agricultural-products-exported
281. « Sothis » : https://www.egyptologue.fr/art-et-mythologie/divinites/sothis-
282. « Talleyrand et Antoine Carême : la gastronomie au service de la diplomatie » : http://

www.leparisien.fr/politique/talleyrand-et-antonin-careme-la-gastronomie-au-service-de-la-diplomatie-23-09-2018-7899591.php
283. « The Pure Food and Drug Act » : https://history.house.gov/Historical-Highlights/1901-1950/Pure-Food-and-Drug-Act/
284. « Règlement (UE) 2015/2283 du Parlement européen et du Conseil du 25 novembre 2015 relatif aux nouveaux aliments » : https://eur-lex.europa.eu/legal-content/FR/TXT/?uri=CELEX%3A32015R2283
285. « 2017 Top 100 Food & Beverage companies of China » : https://fr.slideshare.net/FoodInnovation/2017-top-100-food-beveragecompanies-of-china-87734127
286. « What are the most important staple foods in the world? » : https://www.worldatlas.com/articles/most-important-staple-foods-inthe-world.html
287. « The 10 most important crop in the world » : https://www.businessinsider.com/10-crops-that-feed-the-world-2011-9?IR=T
288. « Overall Context: Insects as Food or Feed » : http://ipiff.org/general-information/
289. « Sept insectes autorisés à partir du 1er juillet en aquaculture » : http://pdm-seafoodmag.com/lactualite/detail/items/sept-insectes-autorises-a-partir-du-1erjuillet-en-aquaculture.html
290. « Cancérogénicité de la viande rouge et de la viande transformée » : https://www.who.int/features/qa/cancer-red-meat/fr/
291. « Un cas atypique de variant de la maladie de Creutzfeld-Jacob » : https://www.lemonde.fr/sante/article/2017/01/24/un-cas-atypique-devariant-de-la-maladie-de-creutzfeldt-jakob_5068519_1651302.html
292. « Anorexie mentale » : https://www.inserm.fr/informationen-sante/dossiers-information/anorexie-mentale
293. « Grippe porcine » : https://www.grain.org/article/entries/767-grippe-porcine-mise-a-jour
294. « First Global Estimates of 2009 H1N1 Pandemic Mortality Released by CDC-Led Collaboration » : https://www.cdc.gov/flu/spotlights/pandemic-global-estimates.htm
295. « Directive 95/2/CE su Parlement européen et du Conseil du 20 février 1995 concernant les additifs alimentaires autres que les colorants et les édulcorants » : https://eur-lex.europa.eu/LexUriServ/LexUriServ.do?uri=CONSLEG:1995L0002:19970404:FR:PDF
296. « Failure to lunch » : https://www.nytimes.com/2016/02/28/magazine/failure-to-lunch.html
297. « Eating occasions daypart: lunch » : https://www.hartman-group.com/acumenPdfs/lunch-daypart-compass-series-2015-04-16.pdf
298. « More than half of workers take 30 minutes or less for lunch, survey says » : http://rh-us.mediaroom.com/2018-09-10-More-Than-Half-Of-Workers-Take-30-Minutes-Or-Less-For-Lunch-Survey-Says
299. « Lunch breaks? Forget about it: 22 % of bosses believe lunch takers are lazy, survey finds » : https://www.fierceceo.com/human-capital/short-sighted-bosses-disinclined-to-see-workers-takelunch-breaks-survey

300. « Longer hours, differences in office culture and time zones trigger burnout among foreigners working in China » : http://www.globaltimes.cn/content/975875.shtml
301. « China Factory Workers Encouraged to Sleep on the Job » : https://www.nbcnews.com/business/careers/china-factory-workersencouraged-sleep-job-n266186
302. « China's tech work culture is so intense that people sleep and bathe in their offices » : https://www.businessinsider.fr/us/chinese-tech-workers-sleep-in-office-2016-5
303. « Herbalife's Nutrition At Work Survey Reveals Majority of Asia-Pacific's Workforce Lead Largely Sedentary Lifestyles, Putting Them at Risk of Obesity » : https://ir.herbalife.com/static-files/83f7f4c4-fbc4-465b-ba04-9725a1a2dc4f
304. « Le phosphore : une ressource limitée et un enjeu planétaire pour l'agriculture du XXIe siècle » : http://www.inra.fr/Chercheurs-etudiants/Systemes-agricoles/Toutes-les-actualites/Lephosphore-une-ressource-limitee-et-un-enjeu-planetaire-pour-l-agriculture-du-21eme-siecle
305. « Pénurie de phosphore, une bombe à retardement ? » : https://www.sciencepresse.qc.ca/blogue/valentine/2014/02/19/penurie-phosphore-bombe-retardement
306. « Le secret de l'exceptionnelle longévité des habitants d'Okinawa enfin découvert ? » : https://www.maxisciences.com/longevite/le-secret-de-l-exceptionnelle-longevite-des-habitants-d-okinawa-enfin-decouvert_art31666.html
307. « Principes du régime Okinawa » : http://www.regime-okinawa.fr/regime-okinawa-nutrition.html
308. « In China, Possibly the Earliest Attempt at Writing » : http://www.historyofinformation.com/detail.php?entryid=1579
309. « Écriture cunéiforme » : http://classes.bnf.fr/dossiecr/spcune1.htm
310. « Ancient Romans preferred fast food » : http://www.abc.net.au/science/articles/2007/06/20/1956392.htm
311. « Fish, Chips and Immigration » : https://telescoper.wordpress.com/tag/joseph-malin/
312. « La naissance du vitalisme » : http://www.histophilo.com/vitalisme.php
313. « Improved electrical heating apparatus » : https://patents.google.com/patent/US25532
314. « Improved electric cooking stove » : http://pericles.ipaustralia.gov.au/ols/auspat/pdfSource.do;jsessionid=i58KgLLQdEi0_fmiLVwewHRSNaMK8tjfalBaonPsLiTdChufpRm!352194497
315. « Nutrition : pourquoi a-t-on tant de mal à étiqueter la malbouffe? » : https://www.lejdd.fr/Societe/Sante/nutrition-pourquoia-t-on-tant-de-mal-a-etiqueter-la-malbouffe-3664964
316. « Le musée de la biscuiterie LU » : http://www.chateaudegoulaine.fr/le-musee-lu
317. « Les premières armes », Frédéric Beinet : https://www.hominides.com/html/references/les-premieres-armes-de-l-homme-0782.php
318. « Le Paléolithique » : https://www.inrap.fr/le-paleolithique-10196
319. « Homo erectus » : https://www.universalis.fr/encyclopedie/homo-erectus/

320. « Le régime alimentaire de Néandertal : 80 % de viande, 20 % de végétaux » : https://www.hominides.com/html/actualites/alimentation-neandertal-carnivore-et-vegetarien-1032.php
321. « Néandertal, le cousin réhabilité » : https://lejournal.cnrs.fr/articles/neandertal-le-cousin-rehabilite
322. « À quoi ressemblaient vraiment les Néandertaliens et qu'avonsnous hérité d'eux ? » : https://www.eupedia.com/europe/neanderthal_faits_et_mythes.shtml
323. « L'épaule-catapulte de l'homme » : https://www.pourlascience.fr/sd/biophysique/lepaule-catapulte-de-lhomme-11695.php
324. « Comment Homo sapiens a conquis la planète » : https://www.pourlascience.fr/sd/prehistoire/comment-homo-sapiens-a-conquis-laplanete-8796.php
325. « Toumaï : Sahelanthropus tchadensis » : https://www.hominides.com/html/ancetres/ancetres-tumai-sahelanthropus-tchadensis.php
326. « Toumaï » : https://www.futura-sciences.com/planete/definitions/paleontologie-toumai-17044/
327. « Assurbanipal » : http://antikforever.com/Mesopotamie/Assyrie/assurbanipal.htm
328. « Assurbanipal le lettré » : https://www.lemonde.fr/ete-2007/article/2007/08/17/assurbanipal-le-lettre_945245_781732.html
329. « Origine et histoire de la tomate » : https://jardinage.lemonde.fr/dossier-73-tomate-origine-histoire.html
330. « Assurnasirpal II » : http://oracc.museum.upenn.edu/nimrud/ancientkalhu/thepeople/assurnasirpalii/index.html
331. « Cultes et rites en Grèce et à Rome » : https://www.louvre.fr/sites/default/files/medias/medias_fichiers/fichiers/pdf/louvre-cultesgrece.pdf
332. « Le repas de tous les jours, leur déroulement chez les Romains » : http://www.antiquite.ac-versailles.fr/aliment/alimen06.htm
333. « Cuisines d'Afrique noire précoloniale » : http://www.oldcook.com/histoire-cuisines_afrique
334. « CRISPR-Cas, une technique révolutionnaire pour modifier le génome » : https://www.museum.toulouse.fr/-/crispr-cas-unetechnique-revolutionnaire-pour-modifier-le-genome
335. « Women of the Conflict » : https://42265766.weebly.com/women-involved.html
336. « The factory that Oreo built » : https://www.smithsonianmag.com/history/factory-oreos-built-180969121/
337. « How candy makers shape nutrition science » : https://apnews.com/f9483d554430445fa6566bb0aaa293d1
338. « Se conformer au nouveau tableau nutritionnel américain » : http://www.processalimentaire.com/Qualite/Export-se-conformer-aunouveau-tableau-nutritionnel-americain-30003
339. « Étiquetage des denrées alimentaires » : https://www.economie.gouv.fr/dgccrf/

Publications/Vie-pratique/Fiches-pratiques/Etiquetage-des-denrees-alimentaires
340. « États-Unis : la révolte des élèves contre les légumes obligatoires de la cantine » : https://www.nouvelobs.com/rue89/rue89-american-miroir/20140907.RUE0643/etats-unis-la-revolte-deseleves-contre-les-legumes-obligatoires-de-la-cantine.html
341. « Des parents mécontents de la cantine jouent aux "limaces" avec les paiements » : http://www.lefigaro.fr/actualite-france/2014/02/24/01016-20140224ARTFIG00203-des-parents-mecontents-par-lacantine-jouent-aux-limaces-avec-les-paiements.php
342. « Why Nestle is one of the most hated companies in the world » : https://www.zmescience.com/science/nestle-company-pollution-children/
343. « Le lait pour bébé, plaie des pays pauvres. 1,5 million de nourrissons meurent chaque année faute d'être alimentés au sein » : https://www.liberation.fr/planete/1998/05/25/le-lait-pour-bebe-plaiedes-pays-pauvres-15-million-de-nourrissons-meurent-chaque-anneefaute-d-etre_236961
344. « Ces biberons qui tuent » : https://www.monde-diplomatique.fr/1997/12/BRISSET/5061
345. « Le retour des émeutes de la faim » : https://www.scienceshumaines.com/le-retour-des-emeutes-de-la-faim_fr_22389.html
346. « 1 % des denrées alimentaires contaminées par des métaux lourds » : http://www.lafranceagricole.fr/actualites/environnement-1-des-denrees-alimentaires-contaminees-par-des-metaux-lourds-1,2,2403411581.html
347. « Sugar's bitter aftertaste » : https://www.fortuneindia.com/macro/how-sugar-influences-politics-in-india/102326
348. « Biocarburant » : https://www.connaissancedesenergies.org/fiche-pedagogique/biocarburant
349. « Les biocarburants : une filière pas si bio » : https://www.lexpress.fr/actualite/societe/environnement/les-biocarburants-unefiliere-pas-si-bio_2016120.html
350. « Tableau de bord biocarburants 2018 » : http://www.panorama-ifpen.fr/tableau-de-bord-biocarburants-2018/
351. « Le mythe du sanglier gaulois » : http://nous-etions-gaulois.over-blog.com/2015/01/le-mythe-du-sanglier-gaulois-prefere-a-la-realite-du-chien-que-les-gaulois-mangeaient.html
352. « Histoire & vertus de l'ananas » : http://taxis.brousse.free.fr/ananas_histoire.htm
353. « Le repas gastronomique des Français » : https://ich.unesco.org/fr/RL/le-repas-gastronomique-des-francais-00437
354. « La restauration scolaire : évolution et contraintes réglementaires » : http://institutdanone.org/objectif-nutrition/la-restauration-scolaire-evolution-et-contraintes-reglementaires/dossier-la-restauration-scolaire-evolution-et-contraintes-reglementaires/
355. « A brief history of school lunch » : http://mentalfloss.com/article/86314/brief-history-school-lunch
356. « Nestlé, l'histoire d'un géant de l'agroalimentaire » : https://www.lsa-conso.fr/nestle-l-histoire-d-un-geant-de-l-agroalimentaire,138832

357. « Du côté des bébés depuis 1881 » : https://www.bledina.com/une-belle-histoire/
358. « Unilever History 1871-2017 » : https://www.unilever.com/about/who-we-are/our-history/#
359. « Colonel Sanders Started With A Gas Station And A Shoot-Out » : https://knowledgenuts.com/2015/01/08/colonel-sandersstarted-with-a-gas-station-and-a-shoot-out/
360. « World Beef production » : https://beef2live.com/storyworld-beef-production-ranking-countries-247-106885
361. « Fritz Haber : l'homme le plus important dont vous n'avez jamais entendu parler » : https://blog.francetvinfo.fr/classe-eco/2018/02/10/fritz-haber-lhomme-le-plus-important-dont-vous-navez-jamais-entendu-parler.html
362. « The Ocean Is Losing Its Breath. Here's the Global Scope. » : https://serc.si.edu/media/press-release/ocean-losing-its-breathheres-global-scope
363. « Histoire de la politique agricole commune » : https://www.touteleurope.eu/actualite/histoire-de-la-politique-agricole-commune.html
364. « Alimentation infantile : le marché de la baby food ne connaît pas la crise » : http://www.agro-media.fr/analyse/alimentation-infantile-marche-et-acteurs-de-l-alimentation-infantile-b-4699.html
365. « 10 faits sur l'allaitement maternel » : https://www.who.int/features/factfiles/breastfeeding/fr/
366. « The Vegan Society » : https://www.vegansociety.com/news/media/statistics
367. « Sept algues comestibles et leurs bienfaits » : https://www.santemagazine.fr/medecines-alternatives/approches-naturelles/phytotherapie/sept-algues-comestibles-et-leurs-bienfaits-198753
368. « Que vaut vraiment le fonio, la céréale à la mode ? » : https://www.ouest-france.fr/leditiondusoir/data/17221/reader/reader.html#!preferred/1/package/17221/pub/24760/page/9
369. « McDonald's championing research into insect feed for chickens » : https://www.feednavigator.com/Article/2018/03/27/McDonald-s-championing-research-into-insect-feed-for-chickens
370. « Les exosquelettes des insectes » : http://exosquelette1.e-monsite.com/pages/les-exosquelettes-des-insectes.html
371. « Innovafeed » : http://innovafeed.com/
372. « Les bienfaits des flavonoïdes » : https://www.futura-sciences.com/sante/actualites/medecine-bienfaits-flavonoides-22355/
373. « Alimentation des chimpanzés » : https://www.futura-sciences.com/planete/dossiers/zoologie-chimpanze-grand-singe-menace-1867/page/4/
374. « Ces animaux qui se soignent tout seuls » : https://lejournal.cnrs.fr/articles/ces-animaux-qui-se-soignent-tout-seuls
375. « Quand les insectes se soignent par les plantes » : http://www.humanite-biodiversite.fr/article/quand-les-insectes-se-soignentpar-les-plantes

376. « BioCultivator » : https://innovation.biomimicry.org/team/biocultivator/
377. « 8 Finalists Join First-Ever Biomimicry Accelerator on Mission to Feed 9 Billion » : https://sustainablebrands.com/read/product-service-design-innovation/8-finalists-join-first-ever-biomimicry-accelerator-on-mission-to-feed-9-billion
378. « Les plantes se parlent grâce à leurs racines » : https://www.futura-sciences.com/planete/actualites/botanique-plantes-parlent-graceleurs-racines-71122/
379. « Étiquetage des denrées alimentaires » : http://www.fao.org/food-labelling/fr/
380. « Codex alimentarius: International food standards » : http://www.fao.org/fao-who-codexalimentarius/about-codex/en/#c453333
381. « FAO – Traditional crops – Moringa » : http://www.fao.org/traditional-crops/moringa/en/
382. « FAO – Cultures traditionnelles – Le pois bambara » : http://www.fao.org/traditional-crops/bambaragroundnut/fr/
383. « De la stevia, du tagatose ou du sucre ? Les avantages et les inconvénients des édulcorants » : https://www.pharmamarket.be/be_fr/blog/conseils-pour-le-sucre-et-les-edulcorants
384. « Semences : la biodiversité en danger ? » : https://www.lesechos.fr/17/11/2005/LesEchos/19542-044-ECH_semences-la-biodiversite-en-danger.htm
385. « Le monde protège désormais 15 % de ses terres, mais des zones cruciales pour la biodiversité restent oubliées » : https://www.iucn.org/fr/news/secretariat/201609/le-monde-prot%C3%A8ged%C3%A9sormais-15-de-ses-terres-mais-des-zones-cruciales-pourla-biodiversit%C3%A9-restent-oubli%C3%A9es
386. « Les sols sont en danger, mais la dégradation n'est pas irréversible » : http://www.fao.org/news/story/fr/item/357221/icode/
387. « La fertilité des sols part en poussière » : https://www.lesechos.fr/10/01/2016/lesechos.fr/021608908597_la-fertilite-des-sols-part-enpoussiere.htm
388. « Nicolas Appert, l'inventeur de la conserve » : http://www.savoirs.essonne.fr/thematiques/le-patrimoine/histoire-des-sciences/nicolas-appert-linventeur-de-la-conserve/
389. « Appert et l'invention de la conserve » : https://www.napoleon.org/histoire-des-2-empires/articles/appert-et-linvention-de-la-conserve/
390. « Retrait des produits phytopharmaceutiques associant en coformulation glyphosate et POE-Tallowamine du marché français » : https://www.anses.fr/en/node/122964
391. « Fertilisants organiques » : https://fertilisation-edu.fr/production-ressources/fertilisants-organiques.html
392. « Alimentation saine » : https://www.who.int/fr/news-room/fact-sheets/detail/healthy-diet
393. « Les acides gras trans » : https://www.anses.fr/fr/content/les-acides-gras-trans
394. « Les graisses cis et trans » : https://www.lanutrition.fr/biendans-son-assiette/aliments/matieres-grasses/huiles/les-graissescis-et-trans
395. « InnovaFeed lève 40 millions pour produire ses protéines d'insectes » : https://business.

lesechos.fr/entrepreneurs/financer-sacreation/0600220354880-innovafeed-leve-40-millions-pour-produireses-proteines-d-insectes-325340.php
396. « Petite histoire du carême » : http://www.orthodoxa.org/FR/orthodoxie/traditions/histoireCareme.htm
397. « Sens, origine et histoire du carême » : https://cybercure.fr/les-fetes-de-l-eglise/careme/jeune-abstinence/article/sens-origineet-histoire-du-careme
398. « 3 textes de cuisine dans un manuscrit de médecine de la Bibliothèque Nationale de Paris » : http://www.oldcook.com/medieval-livres_cuisine_liber_coquina#lib
399. « 11 Ways The Environment Can Affect Your Appetite & How To Use It To Your Advantage » : https://www.bustle.com/articles/160463-11-ways-the-environment-can-affect-your-appetite-how-touse-it-to-your-advantage
400. « Le rôle de l'intestin grêle dans la digestion » : https://eurekasante.vidal.fr/nutrition/corps-aliments/digestion-aliments.html?pb=intestin-grele
401. « Microbiote intestinal (flore intestinale) : une piste sérieuse pour comprendre l'origine de nombreuses maladies » : https://www.inserm.fr/information-en-sante/dossiers-information/microbioteintestinal-flore-intestinale
402. « Quinoa 2013 : année internationale » : http://www.fao.org/quinoa-2013/what-is-quinoa/distribution-and-production/fr/
403. « Histoire de la cuisine chinoise » : https://chine.in/guide/histoire-cuisine_3785.html
404. « Horror of a hidden chinese famine » : https://www.nytimes.com/1997/02/05/books/horror-of-a-hidden-chinese-famine.html?mtrref=en.wikipedia.org&mtrref=www.nytimes.com&gwh=80A73637F90530474BA6D8D940D798FC&gw=pay
405. « Violences de masse en République populaire de Chine depuis 1949 » : http://www.sciencespo.fr/mass-violence-war-massacre-resistance/fr/document/violences-de-masse-en-republique-populairede-chine-depuis-1949
406. « The Biafran War » : https://web.archive.org/web/20170214103207/http://www1.american.edu/ted/ice/biafra.htm
407. « Un tiers des ménages français sont “flexitariens”, 2 % sont végétariens » : https://www.lemonde.fr/planete/article/2017/12/01/un-tiers-des-menages-francais-sont-flexitariens-2-sont-vegetariens_5223312_3244.html
408. « L'évolution de l'agriculture et la différenciation entre les genres sont-elles liées ? » : http://archeoblogue.com/2017/antiquite-chinoise/levolution-de-lagriculture-et-la-differenciation-entre-les-genres-sontelles-liees/
409. « Les jaïns : Peace & véganisme » : https://lecanardcurieux.wordpress.com/2016/04/02/les-jains-peace-veganisme/
410. « La Révolution verte en Inde : un miracle en demi-teinte » : https://les-yeux-du-monde.fr/histoires/2233-la-revolution-verte-eninde-un-miracle-en-demi-teinte
411. « Indian farmers and suicide : How big is the problem ? » : https://www.bbc.com/news/magazine-21077458
412. « Ampleur des pertes et gaspillages alimentaires » : http://www.fao.org/3/i2697f/

i2697f02.pdf
413. « Ayurvedic global market outlook » : https://www.wiseguyreports.com/reports/3079196-ayurvedic-global-market-outlook-2016-2022
414. « History of Tesco » : https://www.tescoplc.com/about-us/history/
415. « Genome News Network » : http://www.genomenewsnetwork.org/resources/timeline/1973_Boyer.php
416. « Flavr Savr Tomato » : https://biotechnologysociety.wordpress.com/2015/02/16/flavr-savr-tomato/
417. « Les insectes pollinisateurs, facteur le plus déterminant des rendements agricoles » : https://www.lemonde.fr/biodiversite/article/2016/01/25/les-insectes-pollinisateurs-facteur-le-plus-determinant-des-rendements-agricoles_4853077_1652692.html
418. « La fin des abeilles coûterait 3 milliards d'euros à la France » : https://www.lesechos.fr/23/11/2016/lesechos.fr/0211524182817_la-fin-des-abeilles-couterait-3-milliards-d-euros-a-la-france.htm#formulaire_enrichi::bouton_google_inscription_article
419. « Faut-il s'inquiéter de la disparition des insectes ? » : https://www.la-croix.com/Sciences-et-ethique/Environnement/Faut-sinquieterdisparition-insectes-2017-10-31-1200888476
420. « Au Mexique, l'impact de la taxe sur les sodas fait polémique » : https://www.lemonde.fr/economie/article/2017/11/14/au-mexique-limpact-de-la-taxe-sur-les-sodas-fait-polemique_5214624_3234.html
421. « Le Parlement estonien approuve une législation imposant une taxe sur les boissons sucrées » : http://www.euro.who.int/fr/countries/estonia/news/news/2017/06/parliament-in-estoniaapproves-legislation-taxing-soft-drinks
422. « Les superfruits, un concentré d'antioxydants » : https://blog.laboratoire-lescuyer.com/les-superfruits-un-concentre-antioxydants/
423. « Processed Superfruit Market » : https://www.futuremarketinsights.com/reports/processed-superfruits-market
424. « The Oasis Aquaponic Food Production System » : http://www.bridge-communities.org/oasis.html
425. « Un comportement altruiste chez les plantes » : http://ethologie.unige.ch/etho1.09/par.date/2010.05.26.htm
426. « La symbiose » : https://www.futura-sciences.com/planete/definitions/nature-symbiose-260/
427. « À Rennes, une imprimante 3D alimentaire fait des crêpes très design » : https://www.20minutes.fr/rennes/1998119-20170118-videorennes-imprimante-3d-alimentaire-fait-crepes-tres-design
428. « L'agriculture industrielle est majoritairement responsable de la disparition alarmante des forêts » : https://trustmyscience.com/nouvelle-etude-revele-role-agriculture-industrielle-disparition-forets/
429. « Découverte du plus ancien Homo sapiens hors d'Afrique » : https://www.lemonde.fr/

sciences/article/2018/01/25/decouverte-en-israel-du-plus-ancien-homo-sapiens-hors-d-afrique_5247195_1650684.html
430. « Consommation de thé en Inde et en Chine » : http://www.indiablognote.com/article-l-inde-dans-l-histoire-du-the-36809263.html
431. « Apicius premier cuisinier » : http://agora.qc.ca/dossiers/Marcus_Gavius_Apicius
432. « Histoire des épices » : https://www.futura-sciences.com/planete/dossiers/botanique-epices-histoire-senteurs-epices-858/page/2/
433. « Les banquets romains » : https://amis-chassenon.org/71+les-banquets-romains.html
434. « Histoire du safran » : http://www.safrandustival.fr/le-safran/histoire
435. « La quête des épices, moteur de l'Histoire » : http://ericbirlouez.fr/files/CONFERENCE_La_Quete_des_Epices.pdf
436. « Histoire du fast-food White Castle » : https://www.rd.com/food/fun/white-castle-burger-facts/
437. « Biggest farms in the world » : https://www.worldatlas.com/articles/biggest-farms-in-the-world.html
438. « 11 countries that kill over 25 million dogs a year » : https://foreverinmyheartjewelry.com/blogs/news/11-countries-that-kill-over-25-million-dogs-a-year
439. « L'UE reste en tête du commerce agroalimentaire mondial » : https://ec.europa.eu/luxembourg/news/lue-reste-en-t%C3%AAte-du-commerce-agroalimentaire-mondial_fr
440. « La consommation d'aliments ultra-transformés est-elle liée aux risques de cancer ? » : https://www.inserm.fr/actualites-et-evenements/actualites/consommation-aliments-ultra-transformes-estelle-liee-risque-cancer
441. « Quels insectes comestibles mange-t-on en Amérique du Sud ? » : http://www.insecteo.com/conseils/insectes-comestiblesmange-t-on-amerique-sud/
442. « Les insectes, incontournable de la gastronomie thaïlandaise » : https://www.geo.fr/voyage/incontournables-en-thailande-les-insectescomestibles-193085
443. « Feed » : https://www.feed.co/fr/
444. « Slant » : https://www.slant.co/
445. « Le monde selon Subway » : https://www.youtube.com/watch?v=QvwQH5e7A3A
446. « FAOSTAT » : http://www.fao.org/faostat/en/#data
447. « Goodbye mozzarella : du fromage sans lait pour des pizzas moins chères » : https://www.nouvelobs.com/rue89/rue89-consommation/20120526.RUE0209/goodbye-mozzarella-du-fromage-sanslait-pour-des-pizzas-moins-cheres.html
448. « Les Français, champions du monde du temps passé à table » : https://fr.statista.com/infographie/13223/les-francais-championsdu-temps-passe-a-table/
449. « Enterra receives new approvals to sell sustainable insect ingredients for animal feed in USA, Canada and EU » : https://globenewswire.com/news-release/2018/02/21/1372806/0/en/Enterrareceives-new-approvals-to-sell-sustainable-insect-ingredients-foranimal-feed-in-USA-Canada-and-EU.html
450. « Sugar and sweetener yearbook tables » : https://www.ers.usda.gov/data-products/

sugar-and-sweeteners-yearbook-tables/sugarand-sweeteners-yearbook-tables/#U.S.%20 Consumption%20of%20Caloric%20Sweeteners
451. « Les États-Unis sont le premier pays consommateur de sucre » : https://www.aa.com.tr/fr/sante/les-%C3%A9tats-unis-sont-le-premier-pays-consommateur-de-sucre/75800
452. « India sees decline in per capita sugar consumption » : https://mumbaimirror.indiatimes.com/mumbai/other/india-sees-decline-inper-capita-sugar-consumption/articleshow/66336704.cms
453. « Raising concern about the safety of food, medicine » : http://www.pewglobal.org/2016/10/05/chinese-public-sees-more-powerfulrole-in-world-names-u-s-as-top-threat/10-4-2016-9-38-34-am-2/
454. « How Instagram transformed the restaurant industry for millennials » : https://www.independent.co.uk/life-style/food-and-drink/millenials-restaurant-how-choose-instagram-social-media-whereeat-a7677786.html
455. « First lab-grown hamburger gets full marks for "mouth feel" » : https://www.theguardian.com/science/2013/aug/05/world-first-synthetic-hamburger-mouth-feel
456. « Agroalimentaire : Bill Gates et Richard Branson misent sur la viande "propre" » : https://www.latribune.fr/entreprises-finance/industrie/agroalimentaire-bill-gates-et-richard-branson-misent-sur-laviande-propre-747891.html
457. « Regulation of cell-cultured meat » : https://fas.org/sgp/crs/misc/IF10947.pdf
458. « Catalogue officiel » : http://cat.geves.info/Page/ListeNationale
459. « Une "ruche de table" financée avec succès sur Kickstarter » : https://www.sciencesetavenir.fr/nature-environnement/agriculture/une-ruche-de-table-financee-avec-succes-sur-kickstarter_101282
460. « À Bruxelles, le lobby du sucre très énergique contre les taxes » : https://www.lepoint.fr/societe/a-bruxelles-le-lobby-du-sucretres-energique-contre-les-taxes-19-10-2017-2165834_23.php
461. « Oldest noodles unearthed in China » : http://news.bbc.co.uk/2/hi/science/nature/4335160.stm
462. « L'origine des pâtes ou la fin d'un mythe » : https://www.lalibre.be/lifestyle/food/l-origine-des-pates-ou-la-fin-d-un-mythe-51b8eae5e4b0de6db9c69694
463. « L'histoire des pâtes italiennes » : http://www.food-info.net/fr/products/pasta/history.htm
464. « La fascinante histoire de la baguette, "reine" des pains français » : https://www.epochtimes.fr/la-fascinante-histoire-de-la-baguette-reine-des-pains-francais-7739.html
465. « Qui a inventé la baguette de pain ? » : https://www.caminteresse.fr/questions/la-baguette-nest-pas-si-vieille-que-ca/
466. « Le "décret pain", qui protège la baguette traditionnelle, fête ses 22 ans » : https://www.rtl.fr/actu/debats-societe/le-decret-painqui-protege-la-baguette-traditionnelle-fete-ses-22-ans-7779706523
467. « Réserve mondiale de semences du Svalbard : un million de graines déposées » : https://

www.futura-sciences.com/planete/actualites/developpement-durable-reserve-mondiale-semences-svalbard-million-graines-deposees-13590/#xtor=RSS-8
468. « Cinq pesticides classés cancérogènes “probables” par l’OMS » : https://www.lesechos.fr/20/03/2015/lesechos.fr/0204242732661_cinq-pesticides-classes-cancerogenes--probables--par-l-oms.htm
469. « Le suicide de Vatel – la véritable lettre de Mme de Sévigné » : http://atelier-ecriture-lagord.over-blog.com/2018/01/la-veritablelettre-de-mme-de-sevigne.html
470. « 09 février 1747 : Le second mariage du Dauphin de France » : http://louis-xvi.over-blog.net/article-09-fevrier-1747-mariage-de-louisferdinand-dauphin-de-france-64334093.html
471. « The Guy who invented chewing gum – A life of many firsts » : http://www.truetreatscandy.com/the-guy-who-inventedchewing-gum-a-life-of-many-firsts/
472. « The story of instant coffee » : https://www.thespruceeats.com/instant-coffee-guide-764526
473. « Le Ritz : “Un chef-d’oeuvre” selon Le Figaro de 1898 » : http://www.lefigaro.fr/histoire/archives/2016/06/03/26010-20160603ARTFIG00284-le-ritz-un-chef-d-oeuvre-selon-le-figaro-de-1898.php
474. « Agriculture. La longue histoire de la chimie aux champs » : https://www.articles-epresse.fr/article/27239
475. « Lyophilisation » : https://www.universalis.fr/encyclopedie/lyophilisation/1-origine-et-developpement/
476. « Percentage of U.S. agricultural products exported » : https://www.fas.usda.gov/data/percentage-us-agricultural-productsexported
477. « Chine : contexte agricole et relations internationales » : https://agriculture.gouv.fr/chine-contexte-agricole-et-relations-internationales
478. « La Chine n’a jamais importé autant de soja » : https://www.lesechos.fr/19/06/2017/LesEchos/22468-152-ECH_la-chine-n-a-jamais-importe-autant-de-soja.htm
479. « Aperçu du marché – Chine » : http://www.agr.gc.ca/fra/industrie-marches-et-commerce/renseignements-sur-les-marchesinternationaux-de-lagroalimentaire/rapports/apercu-du-marchechine/?id=1530811718505
480. « La Chine exploite 10 millions d’hectares de terres agricoles hors de ses frontières » : http://www.leparisien.fr/espace-premium/fait-du-jour/10-millions-d-hectares-de-terres-cultivees-hors-de-leursfrontieres-30-06-2016-5926767.php
481. « Consommation mondiale de pizza » : https://www.planetoscope.com/Autre/1605-consommation-mondiale-de-pizzas.html
482. « Americans consume about 3 billion pizzas a year (and 15 other pizza facts) » : https://aghires.com/pizza-facts/
483. « Pizza : une consommation en repli » : https://www.avise-info.fr/alimentaire/pizza-une-consommation-en-repli
484. « Top 10 Wheat Producing States of India » : https://www.mapsofindia.com/top-ten/

india-crops/wheat.html
485. « Top 10 Rice Producing States of India » : https://www.mapsofindia.com/top-ten/india-crops/rice.html
486. « L'alimentation représente 62,3 % des dépenses totales des ménages congolais » : http://www.economico.cd/2018/05/10/lalimentation-represente-623-des-depenses-totales-des-menages-congolais/
487. « Unhealthy diet linked to more than 400,000 cardiovascular deaths » : https://newsarchive.heart.org/unhealthy-diets-linkedto-more-than-400000-cardiovascular-deaths/
488. « Qui mange encore de la viande en France ? » : http://www.lefigaro.fr/conso/2015/10/26/05007-20151026ARTFIG00240-quimange-encore-de-la-viande-en-france.php
489. « Vegan food sales topped $3.3 bn in 2017 » : https://www.livekindly.co/vegan-food-sales-3-3-billion-2017/
490. « Diabetes » : https://www.who.int/news-room/fact-sheets/detail/diabetes
491. « Nutrition, surcharge pondérale et obésité – Stratégie de l'Union européenne » : https://eur-lex.europa.eu/legal-content/FR/TXT/?uri=LEGISSUM%3Ac11542c
492. « Protect the last of the wild » : https://www.nature.com/articles/d41586-018-07183-6
493. « Les zones humides : pourquoi m'en soucier ? » : https://www.ramsar.org/sites/default/files/151105_fiche_technique_1-4_fra_2.pdf
494. « Article R214-63 » : https://www.legifrance.gouv.fr/affichCodeArticle.do?cidTexte=LEGITEXT000006071367&idArticle=LEGIARTI000006587902&dateTexte=&categorieLien=cid
495. « Changement climatique : un défi de plus pour l'agriculture en Afrique » : http://www.fondation-farm.org/zoe/doc/notefarm8_climatdefi_oct2015.pdf
496. « Composting with worms - Oregon State University » : https://www.google.com/search?q=oregon+worm+intestines+fertilizers&rlz=1C1CHBF_frFR813FR813&oq=oregon+worm+intestines+fertilizers&aqs=chrome..69i57.12081j0j9&sourceid=chrome&ie=UTF-8
497. « The food free diet » : http://www.technoccult.net/tag/biohacking/
498. « On current trends, almost a quarter of people in the world will be obese by 2045, and 1 in 8 will have type 2 diabetes » : https://www.eurekalert.org/pub_releases/2018-05/eaft-oct052118.php
499. « La population mondiale au 1er janvier 2019 » : http://economiedurable.over-blog.com/2018/12/la-population-mondiale-au-1erjanvier-2019.html
499'. « Brève histoire de la civilisation Étrusque » : https://www.anticopedie.fr/mondes/mondes-fr/etrusques-doc.html
500. « Terres agricoles (% du territoire) » : https://donnees.banquemondiale.org/indicateur/ag.lnd.agri.zs
500'. « Étrusques, un hymne à la vie » : https://www.herodote.net/etrusques-enjeu-595.php
501. « Les chiffres-clés de la planète terre » : https://www.notreplanete.info/terre/chiffres_

cle.php
501'. « L'histoire de l'alimentation de l'homme » : http://www.montignac.com/fr/l-histoire-de-l-alimentation-de-l-homme/
502. « Agriculture; plantations; autres secteurs ruraux » : https://www.ilo.org/global/industries-and-sectors/agriculture-plantationsother-rural-sectors/lang--fr/index.htm
502'. « La vie quotidienne, les repas et l'alimentation sous Auguste » : https://education.francetv.fr/matiere/antiquite/sixieme/video/la-vie-quotidienne-les-repas-et-l-alimentation-sous-auguste
503. « Coca-Cola: la gamme » : https://cocacolaweb.fr/coca-cola/la-gamme/
503'. « Histoire des pâtes » : https://www.casadalmasso.com/patesitaliennes
504. « Le pain de mie : moelleux, pratique mais est-il vraiment bon pour notre santé ? » : https://www.lesdelicesdalexandre.fr/pain-de-mie-moelleux-pratique-vraiment-sante/
504'. « À la découverte de la gastronomie et de la cuisine vénitienne » : https://www.vivre-venise.com/cuisine-venitienne-gastronomie/
505. http://www.bbc.com/future/story/20170114-the-125-year-oldnetwork-that-keeps-mumbai-going
505'. « Quelle cuisine est la plus appréciée dans le monde ? » : https://fr.yougov.com/news/2019/04/10/quelle-cuisine-est-la-plusappreciee-dans-le-monde/
506. « Pesticides : les pays les plus gros consommateurs » : https://www.futura-sciences.com/planete/questions-reponses/agriculture-pesticides-pays-plus-gros-consommateurs-10757/
506'. « L'émigration italienne de 1830 à 1914. Causes, conditions et conséquences socio-économiques » : http://www.procida-family.com/docs/publications/emigration-italienne.pdf
507. « Il ne faut pas diaboliser le sucre » : http://sante.lefigaro.fr/actualite/2012/02/07/17237-il-ne-faut-pas-diaboliser-sucre
507'. « Pourquoi la cuisine italienne est la plus populaire du monde » : https://www.ouest-france.fr/leditiondusoir/data/47020/reader/reader.html#!preferred/1/package/47020/pub/68198/page/9
508. « L'éducation thérapeutique : une partie qui se joue à 4 » : http://www.institut-benjamin-delessert.net/fr/prix/presentation/Leducationtherapeutique-une-partie-qui-se-joue-a-4/?displayreturn=true
508'. « Gastronomie. France-Italie : un duel à couteaux tirés » : https://www.courrierinternational.com/article/2014/10/18/franceitalie-un-duel-a-couteaux-tires
509. « Le "lait" de cafard est bien plus nutritif qu'on ne l'imagine » : https://abonnes.lemonde.fr/big-browser/article/2016/07/27/le-lait-de-cafard-est-bien-plus-nutritif-qu-on-l-imagine_4975504_4832693.html
509'. « Organisation internationale de la vigne et du vin » : http://www.oiv.int/statistiques/recherche
510. « Des ménages toujours plus petits. Projection de ménages pour la France métropolitaine à l'horizon 2030 » : https://www.insee.fr/fr/statistiques/1280856

510'. « Eataly fête ses 10 ans : comment la chaîne de magasins d'alimentation italienne a conquis le monde » : http://www.italianmade.com/ca/eataly-fete-ses-10-ans-comment-la-chaine-de-magasinsdalimentation-italienne-a-conquis-le-monde/?lang=fr

ラジオ放送

511. Jean-Noël Jeanneney, Florian Quellier, « Le sucre, doux et mortel », *Concordance des temps,* France Culture, 2018.
512. Nicolas Martin, Bernard Pellegrin, Anne-Françoise Burnol, « Sucre : la dose de trop », *La Méthode scientifique,* France Culture, 2017.
513. Marie Richeux, Claude Fischler, « Le repas : manger ensemble », *Pas la peine de crier,* France Culture, 2014.
514. Marie Richeux, Vincent Robert, « Le repas : parler politique à table », *Pas la peine de crier,* France Culture, 2014.
515. Jacques Attali, Stéphanie Bonvicini, Michel Serres, « De quoi manger est-il le nom ? », *Le Sens des choses,* France Culture, 2017.
516. Jacques Attali, Stéphanie Bonvicini, Natacha Polony, « Le sucré, le salé, et la fonction politique de l'alimentation », *Le Sens des choses,* France Culture, 2017.
517. Jacques Attali, Stéphanie Bonvicini, Pierre Rabhi, « Manger, boire et méditer », *Le Sens des choses,* France Culture, 2017.
518. Jacques Attali, Stéphanie Bonvicini, Michel-Édouard Leclerc, « Comment la distribution influe sur la production », *Le Sens des choses,* France Culture, 2017.
519. Jacques Attali, Stéphanie Bonvicini, Edgar Morin, « La planète doit-elle nourrir les hommes ou les hommes doivent-ils nourrir la planète ? », *Le Sens des choses,* France Culture, 2017.
520. Jacques Attali, Stéphanie Bonvicini, Frédéric Saldmann, « Comment faudrait-il manger aujourd'hui pour tirer le meilleur de son corps et de son esprit ? », *Le Sens des choses,* France Culture, 2017.
521. Jacques Attali, Stéphanie Bonvicini, Pierre-Henry Salfati, Pascal Picq, « Le sens religieux de la nourriture : cannibalisme et interdits religieux », *Le Sens des choses,* France Culture, 2017.
522. Dorothée Barba, Véronique Pardo, Claude Fischler, Sophie Briand, « Le futur à table ! », *Demain la veille,* France Inter, 2017.
523. Mathieu Vidard, Gilles Fumey, Christophe Lavelle, Daniele Zappala, « L'alimentation de demain », *La Tête au carré,* France Inter, 2017.
524. François-Régis Gaudry, Thierry Charrier, Bruno Fuligni, « À la table des diplomates », *On va déguster,* France Inter, 2016.
525. Gérald Roux, « Les sacs plastique en Irlande », C'est comment ailleurs ?, France Info, 2 janvier 2017.

スピーチ

526. Guy Savoy, « Le futur de la gastronomie française, l'un des plus grands patrimoines à l'échelle mondiale », Institut de France, 2019.
527. Indra Nooyi, Discours prononcé à l'occasion du symposium international Noman E. Borlaug, Des Moines, Iowa, 2009.

ポスター

528. Mariani & Company, *La Coca du Pérou et le Vin Mariani,* 1878.

[著者]
ジャック・アタリ(Jacques Attali)
1943年、アルジェリア生まれ。フランス国立行政学院(ENA)卒業、81年フランソワ・ミッテラン大統領顧問、91年欧州復興開発銀行の初代総裁などの要職を歴任。政治・経済・文化に精通し、ソ連の崩壊、金融危機の勃発やテロの脅威などを予測、2016年の米大統領選挙におけるトランプ氏の勝利など的中させた。林昌宏氏の翻訳で、『2030年ジャック・アタリの未来予測』『海の歴史』(共に小社刊)、『新世界秩序』『21世紀の歴史』『金融危機後の世界』『国家債務危機―ソブリン・クライシスに、いかに対処すべきか?』『危機とサバイバル―21世紀を生き抜くための〈7つの原則〉』(いずれも作品社)、『アタリ文明論講義:未来は予測できるか』(筑摩書房)など、著書多数。

[翻訳者]
林 昌宏(はやし・まさひろ)
1965年、名古屋市生まれ。翻訳家。立命館大学経済学部卒業。訳書にジャック・アタリ『2030年ジャック・アタリの未来予測』『海の歴史』(共に小社刊)、『21世紀の歴史』、ダニエル・コーエン『経済と人類の1万年史から、21世紀世界を考える』、ボリス・シリュルニク『憎むのでもなく、許すのでもなく』他多数。

食の歴史

2020年3月4日　第1刷発行
2020年4月1日　第2刷発行

著　者　ジャック・アタリ
訳　者　林 昌宏
発行者　長坂嘉昭
発行所　株式会社プレジデント社
〒102-8641 東京都千代田区平河町2-16-1
平河町森タワー 13F
https://www.president.co.jp　https://presidentstore.jp
電話　編集(03) 3237-3732
　　　販売(03) 3237-3731

翻訳・編集協力　坪子理美
編　集　渡邉 崇
販　売　桂木栄一　高橋 徹　川井田美景　森田 巌　末吉秀樹
装　丁　秦 浩司(hatagram)
制　作　関 結香
印刷・製本　中央精版印刷株式会社

ISBN978-4-8334-2361-8
Printed in Japan